Peter Lückemeier, der Verfasser der beliebten »Herzblatt-Geschichten« in der »Frankfurter Allgemeinen Sonntagszeitung«, verlässt in diesem Buch die Welt der Schönen und Reichen und begibt sich in die Niederungen des ganz gewöhnlichen (Ehe-)Alltags. Er wirft seinen gewohnt unbestechlich scharfen Blick auf die Tiefen und Untiefen des männlichen Wesens und macht es mit der ihm eigenen Ironie für Frauen durchschaubar. Da dem Autor selbst nichts Männliches fremd ist, legt er seinen Finger genau auf die Punkte, die am meisten irritieren. Er zeigt, wie Männer ticken, wenn Frauen etwas fragen, führt sie in »Männerparadiese« und an den Grill, wo der Mann noch ganz Mann sein darf. Er warnt ausdrücklich vor gemeinsamem Shoppen und lässt sie über seine Schulter blicken, wenn er im Internet surft. Sein Fazit: Frauen, lasst euch nicht aus der Ruhe bringen und nehmt seine Macken nicht allzu ernst.

Peter Lückemeier, geb. 1950, ist Lokalchef der *F.A.Z.* Er veröffentlichte 2001 seine ›Herzblatt-Geschichten‹ und 2003 ›So werden Sie prominent‹. Er lebt in Hofheim am Taunus.

Unsere Adresse im Internet: www.fischerverlage.de

Peter Lückemeier

Männer verstehen

Wie frau das seltsame
Wesen durchschaut

Fischer
Taschenbuch
Verlag

Originalausgabe
Veröffentlicht im Fischer Taschenbuch Verlag,
einem Unternehmen der S. Fischer Verlag GmbH,
Frankfurt am Main, Juli 2007

Dieses Werk wurde vermittelt durch die Literarische Agentur
Thomas Schlück GmbH, 30827 Garbsen

Satz: Pinkuin Satz und Datentechnik, Berlin
Druck und Bindung: Druckerei C. H. Beck, Nördlingen
Printed in Germany
ISBN 978-3-596-16952-8

Inhalt

Ein seltsames Wesen

Der Mann hat unter allen knapp 200 Arten der Primaten das größte Hirn und den längsten Penis, er ist in der Lage, morgens um sieben auf nüchternen Magen das übrig gebliebene kalte Stück Pizza vom Vorabend aufzuessen, er verwandelt sich innerhalb von drei Stunden vom liebevollen, phantasievollen Geliebten zum langweiligen Gatten, er hält todernste Vorträge und spielt die Nächte durch Playstation II. Er ist ein notorischer Fremdgeher, er fliegt zum Mond, er stirbt im Durchschnitt sechs Jahre früher als Frauen.

Er mag keine Kissen, stopft sein Auto nicht mit Stofftieren voll, kennt so gut wie nie seinen Aszendenten, über seine Gefühle spricht er nur auf energische Nachfrage. Er versteht nicht, warum Sie *Sissi, Schicksalsjahre einer Kaiserin* zum vierundzwanzigsten Mal gucken, und wenn Sie bei *Titanic* dahinschmelzen, sitzt er unbewegt neben Ihnen und sagt, die Tränen, die Kate Winslet da vergießt, die sind doch künstlich.

Das letzte Mal, dass Sie ihn mit eigenen Augen haben weinen sehen, war vor vier Jahren beim Abstieg seiner Mannschaft aus der Ersten Bundesliga. Neue Unterwäsche kauft er sich nur, wenn die Feinrippteile, die seine Mutter ihm noch ausgesucht hat, überdeutliche Materialermüdungen zeigen oder wenn er sich in das – wie Sie mal kurz objektiv feststellen müssen – sagenhaft blöde Büromäuschen verliebt hat.

Der Mann trägt keine Stöckelschuhe, weil es ihm den Boden unter den Füßen wegzöge, den braucht er für seine Dominanz. Im Gegensatz zu Frauen empfindet er Operationsnarben als nicht entstellend, sondern als Beweis seiner Männlichkeit. Er schraubt fast alles, das er in die Hand nimmt, erst einmal auseinander, findet Ihre umwerfenden High Heels von Manolo Blahnik mit den supersüßen Fersenriemchen für 399 Euro klar überteuert und kauft sich selbst mal eben ein Surfbrett für 1850 Euro (natürlich ohne Sie vorher gefragt zu haben). Frauen, die ihr Leben nach dem Mondkalender ausrichten, findet er prinzipiell doof, Autos kauft er nicht aus Nützlichkeitserwägungen, sondern zum Angeben, Blumen bringt er tatsächlich in 96,7 Prozent aller Fälle nur dann mit, wenn ihm das schlechte Gewissen im Nacken sitzt.

Übrigens kann er sich mit Artgenossen stundenlange Diskussionsschlachten liefern über so wichtige Fragen wie die Vorzüge der Nass- oder Trockenrasur oder des Dachgaubenausbaus in Kupferummantelung, für gepflegten Smalltalk auf Partys dagegen ist er ein klarer Reinfall, dafür kann man wieder prima mit ihm über Schwergewichtboxen und manchmal sogar über Derivatgeschäfte diskutieren. Seine Lieblingswörter heißen Sex, Macht, Bier und Fußball. Seine Panikwörter Haarausfall, Arbeitslosigkeit und erektile Dysfunktion. Der Normalmann leidet typischerweise schrecklich darunter, dass er im wirklichen Leben nie den hübschen Mädels aus den Wäschekatalogen begegnet, und »den typischen Mann unserer Kultur«, sagt der Psychotherapeut Wilfried Wieck, »erkennen wir daran, dass er bestreitet, in irgendeiner Weise typisch zu sein.«

Wie typisch er ist, weiß er wirklich nicht. Er kennt auch seine Vorgeschichte zu wenig, weiß also nicht, dass die Männer in grauer Vorzeit zu 99,5 Prozent Jäger waren. Manches also tut der Mann ganz unbewusst, er weiß dann nicht, dass ihm in diesen Momenten viele lange Jahre Menschheitsgeschichte in den Knochen stecken. Sie als Frau wundern sich dann, wenn er nach dem Geschlechtsverkehr indirekt beziehungsweise sehr direkt nach Beifall verlangt oder sich buchstäblich in die Brust wirft. Wenn sich der Boxer nach seinem Sieg wie King Kong die Fäuste auf die Brust trommelt. Wenn er sich als Fußballer nach einem Tor das Trikot hochreißt und seine nackte Brust zeigt. In solchen Verhaltensweisen schlummern unendlich viele Jahre Vorgeschichte. Genau wie in Ihnen diese Geschichte zu ihrer ganz banalen Alltagswirklichkeit gerinnt, wenn Sie nicht ohne Ihre Handtasche aus dem Hause gehen – schließlich waren ja auch Ihre Vorfahrinnen Sammlerinnen und brauchten fürs Sammeln immerfort ein Behältnis.

Diese Geschlechterunterschiede pflanzen sich bei aller Aufgeklärtheit fort: Es sind nicht die Frauen, die an der Ampel mit wummernden Lautsprechern auf den Blitzstart gieren, es sind nicht die Frauen, die breitbeinig laufen und sich dabei in den Schritt greifen. Frauen sammeln auch eher selten Naziabzeichen oder Feuerwehrhelme und schließen sich schon gar nicht in Clubs zusammen, in denen Modelle von Flugzeugen, Schiffen oder Autos nachgebaut werden, natürlich unbedingt maßstabsgetreu und manchmal sogar mit Streichhölzern. Frauen sammeln selten Bierdeckel, sie fühlen sich auch nicht in ihren Macht- und Verfügungsphantasien gekränkt, wenn sie mal im Stau stehen. Sie drehen in der Regel noch nicht einmal durch, wenn sie eine Frau als Chefin bekommen.

Aber das ist längst noch nicht alles an Merkwürdigkeiten. Der nahste Verwandte des Mannes ist der Schimpanse, beobachten Sie den mal im Zoo, da wird Ihnen einiges bekannt vorkommen – zum Beispiel, wenn er sich triumphierend auf die Brust trommelt oder sich schmollend in eine Ecke verkriecht.

Der Mann trinkt und isst gern zu viel, er wird häufiger als Frauen obdachlos, er sitzt öfter im Knast, geht seltener zum Arzt und ist dennoch von schwer zu übertreffender Wehleidigkeit, er verunreinigt den Boden von Videokabinen, ohne hinterher aufzuwischen, er spielt – und jetzt kommen wir zur Statistik und werden sogar objektiv – öfter Lotto als die Frau, wird häufiger vom Blitz erschlagen, ist bei weitem gewalttätiger, gibt viel weniger für Körperpflegeprodukte aus, zettelt mit Abstand mehr Kriege an, baut mehr Autounfälle, kaut öfter Fingernägel, geht weit seltener zur Vorsorgeuntersuchung. Auch die größte Gefahr für eine Frau geht von einem Mann aus, nämlich ihrem eigenen: Wenn Frauen umgebracht werden, dann meist vom Gatten, vom Freund oder vom Ex.

Hitler, Stalin, Idi Amin und Pol Pot waren Männer. Nur jeder fünfte Mann in Deutschland ist Vegetarier, Männer sind noch häufiger übergewichtig als Frauen, sie verdienen mehr, vertragen mehr Alkohol und begehen leider auch dreimal häufiger als Frauen Selbstmord. Tragen Männer eine Uniform, verändert sich ihr Wesen. Sie werden dann schnell herrisch und besserwisserisch. Aber das sind sie auch sonst gern. Neigen sie zum Angeben, dann tun sie es plumper als Frauen: Mein Haus, mein Auto, mein Pimmel. Männer stellen die Mehrheit an Frühkriminellen und Schulversagern, sie dominieren das organisierte Verbrechen, sie kommen fünfmal häufiger als Frauen bei Verkehrsunfällen ums Leben. Jeder zehnte Mann bohrt im Stau in der Nase, doch kaum ein Mann setzt sich von brennenden Kerzen umgeben in die Badewanne und hört dabei Opernmusik.

Vom Sex haben wir jetzt noch gar nicht gesprochen. Die Natur hat dem Mann keine fruchtbaren und unfruchtbaren Tage vorgeschrieben. Sofern er Lust hat, kann er jederzeit

Kinder zeugen. Während die Frau ihre Eizelle gleichsam als kostbares Gut hüten muss, ist der Samen des Mannes Massenware. Die Investition einer Frau in ein Kind besteht in einer neunmonatigen Schwangerschaft, einer schmerzhaften Geburt und in vielen Jahren der Aufzucht, die Rolle des Mannes ist bei der Zeugung relativ kurz und vergnüglich. Der Mann erweist sich außerdem als ein Meister der kombinierten Fortpflanzungsstrategie, das heißt, er ist verheiratet und geht fremd. Während eine Frau, falls sie mag und gesund bleibt, in unseren Breitengraden bestenfalls so um die zwanzig Babys das Leben schenken kann (im Schnitt sind es in Deutschland aber nur 1,6), sind der Zeugungskraft des Mannes theoretisch keine Grenzen gesetzt. Und jetzt kommt der im Alltag so beschwerliche Kniff der Natur: Da die Natur den Männern - anders als den Frauen - nicht versagt, im Alter noch Kinder in die Welt zu setzen, bleiben Männer auch bis ins hohe Alter an Zeugungsmöglichkeiten interessiert.

Bei ihren Zeugungsakten sind Männer nicht immer, aber oft in der Lage, Gefühle und Sexualität messerscharf zu trennen. Deswegen nehmen sie auch ohne mit der Wimper zu zucken Angebote der sogenannten käuflichen Liebe wahr, sind gern für One-Night-Stands zu haben und erregen sich allein schon durch optische Stimulierung, während Frauen, wenn sie sich zum Anschauen von Pornofilmen überreden lassen oder sie aus Neugier oder Lust betrachten, immer auch den Ton einschalten wollen. Männer sind äußerst schnell erregbar und dann fortpflanzungsfähig, der Zeittakt in den sogenannten Solo-Boxen der in Deutschland inzwischen weitgehend verbotenen Peepshows war auf zwei Minuten programmiert. Und sollte jemand den Unterschied zwischen Frauen und Männern in wenigen einfachen Sätzen verstehen wollen, so mag sie oder er in der Frauenzeitschrift *Petra* lesen, was Silke (30) und ihr Partner Markus (33) auf die Frage: »Wie steht's mit Küssen ohne Liebe?« antworten:

Silke: »Auf gar keinen Fall.«
Markus: »Klar, das geht auch.«

Es gilt also, liebe Leserinnen, ein ziemlich sonderbares Wesen zu betrachten, wobei uns die Wissenschaft nicht allein lässt. Insgesamt ist der Mann recht gut erforscht. Wir wissen alles über die Unterschiede zwischen ihm und ihr bei arbeitsbedingten Nackenbeschwerden, bei schlafbezogenen Atmungsstörungen, bei der Internetnutzung, im Erstsprachenerwerb, in der familiären Arbeitsteilung, beim Fleischverzehr. Aber dennoch bleibt er manchmal wirklich ziemlich rätselhaft. Damit das nicht so bleibt, wollen wir einen Blick auf seine Paradiese, seine Vorgeschichte und auf die Sätze, die ihm Angst einjagen, werfen. Natürlich dürfen auch Männer dieses Buch lesen. Aber geschrieben ist es für Frauen. Sie werden also, geschätzte Leserinnen, abermals merken: Männer sind ziemlich schrecklich. Also haben Sie ein wenig Mitleid. Bitte.

Die nackte Wahrheit am Kiosk

Sie sagen sich, natürlich gibt es diese Muskelmänner, die Säufer und Tätowierten, die Mann-Männer auf ihren gefährlich windschnittigen Motorrädern, in ihren Trikots von Bayern München, die Oberchefs mit den 20-Euro-Zigarren nach dem Fünf-Gänge-Menü beim angesagtesten Italiener der Stadt. Natürlich gibt es diese Machtmänner, diese Alpha-Tiere und Rudelführer. Aber Sie erleben doch auch ganz andere Typen, sensibel, freundlich, bisweilen sogar verschüchtert: sozusagen angenehm unmännliche Männer.

Aber dann verpassen Sie eines Tages Ihren Zug und stehen am Hamburger oder Kölner Hauptbahnhof in einer dieser gigantischen Zeitschriftenhandlungen, wo es Blätter aus aller Herren und Damen Länder gibt. Sie schreiten diese Reihen langsam ab und merken nach einigen Minuten: Menschenskind, alles Abstreiten vermeintlicher Rollenklischees kannste ja wirklich vergessen. Die Wirklichkeit ist ja viel schlimmer: Hier, wo es um Auflagen und Anzeigen geht, wo Verlage also Blätter konzipieren, von denen sie erwarten, dass sie durch Anzeigen und Verkauf Geld bringen – hier geht es eiskalt um Klischees von männlichen Männern und weiblichen Frauen.

Sie sagen sich dann, es können keine reinen Klischees sein, sondern die (Lese)Bedürfnisse der Männer und Frauen müssen stimmen, wenn irgendwo etwas stimmen muss, dann in dieser Branche, die solche Blätter doch nur herausbringt, weil und wenn sie Geld bringen. Und Geld verdient nur, wer auf Nachfrage und Bedürfnisse stößt, wer einen Nerv trifft.

Es muss also ein weit verbreitetes Bedürfnis der Frauen geben, über Mode, Schönheit, Frisuren, Koch- und Backrezepte, über Wohn- und Beziehungsthemen, über Ernährung und Diäten etwas Interessantes zu erfahren. Und Männer müssen ganz offensichtlich auf Politik, Frauen, Autos, Porno, Computer und Technik scharf sein, außerdem auf Angeln, Jagen, Segeln, Tennis und Mountain Biking.

Dann nehmen Sie sich zehn Minuten Zeit und werden vom Klischee freundlich begrüßt. Als Erstes stellen Sie sich vor die Riesenregale mit den Frauenzeitschriften. Und kommen aus dem Staunen nicht mehr heraus. Von *Amica*, *Brigitte* und *Cosmopolitan* über *Freundin*, *Für Sie* und *Glamour* bis zu *Madame*, *Myself* und *Woman* haben ausnahmslos alle Frauenzeitschriften Fotos von Frauen auf ihren Titelbildern. Manchmal wird nur das Gesicht gezeigt, manchmal der halbe, manchmal der ganze Körper. Fast alle Frauen lächeln oder lachen. Die hervorgehobenen, aus einigem Abstand zu erkennenden Überschriften auf dem Titel lauten beispielsweise »Schnell schlank«, »Sexy Hair«, »Fett weg mit Apfelessig« oder »7 schnelle Steck-Frisuren«.

Sie denken, das kann doch alles nicht wahr sein, solche Klischee-Tussis sind die Frauen doch wirklich nicht. Und dann wandern Sie zum nächsten Regal. Über dem steht »Männer + Lifestyle«. Und was sehen Sie auf den Titeln von *Coupé*, *FHM*, *Playboy*, *Matador*, *GQ* und *Praline*? Nackte Frauen.

Sie gehen zum nächsten Regal. »Autos + Motorrad.« Ehe Sie genauer hinschauen, raten Sie, was solche Blätter auf ihrem Titel zeigen mögen. Nackte Frauen am Steuer? Nein. Diese zu hohem Prozentsatz von Männern gekauften und gelesenen Titel wie *Auto Bild*, *auto motor und sport* oder *Motorrad News* und *Trucker* präsentieren überhaupt keine Menschen, sondern Sachen: Autos, Motorräder und Trucks. Merke: Wo es Männern um die Sache geht, wollen sie dinglich und stofflich bleiben. Sex sells? Hier ausnahmsweise nicht. Die Anschaffung eines neuen Autos oder Kraftrades (oder auch nur der Traum davon) ist offenbar eine viel zu ernste Sache, als dass Mann sich durch optische Nebengeräusche davon abhalten ließe. Und glauben Sie eines: Die Verlage haben das gründlich getestet und wissen, warum sie auf keinem Autoblatt-Titel einen Menschen erscheinen lassen.

Was in noch höherem Maße für Computer- und Technik-Magazine gilt. Sie stehen längst vor diesem Regal mit Blättern wie *Audio, PC Games DVD Plus, Chip, Computer Bild, Internet Professionell, PC Welt* oder *Stereoplay*. Hier entdecken Sie auf den Titeln keine Menschenseele, nirgends, weder Mann noch Frau. Stattdessen lesen Sie Schlagzeilen wie »TV per Flatrate«, »Die perfekte Firewall« oder »Windows neu einrichten, aber alle Daten erhalten: Schritt für Schritt erklärt«.

Ja. So ticken ganz offensichtlich die Geschlechter: Männer sächlich, Frauen menschlich.

Doch weil Ihnen das jetzt zu stark nach Klischee und Zufallsbeobachtung klingt, besorgen Sie sich die gleichsam amtliche Statistik, nämlich die AWA 2006, die Allensbacher Werbeträger-Analyse. In dieser Tabelle sind alle erdenklichen Zeitungs- und Zeitschriftentitel aufgelistet. Wir erfahren daraus, wie viele Leser ein Blatt hat, wie viel Prozent der Gesamtbevölkerung es erreicht (zum Beispiel lesen 14,9 Prozent der Deutschen *Bild am Sonntag* und 2,3 Prozent *Bravo*). In unserem Zusammenhang aber ist besonders interessant, wie viele männliche und weibliche Leser auf einen Titel entfallen.

Halten Sie sich fest: Das Ergebnis ist wahrlich erschütternd. Weil es total den allgemeinen Rollenklischees entspricht. Aber volle Kanne. Ohne eine einzige Ausnahme.

Demnach lässt sich nämlich über die deutsche Bevölkerung sagen:

Erstens: Männer sind mehr als Frauen an Informationen und weniger an Klatsch und Gesellschaftsthemen interessiert.

Zweitens: Frauen sind für Gesundheit, Tiere, Wohnen und den Garten zuständig, Männer für Autos, die meisten Sportarten, für Do-it-yourself, Computer und Unterhaltungselektronik.

Im Konkreten bestätigt sich jedes einzelne Vorurteil der Rollenverteilung: Männer interessieren sich weniger als Frauen für die Society? Richtig. *Bunte* wird von 8,1 Prozent der deutschen Frauen, aber nur von 3,3 Prozent der Männer gelesen, bei *Gala* ist das Verhältnis noch deutlicher. Politik? Männersache. Zum *Spiegel* greifen 12 Prozent der Männer, aber nur 6,8 Prozent der Frauen, weit weniger als die Hälfte der *F.A.Z.*- und *Focus*-Leser ist weiblich. Auch sonst geht es immer lustig weiter mit der Klischee-Verteilung. Die Zahlen geben immer die männlichen und weiblichen Leser als Prozent der Gesamtbevölkerung an:

	Männer	Frauen
Schöner Wohnen:	2,9 %	7,7 %
PC Magazin:	2,7 %	0,4 %
Baby und Familie:	0,9 %	3,4 %
Meine Familie & ich:	1,0 %	5,2 %
Süddeutsche Zeitung:	2,9 %	1,9 %
Playboy:	4,5 %	0,5 %
Manager Magazin:	1,5 %	0,3 %
auto motor und sport:	9,2 %	1,0 %

Auch in der feineren Ausdifferenzierung bestärken die Reichweiten der Magazine die gängigen Vorstellungen. Die Zeitschriften *Selbst ist der Mann* und *Selbermachen* werden klar von männlichen Lesern dominiert, *Bastel-Spaß* dagegen hat neunmal mehr weibliche Leser.

Auch alle Spezialsportzeitschriften von *Kicker* über *Wild und Hund* bis zu *Fisch & Fang* werden ganz klar von mehr Männern als Frauen gelesen – bis auf eine Ausnahme: Natürlich sind bei *Reiter Revue International* die Frauen in der klaren Mehrheit. Muss man da noch betonen, dass auch die Elternzeitschriften eine vorwiegend weibliche Leserschaft haben? Muss man nicht. Irgendwie ist das alles schon ziemlich erschütternd. Und wenn Sie dann auch noch jene Konsum-Umfragen zur Kenntnis nehmen, in denen Männer und Frauen befragt werden, was sie sich am dringendsten wünschen, dann werden abermals die konventionellsten Vorstellungen bestätigt: 40,3 Prozent aller Frauen streben nach einer »luxuriös ausgestatteten Küche«, aber nur 19,0 Prozent der Männer verspüren diesen Wunsch. Dagegen sehnen sich 35,1 Prozent der Männer nach einer »hochwertigen Digitalkamera der Spitzenklasse«, aber nur 18,7 Prozent der Frauen. Bitte lernen Sie eine dieser Zahlen auswendig für die nächste Diskussion mit Ihrer pubertierenden Tochter, die behauptet, Männer und Frauen seien im Prinzip gleich.

Männerparadies I: Warum ist es im Baumarkt so schön?

Der Baumarkt bereitet Ihnen als Frau Rätsel über Rätsel. Sie selbst betreten ihn ungefähr so gern wie die Zahnarztpraxis vor einer Wurzelkanalbehandlung. Sie fühlen sich angesichts turmhoher Regalwände mit kargen Beschriftungen leicht überfordert. Sie wollen nur einen Gartenschlauch und ein paar Glühbirnen? Sie sehen als Erstes nicht ein, warum Sie dafür einen riesigen Wagen vor sich herschieben sollen, der zu heftigen Verletzungen an den Schienbeinen führen kann, und finden zweitens nie einen Verkäufer.

Ach doch, da hinten, der schon von weitem unwirsch wirkende Typ im grauen Kittel (warum tragen Techniker immer graue Kittel, keine weißen, keine gelben?) scheint einer zu sein. Wahrscheinlich nennt er sich gar nicht Verkäufer, sondern Fachberater oder Servicespezialist. Sie nähern sich ihm mit Ihrem Einkaufswagenungetüm in Demutshaltung, aber der Mann beachtet Sie trotzdem nicht. Er muss nämlich gerade einem Kunden (männlich, sehr interessiert) etwas erklären. Und zwar den Akku-Bohrschrauber Black & Decker CP 12 K mit 10 mm Metall-Schnellspann-Bohrfutter und Doppelfunktions-Schrauberklinge. Das dauert.

Jetzt endlich packt der Kunde irgendwie befriedigt den Akku-Bohrschrauber plus Gipskartondübel in den Wagen, jetzt endlich landen Sie mit Ihrer Frage, und der Dialog könnte sich ungefähr so entwickeln:

»Ja, guten Tag.«
Verkäufer bleibt stumm, nickt aber wie zum Gruß.
»So ein ungehobelter Kerl«, denken Sie, »warum kann der nicht grüßen?«, sagen aber leicht verunsichert:
»Äh, ich wollte mal fragen, wo ich hier einen Gartenschlauch bekomme.«
»Wie Gartenschlauch?«
»Ja, für den Garten. Zum Spritzen, für den Rasen und so.«
»Wie viel Zoll?«
»Wie, wie viel Zoll?«
Verkäufer hebt leicht die Stimme:
»Halb Zoll, dreiviertel Zoll?«
»Weiß ich nicht.«
»Sollten Sie aber wissen. Und wie viel bar Berstdruck?«
»Berstdruck?«
»36 bar oder 60 bar oder 90 bar?«
»Keine Ahnung. So ein Schlauch halt zum Rasensprengen. Ganz normal.«
»Mit Systemteilen? Ohne Systemteile?«
Sie stehen hilflos da. Sie ahnen, dass dieser Intelligenz-Allergiker Sie gleich gönnerhaft als »liebe Frau« ansprechen wird. Und tatsächlich blickt er Sie nun leicht belustigt an und befiehlt:
»Passen Sie mal auf, liebe Frau, am besten, Sie kommen nochmal wieder. Und bringen Sie Ihren Mann mit.«

Sie fragen sich jetzt, was eigentlich ein Auftragsmörder kostet, haben sich aber tatsächlich einschüchtern lassen und schieben indigniert mit Ihrem sperrigen Einkaufswagen ab. Dem Fachberater beißen Sie noch ein ironisches »Vielen Dank für Ihre Hilfe« hinterher, doch der versteht in seinem grauen Kittel natürlich keine Ironie und antwortet unbeeindruckt: »Bitte sehr.«

Während Sie Ihren Wagen circa zweieinhalb Kilometer durch den Baumarkt schieben und Ihr Blick fasziniert auf Winkelschleifer, Handkreissägen, Stichsägen und Multisägen fällt, fragen Sie sich, warum diese Baumärkte immer so riesig ausfallen müssen. Hat das seine betriebswirtschaftlichen Gründe oder hängt der Gigantismus mit der Hauptkundschaft zusammen, den Männern? Ist Größenwahn nicht überhaupt etwas Männliches, hätten auch eine Frau Hitler und seine Architektin Frau Speer eine künstliche Stadt »Germania« von irrwitzigen Ausmaßen planen können oder ein Arbeitszimmer in einem »Führerpalast« mit 960 Quadratmetern? EIN Arbeitszimmer von 960 Quadratmetern?

Na egal, Sie beobachten jetzt lieber da vorn diesen Kunden. Sieht eigentlich ganz nett aus, Mitte 40, schlank. Könnte Oberstudienrat sein für Deutsch und Erdkunde. Sie rücken näher, nesteln ein wenig an den Dosen mit selbstverlaufender Spachtelmasse herum und lauschen dem Dialog. Es geht, falls Sie das jetzt richtig verstanden haben, um Profilbrettkrallen, und der Fachberater ist ähnlich streng wie sein Gartenschlauchkollege.

Sie wundern sich, dass der Oberstudienrat so gelassen bleibt, geradezu demütig und liebedienerisch um die Gunst des Experten bemüht, der ihm jetzt auch noch die Handspritzpistole mit Reinigungsmitteldüse, Variopower-Strahlrohr, Dreckfräser und Wasserfilter erklärt, der notfalls auch mit T-Racer lieferbar ist. Und sollten Sie den Oberstudienrat nachher beiseite nehmen und fragen, was ihn so fasziniere am Baumarkt, warum er dieses Gespräch mit dem Fachberater (höchst wahrscheinlich kein Abitur) so offenkundig genieße, so wird er sicherlich sagen: diese Auswahl, diese Verwertbarkeit, dieser Nutzen, diese Solidität. Doch das ist nicht der Kern. Und wenn Sie noch ein wenig mehr beobachtende Zeit investieren für das Gespräch zwischen den beiden Männern, dann haben Sie Ihre Lektion schon fast begriffen. Sie ist nur drei Wörter lang und lautet:

Männer
lieben
Kompetenz.

Selten tritt Ihnen diese Kompetenz geballter, strenger und freier von jeder Höflichkeit entgegen als im Baumarkt. Hier werden keine diplomatischen Verrenkungen gemacht, hier hält man sich nicht lange mit Höflichkeit auf, hier herrscht schiere Wissensüberlegenheit. Denn Männer lassen sich testen, lassen sich abkanzeln, unterwerfen sich bedingungslos – so lange sie nur spüren, dass ein anderer kompetenter ist.

So wie Frauen es in der Sauna zwar niemals aussprechen würden, es aber doch mindestens vor sich selbst eingestehen, dass eine andere über ein strafferes Bindegewebe verfügt, so kapitulieren Männer im Baumarkt vor dem souveränen Fachwissen eines Artgenossen.

Wie aber machen Sie sich diese Erkenntnis zunutze? Was lernen Sie daraus für das Zusammenleben mit einem Mann?

Am besten gar nichts. Sie sollten sich einfach eingestehen: Es gibt Sphären der Männlichkeit, die sich weiblichem Zugriff verschließen. Dazu zählen Baumärkte. Überlassen Sie Ihrem Gatten/Freund/Geliebten/Bruder/Sohn/Neffen dieses Feld. Er wird es Ihnen danken. Männer sehnen sich nach Kompetenz. Auf technischen Gebieten hat sie von Männern zu kommen. Noch der sanfteste Softie nimmt von einer Frau höchst ungern technische Belehrung an. Bitte merken Sie sich das.

Freilich können Sie auf andere Weise von Männern in Baumärkten profitieren. Und zwar dann, wenn Sie einen neuen Mann suchen sollten. Dann ist der Baumarkt nicht der schlechteste Ort für ein Partnerschaftsanbahnungsgespräch. Wie Sie das anstellen? Na, das müsste doch jetzt klar sein. Sie stehen einfach so lange ratlos vor den Riesenregalen mit lauter sagenhaft hässlichen Haustüren, bis dieser nette Kunde mit dem pfiffigen Lächeln und den teuren Schuhen auftaucht. Dann fragen Sie ziemlich hilflos: »Sagen Sie, haben Sie eine Ahnung, ob die Oberfläche solcher Türen besser lackiert, lasiert oder imprägniert wird?«

Und dann warten Sie mal ab, was passiert. Entweder hat er Ahnung, dann hilft er Ihnen sowieso, um seine Könnerschaft zu beweisen. Falls er keine Ahnung hat, Sie ihm aber gefallen, wird er so tun, als hätte er welche. Darauf wetten wir den Bohrhammer PBH 2000 RE mit 550 Watt, SDS-Plus-Bohrfutter und Rechts-/Linkslauf.

Der kleine Unterschied im Hirn

Manche Erkenntnisse sind so klischeehaft, dass sie der Wirklichkeit entsprechen.

Der britische Hirnforscher Simon Baron-Cohen, Professor für Psychologie und Psychiatrie in Cambridge, hat seine Erkenntnis über männliche und weibliche Babys in einem Satz zusammengefasst: *Vom ersten Tag an anders.*

So lautet der Titel eines seiner Bücher und seine ziemlich spannende Grundthese heißt, vereinfacht ausgedrückt: Männer haben ein S-Hirn, Frauen ein E-Hirn. S steht für Systematik, E für Empathie, also Einfühlungsvermögen. »Unter Empathie«, schreibt er, »versteht man das Vermögen, die Gefühle und Gedanken eines anderen Menschen zu erkennen und darauf mit angemessenen eigenen Gefühlen zu reagieren.«

Professor Baron-Cohen hat 100 Babys am Tag nach der Geburt filmen lassen, ohne dass die Wissenschaftler das Geschlecht der Kinder kannten. Die Ergebnisse waren, wie ein Artikel in der *Zeit* beschreibt, verblüffend: »Die weiblichen Säuglinge interessierten sich auffallend mehr für das Gesicht der jungen Forscherin über ihrem Bettchen als für ein in Farben und Bewegungen angeglichenes Mobile, das freilich abstraktere, technische Formen aufwies. Im Fazit auch anderer Studien: Mädchen und Frauen suchen Beziehungen zu Menschen. Jungen und Männer lassen sich lieber auf Dinge ein.«

Während also das männliche Hirn die Welt eher systematisierend und analysierend erfasst, begreift das weibliche Hirn das Geschehen eher über Empathie, über Einfühlung. Und was genau ist jetzt Empathie? Es ist die Fähigkeit, Gefühle und seelische Aggregatzustände eines anderen Menschen zu erfassen und darauf angemessen zu reagieren.

Zu Baron-Cohens weiteren Erkenntnissen zählt auch die Diagnose, dass schon einjährige Mädchen eher Mitleid zeigen, wenn sich jemand verletzt hat, und dass gleichaltrige kleine Jungen mit ihren ganzen zwölf Monaten lieber Filme über Autos als über Zeichentrickfiguren anschauen. Männliches Denken ist also eher auf leblose Systeme ausgerichtet, auf das Erkennen und Systematisieren von Zusammenhängen. Der britische Hirnforscher geht sogar so weit, den Autismus (also die krankhafte Unfähigkeit zur Kommunikation) als Extremform männlichen Denkens zu bezeichnen.

Ehe jetzt aber der Eindruck aufkommt, diese Erde sei mit eiskalten männlichen Technokraten und liebevollen weiblichen Fürsorgerinnen bevölkert, rät auch Baron-Cohen zu vorsichtiger Interpretation seiner Ergebnisse: Sie seien Durchschnittswerte. Nicht jeder Junge sei ein gefühlskalter Egomane, zwischen den Geschlechtern gebe es eine enorme Spanne individueller Unterschiede, unterrichtet werden solle auf Grund individueller Stärken und Schwächen.

Bei der Ausbildung weiblicher E- und männlicher S-Hirne spielt nach seiner Ansicht das männliche Sexualhormon Testosteron (das in geringeren Mengen ja auch von Frauen produziert wird) eine wichtige Rolle, wie in der *Berliner Zeitung* vom 16. 1. 2004 nachzulesen war: »Beispielsweise stellte sein Team fest, dass aus einer Gruppe zwölf bis 24 Monate alter Kinder vor allem diejenigen häufig Blickkontakt suchten, die vor ihrer Geburt im Mutterleib nur einer niedrigen Dosis Testosteron ausgesetzt waren. ›Ich bekam eine Gänsehaut, als ich mir vorstellte, dass ein paar Tropfen mehr oder weniger von dieser Substanz unsere Soziabilität beeinflussen können‹, kommentiert Baron-Cohen das Ergebnis.«

Und was hat die Hirnforschung in den letzten Jahren an Erkenntnissen über Männer und Frauen sonst noch so zu Tage gefördert? Dass das räumliche Vorstellungsvermögen in der rechten Hirnhälfte, das Sprachzentrum in der linken sitzt, war ja schon länger bekannt. Aber was erfahren wir über Männer und Frauen? Wiederum natürlich vereinfacht ausgedrückt:

Erstens: Frauen und Männer sind gleich intelligent, können aber bestimmte Dinge jeweils besser.

Zweitens: Im Hirn der Frau ist so gut wie alles mit allem vernetzt, im Kopf des Mannes herrscht, wie Bas Kast es nennt, »strikte Arbeitsteilung«. Frauen nutzen stärker die weiße Masse des Hirns, also die »Verbindungsdrähte« zwischen den Zellen. Männer dagegen nutzen primär die graue Masse, die Zellkörper.

Drittens: Das kann dazu führen, dass ein Mann nicht gleichzeitig zwei Dinge tun kann. Selbst sehr intelligente Männer können also nicht ihrem Baby die Windeln wechseln und dabei die Frage beantworten, ob sie heute Abend Nudelauflauf oder einen großen Salat wünschen. Das besonders männlich strukturierte Hirn setzt den Mann aber in Vorteil, wenn er beispielsweise bei der Lösung kniffliger Matheaufgaben seine linke Hirnhälfte gleichsam ausschaltet. Diesen natürlichen Vorteil verspielen Jugendliche aber in der Pubertät wieder gern: »Eine ruhige Schülerin«, sagt ein Lehrer im *Spiegel*, »bekommt nun mal mehr mit als ein Kerl, der seinen Kumpel ständig mit dem Zirkel in den Rücken pieken will.«

Viertens: Männer neigen dazu, sich Vorteile durch Körperkraft zu sichern, Frauen sind schlauer. Das zeigt sich sehr früh. Überlässt man kleinen Jungen und Mädchen ein Filmvorführgerät mit nur einem Guckloch, kommen Jungen besser zum Zuge, sie schubsen die Mädchen einfach weg.

»Lässt man eine reine Mädchengruppe mit demselben Gerät spielen, erringt das Mädchen, das letztendlich die meiste Zeit am Okular verbringt, diesen Vorteil nicht durch solche unverblümten physischen Taktiken, sondern durch verbale Strategien. Es setzt eher auf Verhandeln und Überreden als auf reine Körperkraft«, schreibt Baron-Cohen in *Psychologie heute*.

Fünftens: Männer haben ein Einfühlungsdefizit: Sie reagieren weniger sensibel auf Gesichtsausdrücke, entschlüsseln nonverbale Botschaften schlechter, können Gefühle schlechter einschätzen.

So weit die Wissenschaft. Was aber lernt die schlaue Frau aus solchen Erkenntnissen? Sie wird jetzt immerhin realistisch genug sein, von einem S-Hirn-Mann keine E-Hirn-Emotionen zu erwarten. Sie hofft also nicht darauf, dass Physiker, Computerfachleute und Versicherungsmathematiker charmante Liebeserklärungen machen. Sie weiß, dass der Bauingenieur sie höchst ungern zum Klamottenkaufen begleiten wird, dass der Prozessanalytiker nicht dazu neigt, sich über sein Seelenleben auszulassen. Kluge Frau. Hat halt ein E-Hirn.

Wie Männer ticken, wenn Frauen sie etwas fragen

»Sag mal«, fragt Constanze ihren Alexander, »weißt du eigentlich noch, dass morgen Abend Klara und Julia kommen? Setzt du dich dann erst später zu uns oder soll ich dich schon gleich zum Essen einplanen? Du weißt ja noch, dass die beiden total nett sind?«

Wie? Was? Nett? Essen? Klara? Julia? Wer sind Klara und Julia?

Alexander war gerade in Gedanken bei diesem beknackten Schiri, der durch einen einzigen Elfmeter-Katastrophen-Pfiff in der 89. Minute aus herrlichen drei Punkten für seinen 1. FC Schalke 04 einen einzigen mickrigen Punkt gemacht hat, und jetzt wird er plötzlich vor hochkomplexe Herausforderungen gestellt. Er soll auf einen Schlag wissen, wer Klara und Julia sind, und sich dafür entscheiden, ob er eine ganze Mahlzeit mit ihnen verbringen oder sich erst später zu ihnen gesellen will. Da muss er jetzt mal den Hirn-Turbo einschalten. Der arbeitet dann wirklich vorzüglich, und schon nach zehneinhalb intensiven Sekunden antwortet Alexander: »Ich setz mich beim Nachtisch zu euch.«

Für einen Mann eine erstaunlich differenzierte und qualifizierte Antwort. Wie kam sie zustande?

Alexanders mentaler Schnellsuchlauf arbeitet im Schleudergang, checkt zunächst Klara ab und beginnt mit dem Wichtigsten:

Schnellsuchlauf Klara:

Wer ist das? Kollegin von Constanze.
Obenrum? Ziemlich groß, so 75 C.
Untenrum? Vielleicht bisschen zu üppig, aber schon okay.
Beine? Keine Ahnung. Trägt immer Hosen. Also eher schlecht.
Stil? Zwischen H&M und C&A.
Sonst? Hat ein nettes Lachen. Schöne Zähne.
Gesamturteil Klara: Muss man nicht von der Bettkante stoßen. Kann ihr vielleicht meine Telefonnummer zustecken.

Schnellsuchlauf Julia:

Wer ist das? Freundin von Constanze. Haben zusammen studiert.
Obenrum? Flach.
Untenrum? Auch.
Beine? Dünn. Zu dünn.
Stil? Zwischen mausgrau und steingrau.
Sonst? Freundlich, aber zu intellektuell.
Gesamturteil Julia: Ist okay, aber nicht für mich.

Also ein ziemlich klarer Fall: Alexander kann sich für Klara erwärmen, aber nicht für Julia. Käme Klara morgen Abend allein, würde er sich schon beim Vorspeisensalat zu ihr und zu Constanze setzen. Da er an Julia aber nicht interessiert ist, entscheidet er sich männlich-rational für sein Erscheinen beim Dessert. Kluger Mann.

Der männliche Abcheck-Turbo funktioniert bei männlichen Testobjekten übrigens vielleicht sogar noch schneller. Vor allem, wenn Gefahr im Verzuge ist.

Angenommen, Constanze würde zum Beispiel Alexander fragen, ob er etwas dagegen hätte, wenn sie mal mit ihrem

Arbeitskollegen Maurizio einen Wein trinken würde. Angenommen, Constanze gäbe auch noch ganz offen zu, dass Maurizio schon ein ziemlich süßer Typ sei, dann bekäme der Schnellsuchlauf wahrscheinlich ein etwas aggressiveres Tempo und nähme in circa zwei Sekunden ungefähr diesen Weg:

Schnellsuchlauf Maurizio:

Konkurrent? Ja.
Also Arschloch? Klar.
Sieht besser aus als ich? Leider. Diese blöden dunklen Locken.
Besser im Bett? Vielleicht. Hat so geschmeidige Bewegungen.
Mehr Knete? Unwahrscheinlich.
Sozialer Status? Schlecht. Vater Gastarbeiter.
Auto? Dicker Alfa Romeo. Aber der rostet ja schon im Katalog, höhö.
Ahnung von Fußball? Mehr als ich geht nicht. Ist Constanze aber egal.
Kann er tanzen? Leider. Ist Constanze nicht egal. Leider.
Gesamturteil Maurizio? Gefahr! Vorsicht! Panik!

Das war jetzt vielleicht etwas dramatisch. Nehmen wir einen ganz alltäglichen Fall, eine ganz alltägliche Frage. Zum Beispiel die beliebte Frauen-Frage: »Schatz, woran denkst du gerade?«

Das ist – müssen wir jetzt mal wieder objektiv feststellen – so ziemlich die dümmste Frage, die eine Frau einem Mann stellen kann. Denn in mindestens 50 Prozent aller Fälle denkt der Mann an gar nichts. Und in den anderen 50 Prozent an Sex, Fußball oder Machtphantasien, sieht sich gerade als Dirigent der Berliner Philharmoniker oder bietet Jennifer Aniston seine starke Schulter zum Anlehnen. Dies alles gibt er ungern zu.

Deshalb sollten Sie, Leserinnen, ehe Sie eine scheinbar harmlose Frage an Ihren Mann richten, lieber an Loriot denken: Der ließ eine Frau so lange ihren Hermann befragen, was er gerade mache, ob er nicht spazierengehen wolle, bis der am Ende schreit: »Ich schreie dich nicht an!!!«

Die Woran-denkst-du-Frage aber sollten Sie künftig entweder unterlassen oder sich rechtzeitig auf eine Lüge einstellen. Denn die Wahrheit auf diese Frage hieße ja vielleicht: »An unsere neue brasilianische Vertriebsassistentin.«

Oder:

»Ich stelle mir gerade vor, wie es sein müsste, am kalifornischen Strand auf die heulende Jennifer Aniston zu treffen, die immer noch ihren Schmerz über Brad Pitt in die Brandung schreit, und ich würde sagen, hey, Jen, reg dich doch nicht so auf, es ist ja nur Brad Pitt, aber ich bin der Karlheinz aus Mörfelden-Walldorf, ich habe viele Muskeln und bin Regionalmeister im Schweinebauch-Grillen, kenne die geilsten Witze und vertrage unheimlich viel Pils, praktisch einen ganzen Kasten, und Jennifer würde ihre Tränen trocknen und langsam, ganz zärtlich nach meiner Hand greifen.«

Oder:

»Psst, ich imaginiere mich gerade als Dirigent am Pult der Berliner Philharmoniker. Wir sind im Schlussteil der Fünften von Mahler, das Orchester ist unter meiner Leitung zu unerreichten Höhen der Qualität, Dichte und Interpretationstreue aufgestiegen, das Publikum hält den Atem an, ein übrigens verfeinertes, gebildetes Publikum mit Stil und Raffinesse, es bohrt seine Blicke in meinen Rücken, es hat die Trauer des ersten Satzes durchlitten, die Dämonie des zweiten Satzes ertragen, es hat die Heiterkeit des dritten genossen, da dirigiere ich das Publikum mitten in die stille Weltabgeschiedenheit des Adagiettos, alles lauscht mir, gebannt, traumverloren, entrückt, nur wenige Minuten trennen mich von der Explosion des Beifallorkans, ich schwebe auf der Woge der Musik, ich vereinige mich in diesem Moment mit meinem Orchester, meinem Publikum, mit der ganzen Welt.«

Oder:

»Du, lass mich bitte noch mal nen Moment in Ruhe, ich stelle mir gerade vor, ich habe den Jackpot geknackt, 15,7 Millionen Euro, setze gerade das Kündigungsschreiben an meinen Chef auf und rede ihn dabei mit ›sehr geehrter Herr Dr. Volltrottel‹ an, oh, tut das gut, der sieht mich nie wieder. Heute Nachmittag gehe ich zu Mercedes und ordere den Maybach mit 612 PS, natürlich die Langversion, von zwei Turboladern beatmet, dir ist klar, dass ich dafür auch einen Chauffeur einstellen muss, um ein schickes Penthouse in der Südstadt kannst du dich kümmern, während ich mich schon mal zum Maßschneider begebe und zum Juwelier, denn ich brauche dringend die Patek Philippe Calatrava in Rotgold, das ist eine dermaßen geile Uhr, du bekommst natürlich einen superfetten Brilli, einen gerupften Nerz, eine Haushälterin, aber keine Köchin, wir wollen nicht übertreiben.«

Und Sie? Sie haben ihn doch nur gefragt: »Woran denkst du gerade?«, und hätten am liebsten von ihm gehört: »Ich denke gerade daran, wie schön du bist, Liebling.« Ziemlich unwahrscheinlich, dass Sie das zu hören bekommen.

Aber ausgeschlossen ist es ja auch wieder nicht. Verzichten sollten Sie allerdings unbedingt auf den Bestätigungstrick, den durchschauen Männer einfach nicht, das ist ihnen nicht gegeben, dazu sind Männer nicht schlau genug.

»Sag mal«, sagen Sie dann leider doch eines Tages, weil Sie nicht auf meinen Rat gehört haben, »findest du meine Arme eigentlich zu dick?«

Sie bringen das relativ überraschend hervor, etwa beim Frühstück. Fast beiläufig, obwohl Sie sich seit Tagen überlegt haben, ob Sie diese etwas heikle Frage überhaupt stellen sollten. Aber die Sache beschäftigt Sie und deswegen wollen Sie von Ihrem Mann, der sich zu diesem auch für ihn ja nicht total unwichtigen Thema doch irgendwie eine Meinung gebildet haben muss, etwas hören. Und zwar etwas Positives.

Er reagiert zunächst überhaupt nicht. Als hätte er die Frage nicht verstanden.

Sie wiederholen mit leicht pädagogischem Tremolo: »Hallo, ich hab dich was gefragt, findest du meine Arme zu dick?«

Das setzt ihn natürlich noch mehr unter Druck. In Wahrheit denkt er vielleicht: »Klar sind deine Arme zu dick. Übrigens nicht nur deine Arme.«

Tatsächlich antwortet er wie aus der Pistole geschossen: »Aber überhaupt nicht. Gar nicht. Kein Stück. Wunderbare Arme.«

Das wollten Sie hören. Andererseits glauben Sie ihm nicht recht und fragen nach: »Wirklich gar nicht? Kein bisschen zu dick?«

»Nein, wirklich«, bestätigt er mannhaft, »nicht zu dick, überhaupt nicht. Das sind äh, öhm, tja, schöne Arme.«

Sie sehen die Angst in seinen Augen. Er tut Ihnen leid. Schließlich wollen Sie ihn ja auch nicht einschüchtern und zur Unwahrheit anstiften. Also machen Sie den Fehler, zum Bestätigungstrick zu greifen und sagen: »Na, ein ganz kleines bisschen dick sind sie schon, du kannst es ruhig sagen.«

Als er jetzt antwortet: »Na gut, ein gaaanz kleines bisschen vielleicht«, brechen Sie in Tränen aus, werfen sich auf den Boden, lassen sich nicht trösten, wollen zu Ihrer Mutter ziehen. Kurzum, der Mann hat es nicht leicht. Falls Sie es gut mit ihm meinen, dann überfordern Sie ihn nicht mit schwierigen

Fragen. Bringen Sie Ihre Fragen langsam vor, dann versteht er Sie besser. Und lassen Sie keinen Vorwurf mitschwingen, nicht den leisesten. Fragen Sie wertfrei. Nur dann wird alles gut.

Das laute Geschlecht

Ein Ausflugsschiff auf dem Chiemsee. Soeben ist eine Schulklasse zugestiegen.

Die Jungen machen einen unfassbaren Lärm, schmeißen mit Kaugummi-Staniolpapier nach den Möwen, boxen sich, schubsen sich fast über die Reling. Inmitten des Lärms sitzen die Mädchen nebeneinander. Und eine ganz Niedliche, ganz Zarte sagt zu ihrer Freundin, während die Stimmen der Jungen sich überschlagen: »Du, Verena, gestern hat sich ein Schmetterling auf meine Hand gesetzt.«

Bitte achten Sie von heute an einmal eine ganze Woche lang darauf, welchen Krach Männer machen, junge auf Schiffen, alte in Stadien, an Kreuzungen, an Stammtischen. Nein, es sind nicht die Mädchen, die nachts um drei mit einer Höllenmaschine namens Vespa friedliche Bürger in verschlafenen Reihenhaussiedlungen aufschrecken. Es sind nicht die jungen Frauen, aus deren tiefergelegten Autos im Vorüberfahren so laut die Bässe dröhnen, dass man sie bei geschlossenen Fenstern im Nachbarauto im Magen spürt. Und es sind auch nicht die erfolgreichen Frauen Mitte 50, die über ihren Ferrari Testarossa sagen: »Wissen Sie, wenn ich den anlasse – allein dieser Sound macht mich geil.«

Das laute Geschlecht macht nicht nur in Fahrzeugen Krach. Auch beim Kartenspielen. Männer könnten doch ihren Trumpf ganz artig und leise auf den Tisch legen, könnten dabei stolz lächeln, ein Pokerface aufsetzen und den Wert der Karte still genießen. Aber was tun sie? Knallen die Karte mit gröbstem Handeinsatz auf den Tisch. Wer je als einsame Wandertouristin in einer bayerischen oder alemannischen Kneipe sich in ein Buch vertiefen wollte, kann ein Lied von den Explosionen am Stammtisch singen.

Männer nutzen geradezu dankbar Lärmverstärker wie Mikrophone, Megaphone, Trommeln, Tunnels. Das Durchschreiten der U-Bahn-Unterführung, in der es so infernalisch hallt von ihrem kollektiven Brüllen, macht sie fast so glücklich wie das Installieren von Fanfaren-Hupen mit Tonkaskaden. Die Spiel- und Flipperautomaten richten sich mit ihren scheppernden Symphonien ebenfalls selten an die Damenwelt. Die Sozialisation der Männer als Krachmacher beginnt früh, Kindergärtnerinnen wissen dies. Kleine Männer entwickeln schon im Krabbelalter Vorlieben für Lastwagen, Gewehre und Polizeiautos, sie unterstreichen das durch Lärm: Motorenbrummen, Knallgeräusche, Sirenengeheul.

Sie setzen das fort. In Schulklassen, auf Pausenhöfen, in Schullandheimen, dann in den Hörsälen der Universitäten und später in Parlamenten, in Fernseh-Talkshows und in einer Unzahl geschäftlicher Meetings. 15-Jährige betrachten ihr knatterndes Moped nur in zweiter Linie als Fortbewegungsmittel, vor allem ist es ein akustischer Ausweis ihrer Lebensfreude.

Aber warum machen Männer so viel Krach? Abermals: Das hat etwas mit ihrer Urgeschichte zu tun. Grundsätzlich müssen und wollen sie im Kampf um die weibliche Gunst und angesichts so vieler Konkurrenten auf sich aufmerksam machen. In Verbindung mit körperlicher Leistung liegt im Krachschlagen immer ein Unterton von Balzen. Ein gewisser Hansi, der im Bierkrügestemmen sein Letztes gibt, unterlegt seine Leistung auch akustisch: »Lautmalerisch unterstützte Hansi seine Darbietung. Aus Brehms Tierleben war alles dabei, der Paarungsruf des Pavians, Eselsgeschreie und die Balz der gewöhnlichen Steppenhyäne«, schreibt Philipp Köster in *11 Freunde*.

Dies ist sozusagen die individuelle Seite des Krachschlagens. Auch im Kollektiv, als Clique, Horde, Kohorte, Armee, Polizeieinheit, wollen Männer sich Respekt durch Lärm verschaffen. Vor allem die Fußball-Fans sehen im Lärm eine geeignete Hilfsmaßnahme für ihre Mannschaft. Die Publizistin Barbara Sichtermann hat, wie sie in der *Stuttgarter Zeitung* vom 6. 5. 2006 schreibt, vor Jahren eine tief sitzende Verstörung am Bochumer Bahnhof davongetragen: »Plötzlich erklingt Kriegsgeschrei, und der Bahnsteig erzittert. Ein Trupp junger Burschen berennt und besetzt ihn. Der martialische Akt wird von einem ungeheuerlichen Lärm begleitet. Ein Gebrüll, wie es den römischen Geschichtsschreibern zufolge die Barbaren ausgestoßen haben, als sie die Ewige Stadt überfielen.«

Die Parallelen zum Krieg sind überdeutlich: In der massenhaft vervielfältigten eigenen Lautstärke erlebt der Mann in der Gruppe potenziert seine eigene Stärke, der gemeinsam erzeugte Krach ängstigt den Gegner, und wer je erlebte, wie zwei Hundertschaften Polizisten im Frankfurter Hauptbahnhof mit ihren Schlagstöcken gegen ihre Schilde hämmern, bekommt Mitleid mit den militantesten Demonstranten.

Kurzum: Der Lärm, mit dem Männer auf sich aufmerksam machen, dient ihrer Selbstvergrößerung und Selbstvergewisserung, er dient der Abschreckung und oft genug dem nonverbalen, aber lauten Liebeswerben. Auch wenn es Ihnen komisch vorkommt, und auch, wenn der Mann selbst sein Verhalten niemals so einordnen würde: Der Motorradfahrer um die 50, der neben Ihnen an der Ampel ein paar Mal im Leerlauf Gas gibt, ehe er knatternd losbricht – er hat nichts anderes getan als zu balzen. Halt auf seine etwas beschränkte männliche Weise.

Das Testosteron ist schuld

Wir Menschen sind viel stärker, als uns bewusst ist, ein Produkt der Chemie in unserem Leibe.

Irgendwann beginnt der Körper des kleinen Mannes ziemlich viel Testosteron zu erzeugen. Zuständig dafür sind vor allem die Hoden. Testosteron ist das Lust- und Aggressionshormon. Auch Frauen produzieren es, allerdings in deutlich geringeren Dosen, etwa fünfmal weniger als Männer. Gibt man aber Frauen und Männern zusätzliches Testosteron, ist die Wirkung auf beide Geschlechter gleich, beide reagieren dann aggressiver und werden sexuell schneller erregt. Wird dagegen auch bei Männern der Spiegel mit dem weiblichen Hormon Östrogen künstlich erhöht, so neigen die Männer zu größerer Sanftmut und sexuellem Desinteresse. Und bei Vätern, deren Baby soeben das Licht der Welt erblickte, sank nach wissenschaftlichen Untersuchungen das Testosteron im Blut um durchschnittlich ein Drittel, was die Männer noch fürsorglicher machte.

Ehe aber der Mann zum Erzeuger werden kann, hat im Anfangsstadium des Lebens des kleinen Mannes sein Y-Chromosom dem Körper befohlen, männlich zu werden. Der Embryo entwickelt Hoden, die wiederum Testosteron erzeugen. Die Androgene, zu denen das Testosteron zählt, beeinflussen, wie Ekkehard Kloehn es plastisch beschrieben hat, das Zwischenhirn: »Jene Gebiete des limbischen und Zwischenhirnbereichs, die später Revierverhalten, Dominanzstreben, Wettkampfverhalten und sportlichen Einsatz mit beeinflussen und motivieren, werden in der Fetalzeit unter dem Einfluss oder der Abwesenheit von Androgenen vorprogrammiert.« Das bedeutet laut Kloehn: Die Nervenzellen werden bei Anwesenheit von Androgenen so verschaltet, dass später männliche Verhaltensweisen leichter und daher öfter auszulösen sind als weibliche.

Selbst auf das Weinen hat Testosteron Einfluss. Im wissenschaftlichen Experiment stellte sich heraus, dass junge Meerschweinchen, denen die Hoden entfernt worden waren, genauso oft weinten wie die Weibchen: Junge Tiere beiderlei Geschlechts weinten weniger, wenn ihnen Testosteron injiziert worden war. Der Neurowissenschaftler Jaak Panksepp vermutet, dass man bei Menschen ähnliche Effekte feststellen könnte und das sogar seinen Sinn hat: »Aus einer evolutionären Perspektive ist die größere Sensibilität von Frauen durchaus sinnvoll, denn Mütter müssen besonders empfänglich sein für die vielen emotionalen Signale ihrer Babys.«

Wir haben da mit dem Testosteron also einen der Hauptschuldigen dafür gefunden, dass Männer so aggressiv und sexuell offensiv agieren. Testosteron ist sozusagen für Männer, was der Antrieb für die Rakete ist. Die amerikanischen Psychologen Alan Booth und James Dabbs haben in einer groß angelegten Studie feststellen wollen, ob die Menge, mit dem das Hormon durch die männlichen Blutbahnen schießt, das Verhalten gegenüber Frauen beeinflusst. Tut es. Untersucht wurden zunächst die Testosteron-Werte von immerhin 4462 ehemaligen Angehörigen der amerikanischen Armee, sogenannten Veteranen. Danach widmeten die Forscher ihre Aufmerksamkeit dem Verhalten dieser Männer in der Partnerschaft. Bas Kast beschreibt in seinem Buch *Die Liebe und wie sich Leidenschaft erklärt* das Ergebnis: »Diejenigen mit höheren Testosteron-Konzentrationen waren erstens weniger oft verheiratet. Wenn sie doch verheiratet waren, gingen sie häufiger fremd, stritten sich mehr, schlugen ihre Frauen öfter und ließen sich häufiger scheiden als Veteranen mit niedrigeren Spiegeln des Sexualhormons.«

Die Frauen ahnen das. Sie suchen zwar einerseits nach den äußeren Merkmalen, die ein hoher Testosteronhaushalt im Manne hervorruft: Kantige Züge, kräftiges Kinn, herausfordernder Blick, eine Aura von Kraft – dies alles verheißt gute Gene, also Schutz für die Frau und Sicherung gesunder Nachkommen. Doch allzu viel Testosteron, schätzen die Frauen, soll es auch wieder nicht sein. Testreihen, bei denen Frauen die Bilder von Männern verändern konnten, haben ergeben, dass Frauen die typisch kantig-harten Testosteron-Gesichter abänderten. Sie gaben ihnen stattdessen mildere, weichere Züge. Frauen fühlen also, dass der Super-Testosteron-Typ zwar das bestmögliche Erbgut weitergeben kann, aber als treuer, liebevoller Gatte und Vater nicht so geeignet ist.

Falls Sie jetzt denken: Eigentlich schlimm, wie so ein blödes Hormon, das man weder sehen, schmecken, riechen noch anfassen kann, das da irgendwo in seinem Blute kreist, sein Verhalten, meine Lust und meinen Frust, seine Aggression oder Mattheit beeinflusst, dann trösten Sie sich einfach damit, dass dieses Testosteron vor einigen Jahren auch Ihre Existenz bedingte. Und hoffentlich durch deutschlandweit lang anhaltende Wirksamkeit auch Ihre Rente sichert.

Vieles an den Männern ist Steinzeit

Wozu ist der Mensch auf Erden? Der katholische Katechismus gibt auf diese schwierige Frage eine andere Antwort, als die Natur es tut. Die Natur hat eine schlichte Botschaft: Der Mensch ist auf Erden, um sich fortzupflanzen. Das ist sein Zweck, das steckt ihm in den Knochen, in den Genen, im Blut. Seit Erfindung der Pille haben wir das ein wenig vergessen. Wir denken, der elementarste Lebenszweck sei der Sex, die geschlechtliche Betätigung um ihrer selbst willen, die Lust. Der biologische Zweck aber hinter dieser Lust heißt: Vermehrung.

Fortpflanzung hat zwar immer mit Sex zu tun, weist jedoch über ihn hinaus. Der bloße Sextrieb fragt nur nach dem schnellstmöglich verfügbaren größtmöglichen Vergnügen. Der Fortpflanzungstrieb beider Geschlechter will wissen: Wie komme ich an den qualitativ bestmöglichen Erzeuger von Nachwuchs?

Und dabei gibt es ein paar Konstanten: Zunächst sucht der Mann nach der potenziellen Partnerin im richtigen, also fruchtbaren Alter. Sein sexuelles Interesse richtet sich im Normalfall also nicht auf kleine Mädchen oder alte Frauen. Fruchtbarkeit wird ihm signalisiert durch passendes Alter, durch prangende Brüste, durch ein »gebärfreudiges« Becken. Und durch die Östrogene. Dieses weibliche Sexualhormon kann er zwar nicht schmecken oder riechen, er kennt aber dessen Auswirkungen. Die uralte Gleichung lautet: Gute Östrogene kommen aus gesunden Eierstöcken. Die Fruchtbarkeit der Frau war und ist am Gesicht abzulesen. Östrogene haben indirekt dafür gesorgt, dass die Haut glatt wurde, der Kiefer nicht so groß und die Lippen voller: »Unsere männlichen Vorfahren hatten die Möglichkeit, die Fruchtbarkeit der Frau am Gesicht zu erahnen. Und da ihnen diese Fruchtbarkeit so wichtig war, entwickelten sie eine Vorliebe für Gesichter, die jung und feminin aussahen«, schreibt Bas Kast.

Nun liegt die Steinzeit schon ein Weilchen zurück, und Männer sind ja keine willenlosen Geschöpfe, jedenfalls nicht willenloser als Frauen. Deshalb erscheint Ihnen als Frau die Steinzeit-Östrogen-Früherkennungsmethode zwar nachvollziehbar, aber nicht verteidigungswürdig. Dass Ihr fauler, schlecht gekleideter, langweiliger Kollege im Büro sich jedes Mal innerlich strafft und ein Witzchen versucht, wenn die hübsche Auszubildende hereinkommt, das soll an seinen Genen liegen? Dass Ihr eigener maulfauler Gatte sich unlängst auf der Party Ihres gut situierten Nachbarn im Gespräch mit dem flotten polnischen Au-pair-Mädchen in einen munter plaudernden Charmebolzen verwandelte – dafür soll sein Erbmaterial verantwortlich sein?

Andererseits fällt Ihnen jetzt gerade diese Sache aus dem Bio-Unterricht ein: Dass nämlich dem Menschen ein biologisch-anthropologisches Erbe zum Schutze seiner Art mit auf den Lebensweg gegeben wird. Dass im Thalamus Erfahrungen über Gefahren und Freuden des Lebens gespeichert sind, die seine Vorfahren für ihn sammelten. Dass es viel zu viel Zeit für jeden neuen Menschen bräuchte, diese Erfahrungen zu machen und lebenserhaltend zu nutzen. Dass er sie, um am Leben zu bleiben, gleich nach der Geburt anwenden können muss. Dass zum Beispiel jedes Baby auf die Welt kommt und saugen kann. Und dass es mit dem uralten Klammerinstinkt ausgerüstet ist.

Gut, damit können Sie jetzt etwas anfangen: Der Arzt wirft Ihr Neugeborenes in die Luft, Ihnen bleibt vor Schreck das Herz stehen, doch Ihr wunderbarer, kluger Säugling kennt das uralte Gesetz in seinen Fingern, er klammert sich an die Hände Ihres Arztes. Auch Männer sind also im Prinzip wie Babys. Was sie von Anfang an beherrschen, ist saugen und klammern.

Aber aus jenen Steinzeit-Tagen stecken uns Männern auch noch ganz andere Verhaltensweisen in den Knochen:

Der Mensch, also auch der Mann, ist mit einem Gehirn ausgestattet. Die genetisch bestimmte Struktur des menschlichen Hirns dürfte sich seit etwa 40 000 Jahren nicht verändert haben. Dazu der renommierte Frankfurter Hirnforscher Wolf Singer in der *F.A.Z.*: »Wenn wir Kinder aus der Steinzeit adoptieren könnten, würden sie genauso Klavier spielen und Gleichungen lösen lernen wie unsere Kinder.« Aber das sagt jetzt natürlich noch gar nichts über die Intelligenz des heutigen Mannes, über seine Rückständigkeit und Verfangenheit in alten, sehr alten Strukturen. Die meisten von uns (Männern und Frauen) tun so, als hätte die Entwicklungsgeschichte ungefähr bei unserer Geburt angefangen. In Wahrheit sind wir nur ein Glied einer evolutionären Kette.

Um uns das noch klarer zu machen, sollten wir einen Blick in die Steinzeit werfen. Die Gattung des Menschen ist ungefähr zwei Millionen Jahre alt. Aber erst vor 10 000, vielleicht auch erst vor 8000 oder 7000 Jahren begann der Mensch, sich von Ackerbau und Viehzucht zu ernähren und sesshaft zu werden. Wenn wir also annehmen, dass es seit zwei Millionen Jahren Menschen gibt, die erst vor rund 10 000 Jahren Bauern wurden, dann lebte unsere Gattung bis auf einen verschwindend geringen Bruchteil von 0,5 Prozent unserer Geschichte als Jäger (natürlich die Männer) und Sammler (selbstverständlich die Frauen) in kleinen Gruppen, die durch die Savanne zogen. Wir sind also Nachkommen der Nomaden, die glücklicherweise lange genug überlebten, um Kinder großzuziehen.

99,5 Prozent der Menschheitsgeschichte sollten ausreichen, tief in uns bis heute wirksam zu sein. Nur wie? Wo drücken sich im heutigen männlichen Verhalten unsere Steinzeitwurzeln aus?

Zum Beispiel im Management. Hier macht der Mann noch heute, was seine Vorfahren bei der Jagd taten: Er bildet Gemeinschaften, die sich aufeinander verlassen mussten, denn es ging um Nahrungssicherung und oft um Leben und Tod. Es ging auch um Arbeitsteilung, denn jeder sollte im Team tun, was er am besten konnte. Damit automatisch verbunden war eine Rangordnung: In der Gefahr musste einer vorangehen und die anderen mussten schnell folgen, nicht grundlos sind »folgen« und »gehorchen« sinnverwandte Wörter.

Oder warum sind die Männer von heute vergleichsweise schlechte Sprinter, aber sehr passable Dauerläufer? Betrachtet man mit der *Süddeutschen Zeitung* die Distanz, die Männer laufend an einem Tag zurücklegen können, schneiden sie besser ab als andere Primaten wie Schimpansen und etwa gleich gut wie Wölfe und Hyänen. Und warum haben wir diese Fähigkeit entwickelt? »Die urzeitlichen Jogger hatten damit, so die Vermutung der Forscher, einen entscheidenden Vorteil bei der Jagd. Sie konnten Tiere so lange verfolgen, bis diese schlichtweg außer Atem waren und eine leichte Beute darstellten.«

Oder machen Sie mit Ihrem Partner doch mal einen Spaziergang am Flussufer. Da liegen Steine? Es wird nicht lange dauern, bis er einen davon ins Wasser wirft oder sich einen besonders flachen sucht, den er über die Oberfläche hüpfen lässt (und danach von Ihnen Beifall fordert). Warum tut er das? Das Werfen scheint in seinem Verhaltensprogramm tief verankert zu sein. Weil es etwas mit dem Jagen zu tun hat. Die Fortsetzung des Werfens mit anderen Mitteln ist das Schießen, der Stein aber war die erste Abstandswaffe des Jägers, später verfeinert durch den Speer, die Steinschleuder und die Speerschleuder, der »Kalaschnikow der Steinzeit«, wie Gero von Randow sie in der *Frankfurter Allgemeinen Sonntagszeitung* nennt, die auf 150 Meter Entfernung tief in die Körper großer Säugetiere eindrang. Auch ohne dass Ihr Mann dies weiß, steckt es in ihm, dieses Verlangen nach dem »großen Wurf«.

Immer der Chef

Das urzeitliche Dominanzstreben des Mannes dauert bis heute an. Wir schildern (mit Hilfe des *Spiegel*) eine Begegnung zwischen dem FDP-Vorsitzenden und dem damaligen Bundesaußenminister Joschka Fischer: »Noch Jahre später stieg dem FDP-Chef Guido Westerwelle die Zornesröte ins Gesicht, wenn er von einer Begegnung mit dem Obergrünen in der Business-Klasse einer Lufthansa-Maschine berichtete.« Was war geschehen? »Guten Morgen, Herr Fischer«, habe Westerwelle gesagt und dem ihm ja nicht unbekannten Minister die Hand zum Gruße hingestreckt. Der aber habe »lediglich kurz aufgeblickt, die Stirn gerunzelt und sich wortlos in die Lektüre seiner Zeitung vertieft«.

Diese und viele andere Arten schlechter Manieren dienen auf unterschiedliche Weise dem Zweck der Selbsterhöhung: Der Mann glaubt zeigen zu müssen, dass er der Chef ist, der Dominante, das Alpha-Tier, der große Bestimmer.

Dergleichen geschieht in Deutschland jeden Tag. Hundertfach in der Politik und in Gewerkschaften, hunderttausendfach in den Unternehmen, wo sich rivalisierende Kollegen statt sich freundlich zu grüßen nahezu hasserfüllte Blicke zuwerfen, wo Abteilungsleiter freundlich plaudernd mit drei Mitarbeitern auf dem Gang stehen und demonstrativ verstummen, wenn der ungeliebte Kollege naht.

Vor allem nach dem Sturz eines Mächtigen, eines Alpha-Tieres (in der Verhaltensbiologie versteht man unter dem

Alpha-Männchen das Leittier), trennt sich die charakterliche Spreu vom Weizen.

Wird der einst so strahlende, charismatische und machtbewusste Vorstandschef vom Aufsichtsrat entmachtet, distanzieren sich in der Regel als Erste diejenigen von ihm, die es sich zuvor in seinem Gedärm aufs Häuslichste eingerichtet hatten. So radikal sie sich vom einst Machtvollen abwenden, so flink bieten sie sich in Unterwerfungsgeste dem neuen Machthaber an – auch das in der Steinzeit gelerntes Verhalten, wenn die Rudelführer wechselten. Die Unterwerfungsgeste der Neuzeit ist dabei nicht selten das Lachen: Bei einer bestimmten Sorte Untergebener erschallt das Lachen aus ihren Büros eigentlich nur dann, wenn der Chef sie darin aufsucht.

Alpha-Tiere heißen in der Verhaltensforschung also die Leitfiguren einer Herde oder eines Rudels. Ihr Name kommt ganz einfach daher, dass das Alpha der erste Buchstabe im Alphabet ist, und wenn sich das jetzt etwas doof anhört, so dürfen Sie sicher sein, dass Männer sich sehr gerne in solchen Formationen einordnen: »Ich war der Viertbeste in meiner Klasse, ich war Neunter bei den nordrhein-westfälischen Kanumeisterschaften im Einer. Aber auch: Ich war der Drittärmste in der ganzen Klasse.« Das bedeutet: Der arme Kerl hat sich hingesetzt, am Bleistift gekaut und genau nachgerechnet, wer reicher war als er und seine Familie. Nicht selten werden aus den Armen von damals die Alpha-Tiere von heute, weil sie die Schmach von einst als stählerne Dauertriebfeder heute noch piekt. In der Biologie sind die Alpha-Tiere in der Regel die erfahrensten oder kräftigsten in ihrer Gruppe. Man erkennt sie beispielsweise unter den Wölfen an ihrem aufrechten Gang, an den aufgerichteten Ohren, dem hochgestellten Schwanz.

Bei ihren männlichen Pendants ist das so ähnlich: Man erkennt sie nicht unbedingt mehr an ihrer aufrechten Haltung, wohl aber an ihrem dicken Auto, an der Zahl ihrer Leibwächter, an der Selbstsicherheit, mit der sie anderen das Wort abschneiden, an den im Laufe ihrer Macht immer schlechteren Manieren, an der inneren Gewissheit, selbst stets das Richtige zu wissen und dieses Wissen der Menschheit darzubieten, gern auch stundenlang.

Interessant ist, dass die Bedingungen der Macht verhaltensbiologisch auch männlich bestimmte bleiben, wenn die Führungsrolle wechselt. Das Alpha-Tier (weiblich) in der Politik (sagen wir Angela Merkel) hat vom Alpha-Lehrmeister (Helmut Kohl) gelernt, dass die Regeln der Macht nach wie vor identisch, also männlich sind:

Man ist fleißig.
Man weiß vieles über viele.
Man misstraut fast jedem.
Man vertraut nur ganz wenigen Erprobten.
Illoyalität wird sofort bestraft.
Treue wird belohnt.

In Herz und Hirn ist eingeritzt: Du bleibst nur so lange das Alpha-Tier, wie du den Beta- und Gamma-Tieren beweist, dass du sie totbeißen kannst.

Warum ihn Fußball so schärft

Wir machen an dieser Stelle gleich weiter mit unseren Vorfahren und dem, was sie uns bis heute hinterlassen haben. Die viele Generationen währende Rolle der Frau als Sammlerin ist natürlich auch an ihren heutigen Nachfahrinnen nicht spurlos vorübergegangen. Ihre Urvergangenheit schleppt die Frau heute immer noch mit sich herum: Sichtbarstes Relikt ihrer Sammeltätigkeit ist die Handtasche, die sie immerfort mit sich führt: Es könnte ja was einzusammeln geben. Viel vornehmer hat das natürlich der Philosoph Peter Sloterdijk im *Spiegel* ausgedrückt, wir kommen gleich darauf.

Aber wir wollen hier ja nicht die Frauen, sondern die Männer verstehen, weswegen wir uns unverzüglich einem Phänomen zuwenden, das Ihnen als Frau besonders unverständlich erscheint: Okay, bei der Weltmeisterschaft 2006 in Deutschland haben Sie sich anstecken lassen von der allgemeinen Begeisterung. Sie sahen sich mit Familie und Freunden das Spiel Deutschland – Argentinien an, knabberten Nägel und Salzstangen, schwenkten ein Deutschlandfähnchen für 2,98 Euro und hätten sich, als die Nationalhymne im Fernsehen erklang, beinahe erhoben.

Aber die WM war Party und Sommer, das war Fun und auch ein bisschen Erotik. Jetzt geht es aber wieder nur um Werder gegen Leverkusen. Sie kapieren einfach nicht, warum Ihr Lebensgefährte am Samstag ins Stadion geht, auf der

Rückfahrt im Autoradio eine Zusammenfassung des Spiels anhört, das er soeben live gesehen hat, dass er dann ungeduldig auf die Sportschau wartet, nach Möglichkeit auch noch später am Abend das »Aktuelle Sportstudio« einschaltet, sich einen Tag später in den Sonntagszeitungen auf die Berichte über dieses Spiel stürzt und am Montag ein weiteres Mal den Artikel über denselben Gegenstand geradezu verschlingt.

Und das ist längst nicht das Einzige, das Ihnen unverständlich bleibt: Sie schütteln fassungslos den Kopf über Spieler der Zweiten Bundesliga, die nach dem Tor wie besoffen über den Platz rasen, sich das Trikot hochreißen, sich wie ein Gorilla auf die Brust trommeln und sich wie wild von anderen Männern umarmen, ja abknutschen lassen. Sie wundern sich über die Leidenschaft des sonst immer stummen Computer-Autisten, der die Modalitäten des firmeneigenen Bundesliga-Ergebnis-Tipps lautstark anzweifelt. Sie staunen nicht schlecht über Ihren sonst recht kultivierten Chef, der bei Kritik an seinem Lieblingsverein etwas unangenehm Eiferndes bekommt – diese ganze Leidenschaft der Männer für ein Spiel, bei dem es lediglich darauf ankommt, das Runde ins Eckige zu befördern, verwundert Sie stark.

Na gut, dann wollen wir Ihnen die Sache erklären, und zwar mit Hilfe Peter Sloterdijks. Wenn Sie nämlich denken, beim Fußball komme es nur darauf an, dass die elf Männer der einen Mannschaft mehr Bälle in ein Netz treten als die anderen elf, so irren Sie. Und zwar ist die Sache eigentlich ganz einfach: Der Mann ist ein Jäger. Die Natur hat dem Mann einen Körperbau verpasst, mit dem er diese Funktion erfüllen kann. Seit gut 7000 Jahren steht aber nicht mehr die Jagd, sondern Ackerbau und Viehzucht im Vordergrund. Was macht man also mit Jägern, die kein Mensch mehr braucht? Antwort: Man lässt einen Teil der Männer Fußball spielen und den anderen dabei zusehen. Der Spieler ist demnach der Jäger, der Ball ist die Waffe, das Tor die Beute: Auf dem Rasen wird also »das älteste Erfolgsgefühl der Menschheit reinszeniert: mit einem ballistischen Objekt ein Jagdgut zu treffen, das mit allen Mitteln versucht, sich zu schützen.«

Natürlich tragen noch ein paar weitere Merkmale dieses Spiels zu seinem fast weltumspannenden Erfolg bei: Die Regeln sind (vielleicht bis aufs Abseits) extrem einfach, das Ergebnis ist leicht messbar und zählbar, es kommt (bis auf die Leistung des Schiedsrichters) nicht auf individuelle Bewertungen, sondern auf klare Zahlenaussagen an. Vor allem aber bietet Fußball eine hinreichende Dramaturgie der Dramatik, selbst hoffnungslose Fälle (wie der 0:2-Rückstand der deutschen Nationalelf 1954 in Bern gegen die Ungarn) lassen sich in Triumphe verwandeln. Das Spiel ist außerdem dazu angetan, eine schöne Dialektik aus Kollektiv- und Einzelleistung herzustellen, jeder Fußball-Star ist ein Leistungsheld: Während es im Show-Business mittlerweile zur Stichflammen-Berühmheit (Daniel Küblböck) kommen kann, zur Laut-Sprecher-Prominenz (Dieter Bohlen) oder zur Prominenz trotz Schlichtheit (Verona Feldbusch, Cora Schumacher), so gründet doch jede Sportler-Prominenz nach wie vor auf Leistung, deren Massenwirkung freilich durch Starqualitäten (Beckham) verstärkt werden kann.

Aber noch einmal: Warum ist Fußball der Männersport Nummer eins, warum sind es nicht andere Sportarten mit ballistischen Objekten, zum Beispiel Hockey, Golf, Basketball oder Handball? Ganz einfach: Fußball ist so kampfbetont wie Hockey, aber der Weg des Balles ist leichter zu verfolgen als der Puck, und die Akteure auf dem Rasen zeigen mehr von ihrem Körper und sind leichter zu erkennen als die Vermummten auf dem Eis. Mit dem Fuß lässt sich weiter und kraftvoller schießen als mit der Hand werfen; Golf ist zu gemächlich und live zu schwierig zu verfolgen, außerdem kapiert kein Mensch, was eigentlich Birdie und Bogey sind.

Von alledem müssen Sie sich jetzt aber nur das merken, was Peter Sloterdijk so intelligent herausgearbeitet hat: Ihr Partner, Ihr Freund, Ihr Mann sind Jäger. Und die Männer, fragen Sie jetzt sehr zu Recht, die sich nicht für Fußball interessieren, was ist mit denen?

Die sind natürlich auch Jäger. Seien Sie bei denen besonders vorsichtig. Das ist genau der Typ von Mann, der, wenn die anderen Fußball gucken, zum Konzert von Udo Jürgens oder Roland Kaiser geht. Natürlich aus glasklar abschlepperischen Motiven: Die Frauenbesucherquote bei solchen Konzerten liegt bei 85 Prozent. Die Frauen sind aufgeheizt von der Musik und vom Anblick ihres Idols. Dem sie aber jetzt nicht an die Wäsche gehen können. Also hoher Absahnfaktor. Männer sind Jäger. Immer.

Männer-Paradies II: Der FKK-Club

Waren wir schon so weit? Hatten wir schon erwähnt, dass Männer ziemlich primitiv sein können? Falls Sie anderer Meinung sein sollten, dann lesen Sie bitte den Originaltext der Anzeige für ein Buch, das sich an Hässliche, Kahlköpfige und Arme wendet, in dem es ums Eingemachte geht und das es Männern noch erlaubt, ihre Träume zu leben. Der Text ist authentisch. Nur der besseren Lesbarkeit halber sind die Zeichenfehler verbessert:

»Das Buch ›Erfolgreich Abschleppen‹ zeigt Dir eine Methode, die viel effektiver und weniger zeitaufwendig ist, als die in anderen sogenannten ›Flirt Anleitungen‹. Während andere Autoren dir Techniken zeigen, die eine Woche Planung, Reden, Telefonieren, Essen gehen, Wiederverabreden usw. brauchen, bevor es endlich ans Eingemachte geht, sind unsere Methoden dafür gemacht, um Dich noch am selben Abend mit jeder Frau, die Du willst, ins Bett zu bringen. Es ist egal, ob Du hässlich, kahlköpfig oder arm bist! Es ist egal, wie alt Du bist, 18 oder 80!«

O ja, hier ist auf wunderbar primitive Weise der Männertraum ziemlich genau getroffen. Reden, Telefonieren, Esseneinladungen – das alles ist lästig, vor allem in jener Wiederholung, die dem unerfolgreichen Dauersucher abverlangt wird. Es geht zum einen darum, die Dame möglichst schnell und ohne große Anstrengungen ins Bett zu kriegen. Der am wundervollsten ins Männerherz zielende Satz aber lautet, es sei egal, wie hässlich, arm oder alt man sei. Das ist Balsam auf der Männer wundes Herz. Dies ist in der Tat ein Thema, das Männer immens beschäftigt: Erfolg bei den Frauen trotz schlechter natürlicher Startbedingungen. Und nicht nur total primitive Bücher zeigen das, sondern auch das in Amerika sofort zum Bestseller avancierte Werk *Die perfekte Masche, Bekenntnisse eines Aufreißers* von Neill Strauss.

Jeder Mann hat ja spätestens seit dem 13. Lebensjahr genauestens verfolgt, wer in der Schule die besten Chancen bei den Mädels hatte. Es schien ihm nachvollziehbar, dass der gut aussehende, athletische Mittelstürmer, der auch noch Cello spielte, die Schönheit aus der 8c für sich gewann, dass der Zehnkämpfer und der Pianist gute Chancen hatten. Aber dann verstörte den jungen Mann schon damals, dass Knaben, die er deutlich unterhalb seiner Liga spielen sah, noch ziemlich attraktive Mädels abbekamen, während er selbst sogar bei der etwas vierschrötigen Russlanddeutschen aus der Volkstanz-AG abblitzte.

Und das bleibt so, ein Männerleben lang. Frauen können sich wahrscheinlich nicht vorstellen, dass noch die teilnahmslosesten EDV-Spezialisten, die anthrazitfarbensten Anwälte und karrieregeilsten Deutsche-Bank-Trainees nichts, aber auch gar nichts emotional so fertig macht wie die sagenhaften Chancen, die der tumbe, aber wirklich schnuckelige LKW-Fahrer oder Pizza-Bote bei den Damen hat. Nicht zum Heiraten natürlich, aber vorübergehend fürs Anschwärmen oder sogar fürs Bett. Und das ist es, was bei den Männern tief in ihr Herz zielt. Sie wissen, geheiratet werden sie wegen ihres Erfolgs, ihres Geldes, ihrer Versorgungswahrscheinlichkeit und Solidität. Ins Bett aber nehmen die Frauen die Hübschen und Potenten. Das nervt sie. Das nervt sie ganz furchtbar.

Und dann sind da auch noch so Kerle wie Roberto Blanco. »Was hat Roberto Blanco eigentlich in der Birne?«, mag sich der Jurist fragen. Der Jurist hat vielleicht X-Beine und schütteres Haar und hat noch nie ein Fitness-Studio von innen gesehen, aber immerhin hat er in Lausanne studiert, hat ein Prädikatsexamen hingelegt und bei dieser amerikanischen Anwaltspraxis in Frankfurt gleich im ersten Jahr 85 000 Euro Einstiegsgehalt bekommen. Roberto Blanco dagegen hat wahrscheinlich überhaupt nicht studiert, singt noch im hohen Alter auf der Bühne Lieder von intellektuell zweifelhaftem Wert (»Der Puppenspieler von Mexiko ist einmal traurig und einmal froh«), aber er hat von einer wesentlich jüngeren deutschen Blondine ein Kind, er hat Chancen bei den Frauen und er hatte noch im zarten Alter von 62 ein sexuelles Selbstvertrauen, das ihn auch vor etwas höheren BH-Werten nicht zurückschrecken ließ. Jedenfalls berichtet Party-Girl Nicole (24, Körbchengröße 100 C) in der *Bild*-Zeitung: »Er gnubbelte und rubbelte und herzte mich. Später hat er mich auf dem Handy angerufen, geflötet: ›Deine Eltern haben sicher nix dagegen, wenn du mal woanders schläfst.‹«

Und dann geht der Jungjurist mit der hübschen jungen Dame vom Empfang aus, die eigentlich unter den Atombusensperrvertrag fallen müsste und brutto im Monat höchstens auf 2000 Euro kommt, und die erzählt ihm strahlend, dass sie in den netten Jungmann vom Maintenance Service verschossen ist, also praktisch in den Junior-Hausmeister. Und keine Macht der Welt, aber schon gar nicht ein junger Anwalt, der ganz nett ist und gut verdient, sich aber der Damenwelt auf X-Beinen nähert, hat den Hauch einer Chance gegen den süßen Hausmeister.

Weniger attraktive Männer trösten sich dann gern mit der Sache mit dem Charisma. Wie schaffen es, fragen sie sich dann,

Schrate und Oldies wie Alan Greenspan, Woody Allen oder Bernie Ecclestone, so klasse Frauen zu kriegen? Warum in aller Welt entschied sich Heidi Klum erst für einen komisch aussehenden Friseur, dann für Flavio Briatore und schließlich für Seal? Den Durchschnittsmann macht das rasend.

Und deshalb sucht er nach Ausgleich, nach Bestätigung. Auch er möchte nur mit den Fingern schnippen. Und was er sucht, er findet es, denn es gibt dieses Männerparadies auf Erden, es gibt den FKK-Club.

Vielleicht wissen Sie noch nicht, was das ist. Okay, von Bordellen, Striptease-Bars und Peepshows haben Sie schon gehört. Seit einigen Jahren aber sprießt ein FKK-Club nach dem anderen aus deutschem Boden. Eine wahrscheinlich noch nicht einmal komplette Liste im Internet (www.kaleusclubindex.com) führt nicht weniger als 164 Clubs zwischen Alten-Busek und Würzburg auf. So unterschiedlich die Betriebe auch ausfallen, so spießig oder luxuriös sie in ihrer Innenarchitektur sind – eines bieten alle FKK-Clubs: viele nackte Frauen. Willige.

Wenn Sie mögen, können Sie jetzt mal einen schnellen Blick in diese Clubs werfen. Damit Sie Ihren Mann/Freund/Geliebten/Bruder/Sohn/Neffen nicht zu fragen brauchen. Er wird Ihnen sowieso nichts darüber erzählen.

Also, das geht so: Der Mann klingelt. Zahlt je nach Club und Region (im Ruhrgebiet ist es billig, in München teuer) zwischen 25 und 65 Euro Eintritt, bekommt ein Bändchen ums Handgelenk (wie diese Dinger, die einem bei Popkonzerten und in manchen Edeldiskos den Zugang zur VIP-Lounge gestatten), nimmt ein Handtuch und Badelatschen entgegen, macht sich in der Umkleidekabine nackig, verschließt seine Klamotten in einem Schränkchen und seine Wertsachen in einem Schließfach. Dass er dies in aller

Öffentlichkeit neben anderen nackten Männern tut, stört ihn nicht. Er kennt das noch vom Fußballtraining und außerdem: Im Club bewegen sich alle Männer nur mit einem Handtuch um die Hüften; der Mann entdeckt immer jemanden, der noch dicker, älter oder insgesamt unschöner ist als er selbst. Das beruhigt ihn. Würden Sie einen Blick werfen in den Club, wären Sie garantiert erstaunt. Sie sähen einen Querschnitt deutscher Männlichkeit. Übrigens auch erstaunlich viele jüngere und gut gebaute Exemplare. Die Mehrheit trägt einen Ehering. Draußen auf dem Parkplatz haben sie ihre Autos abgestellt: Fiat Punto, VW Golf, Ford Mondeo, 7er BMW, Porsche.

Der Mann nimmt eine Dusche (ebenfalls in Gesellschaft anderer Artgenossen), trocknet sich ab und geht nur mit dem Handtuch um die Hüften an die Bar. Er ordert ein Wasser, einen Saft oder Kaffee (Alkohol ist verpönt, der ist schlecht für die Standfestigkeit und ergo fürs Geschäft) und blickt sich um. Sein Sehnerv wird jetzt stimuliert durch – je nach Größe der Stätte – fünf bis 50 nackte Frauen. Sein Blick fällt auf einen Querschnitt der weiblichen Weltbevölkerung zwischen 18 und 45, von Konfektionsgröße 34 bis 48.

Die meisten Frauen sind jung, etliche attraktiv, einige sogar atemberaubend schön. Sie kommen aus Deutschland, aus Polen, aus der Ukraine, aus der Dominikanischen Republik, aus Tschechien, aus Ghana – Globalisierung zum Anschauen und Anfassen. Manche sitzen die ganze Zeit auf einem Sofa und warten darauf, angesprochen zu werden. Andere gehen offensiver vor und fragen in fließendem oder gebrochenem Deutsch, ob der Mann Gesellschaft will. Aber meist will er sich erst einmal in Ruhe umschauen, das Angebot sichten, seine Wahl sorgsam prüfen. In den luxuriöseren Etablissements geht er vielleicht in Sauna, Hammam oder dreht eine Runde im Pool. Und er kommt ja auch nicht ganz unvorbereitet, er hat sich zum Beispiel in einem Internet-Forum ein paar Tipps abgeholt:

»a) sich Zeit lassen und nicht gleich mit der Ersten aufs Zimmer rennen
b) sich die Männer anschauen, die mit einer Frau aus einem der Zimmer zurückkommen – sehen die zufrieden aus?
c) auf gegenseitige Sympathie achten und nicht gleich auf die erste Anmache reinfallen.«

Das, wofür die Männer hergekommen sind, geschieht in den Clubs oft in aller Öffentlichkeit. Vor allem die mündlichen Prüfungen nehmen die Damen vor aller Augen vor. Viele von ihnen machen ihren Blow-Job offenbar nur vorübergehend, sie sind im richtigen Leben vielleicht Telefonistinnen, Studentinnen, Fleischfachverkäuferinnen oder gelernte Schneiderinnen, die sich hier ihr Extra-Money verdienen oder ihre Schuldnerberatung satt haben.

Weil die Frauen eben oft keine Professionellen sind, verhalten sie sich auch weniger professionell – Ansätze persönlicher Beziehungen sind möglich, Zungenküsse inklusive. Die »Paare« freilich bleiben strikt für sich, niemand würde sich plötzlich einem trauten Zweier nähern, um einen flotten Dreier anzuregen, das bleibt den Swinger-Clubs vorbehalten. Da in jedem Mann nicht nur ein Kind, sondern auch ein kleiner Voyeur steckt, kommt er auch als Zuschauer auf seine Kosten – wenig erregt einen Mann mehr als der Anblick des erigierten Gemächtes eines Artgenossen.

Prostitution hat es zu fast allen Zeiten gegeben, sie bietet Verfügbarkeitsrausch, Lust ohne inneres Engagement, ohne diplomatische Verrenkung, ohne Einladung zum Candlelight-Dinner, ohne emotionalen Stress. Oder wie Richard Gere es in *Pretty Woman* sagt, als er die Prostituierte Vivian

(Julia Roberts) in seine Hotelsuite mitnimmt: »Ich weiß Profis zu schätzen. Mit Amateuren habe ich in letzter Zeit nur Schwierigkeiten.«

Die FKK-Clubs als Innovation aber erfüllen die Männerwünsche fast perfekt. Warum?

Erstens: You get what you see und You see what you get – die Frauen präsentieren sich nackt. Push-up-BHs haben keine Chance auf Täuschung, Dessous spiegeln nichts vor, was die Schwerkraft später widerlegen würde.

Zweitens: Die Auswahl ist groß. In manchen Clubs sollen zu Messe- und anderen Stoß-Zeiten 50 und mehr Frauen anwesend sein.

Drittens: Wenn der Mann genug Zeit hat, kann er beobachten, wie seine Favoritin sich bei einem anderen Kunden verhält: Küsst sie mit der Zunge? Ist sie leidenschaftlich? Stellt sie ihre Lust zur Schau?

Viertens: Der Mann kann stressfrei seine Partnerwahl treffen, er braucht in dieser irrealen Situation (alle Frauen sind in dieser Sonderwelt ja »willig«) nicht für sich zu werben wie im richtigen Leben.

Fünftens und am wichtigsten: Keine Frau verweigert sich. Der Mann verwirklicht hier seinen alten Wunschtraum: 50 nackte Frauen, und alle kann er haben. Er braucht nur zu winken. Der alte Mann, der Behinderte (»unser Club ist rollstuhlgeeignet«) der Fette, der Kahle, der Hinkende, der komplett Hässliche – sie alle werden erhört, die Angst vor Zurückweisung – sonst das größte Hindernis jedes männlichen Annäherungsversuchs – spielt hier keine Rolle.

Sechstens: Anders als im wirklichen Leben (Kantine, Disko, VHS-Kurs) ist hier nicht mühevolle Anbahnungskonversation gefragt, es reicht schon die eher funktionelle Sexarbeiter-Prosa:

Dieter: Hallo.
Sandra: Hallo.
Dieter: Wie heißt du?
Sandra: Sandra.
Dieter: Ich bin der Dieter. Woher kommst du?
Sandra: Polen. Und du?
Dieter: Von hier. Du siehst geil aus.
Sandra: Danke. Darf ich dir Gesellschaft leisten?
Dieter: Was machst du so alles?
Sandra: Alles.
Dieter: Auch Zungenküsse?
Sandra: Alles.
Dieter: Okay, geh'n wir aufs Zimmer.

Schließlich noch *siebtens:* Der FKK-Club ist die fleischgewordene, fleischliche, handgreifliche, geile, tatsächliche Verkörperung dessen, wovon Dieter und seine Freunde schon als Pubertierende geträumt haben: den Orgien des Alten Rom. »Da hätte man leben sollen«, hat Dieter mit 15 neidvoll gedacht. Heute ist Dieter 37 oder 58 oder 79 und Rom liegt 164-mal in Deutschland. Wahrscheinlich öfter.

Denn es gibt auf diesem Sektor ja noch viel mehr. Wer mag, darf zu Gangbangs, zu sogenannten Herrenüberschuss-Partys gehen (die Sprache der Kontaktanbahnungs-Magazine ist komplett humorfrei und sonderbar bürokratisch. Sie hat uns unter anderem die Begriffe »Tagesfreizeit«, »tageslichttauglich« und »finanzinteressenlos« beschert). Wer mag, darf sich mit einem Paar aus Osteuropa treffen, sehr nett, sehr zuvorkommend und ungekünstelt, zwei Männer, eine Frau, alles ist möglich für 150 Euro, bitte sehr. Wer mag, kann in spießigen Häusern am Einlass 120 Euro hinlegen und hört das Stöhnen schon hinterm Vorhang, ziemlich laut sogar und total authentisch. Er zieht sich dann schnell im Keller aus, schließt seine Wertsachen in ein Fach, öffnet den Vorhang und blickt auf eine Szene, die er sich sonst nur in schwülen Phantasien ausgemalt hätte: vier Frauen auf einem riesigen Bett mit acht Männern, unverblümt, schamlos, auf das Rohe und Direkte konzentriert. Zu bestimmten, über das Internet verkündeten Daten gibt es dann auch Gelegenheit, an Filmaufnahmen teilzunehmen. Gesichter werden nicht aufgenommen, gefilmt wird nur die reine Aktion, welcome to the club für 150 Euro. Die Männer können in Clubs zu ziemlich wüsten Partys gehen, alle gegen eine. Sie können den Gangbang in einer Stadt des Ruhrgebiets aufsuchen, wiederum nimmt eine einzelne Frau die Wünsche mehrerer Männer gleichzeitig entgegen.

All das und noch viel mehr geschieht in aller Halb- und Nebenöffentlichkeit. Es spielt sich zumeist in Gewerbegebieten, auf Parkplätzen oder in bürgerlichen Wohngebieten ab. Die Presse berichtet nicht darüber. Aber Sie, Sie wissen ja jetzt Bescheid. Auch wenn es Ihnen nicht gefällt: So ist das Leben. So sind die Männer.

Eine berechenbare Spezies

Schon ziemlich viel Schlechtes über den Mann gesagt. Jetzt kommt endlich etwas Gutes: Er ist relativ simpel gestrickt, also für die Frauen eher leicht durchschaubar. Frauen sind das komplexere Geschlecht, über den Mann lässt sich sagen: Viele seiner Handlungen sind wundervoll voraussehbar. Zum Beispiel dürfen Sie ziemlich sicher sein, dass 90 Prozent aller Männer genervt sind, wenn Sie die Gläser, die er schon gespült hat, noch einmal nachspülen. Oder wenn Sie morgens (»Schatz, ich schließe mal ab«) 70 Minuten im Bad brauchen. Und zwar jeden Morgen.

Und wenn beispielsweise Angela Merkel früher ein Hotelzimmer betrat, was tat sie da laut *Stern* als Erstes? »Früher, so hat sie einmal in einer Bar in New York erzählt, früher lief sie in neuen Hotelzimmern immer zuerst ins Bad und probierte aus, ob der Föhn auch funktionierte.«

Bei einem Mann schwer vorstellbar. Ein sehr hoher Prozentsatz der Männer wird, wenn sie im Hotel ihr Einzelzimmer betreten, todsicher sofort den Inhalt der Minibar checken (»wieso haben die hier so viel alkoholfreies Bier reingepackt, ist ja ekelhaft. Was, die Erdnüsse sollen vier Euro kosten, die spinnen ja«). Und als Zweites nachschauen, ob im Pay-TV ein Sexfilm läuft, aber volle Dröhnung Hardcore. Der Mann wird es sich dann auch nicht verkneifen können, sich den Sexstreifen tatsächlich anzuschauen, selbst noch nachts um eins nach dem Meeting, obwohl der Film natürlich überteuert ist, auf der Rechnung als »Mediennutzung« auftauchen wird und seine Sekretärin, wenn sie die Abrechnung macht, selbstverständlich kapiert, was darunter zu verstehen ist. Aber er kann halt nicht anders. Genauso wird er nachts natürlich die Erdnüsse für vier Euro futtern und am nächsten Morgen aus Rache für den Wucherpreis einen Aschenbecher klauen oder mindestens ein Handtuch.

Auch außerhalb von Hotels erscheinen seine Handlungen und Aussagen oft wie programmiert, reflexhaft, fast wie von einem Roboter. Eine Frau als Chefin? Klar. Wenn sie auch wirklich qualifiziert ist (bei männlichen Chefs wird das allerdings nie eigens betont). Spülmaschine einräumen? Schwierig, Frauen haben die dafür viel geeigneteren kleineren Hände. Zwei Jahre im Beruf aussteigen, um sich um den Nachwuchs zu kümmern? Im Prinzip von Herzen gern, wirklich, aber ich verdiene halt leider mehr als meine Frau, das können wir uns nicht leisten.

Je klarer sich ein Mann als Typus definiert und darstellt (als Macho, Schöngeist, Erfolgsmensch, Bohemien, Chef), je klarer seine Eigenschaften und Festlegungen, desto leichter ist er auch einzuschätzen: Wer untenrum Birkenstocks trägt, verzichtet auch am Hemdkragen gern auf Eleganz, wer Jaguar fährt, trägt selten ekelige Schuhe, wer sich ein koreanisches Auto zulegt, zeigt genug Kosten- und Selbstbewusstsein, sich auch sonst über den Spott seiner männlichen Umgebung hinwegzusetzen. Der Geizkragen verzockt sein Geld nicht in der Spielbank, der in der Zweiten Schach-Bundesliga spielende Elektroniker für Automatisierungstechnik wird Ihnen keine Liebesgedichte schreiben. Und noch etwas anderes, das Simone de Beauvoir (1908 bis 1986) schon vor geraumer Zeit feststellte, ist ebenso wahr geblieben wie bei einem bestimmten Männer-Typus vorhersagbar: »Niemand ist den Frauen gegenüber aggressiver oder herablassender als ein Mann, der seiner Männlichkeit nicht ganz sicher ist.«

Sie als Frau müssten das eigentlich wissen. Sowohl Ihren künftigen Ehepartner als auch jeden Lebensabschnittsgefährten sollten Sie ziemlich genau unter die Lupe nehmen und sich auch bei etwas heftigerem Verlangen eine längere Testphase verordnen. Sie legen zum Beispiel Wert auf viel Gefühl und Kommunikation, entscheiden sich dann aber doch für den promovierten Chemiker, der nun wirklich jede Frage des Lebens kühl analysiert, dessen Hirn so »männlich« ist, dass er nicht zwei Dinge gleichzeitig machen kann, also noch nicht mal beim Öffnen der Weinflasche Ihre Frage beantworten, ob er Sie noch liebt – Sie entscheiden sich also für diesen kühlen S-Hirn-Typ und wundern sich dann, dass er über seine Gefühle nicht reden mag und kann? Sie sind darüber erstaunt, dass Sie ihn im Streit durch das ganze Haus jagen, er aber keinen Mucks von sich gibt, außer: »Du bist mal wieder völlig irrational.«

Frauen könnten doch auch von Anfang an wissen, dass der hübsche junge Kerl mit den lustigen Kinngrübchen, der zwar in festen Händen, aber extrem charmant zu Ihnen ist, diese Adhäsionskraft als Wiederholungstäter entfaltet, mit anderen Worten: Wenn er seine Freundin mit Ihnen betrügt, wird er später auch Sie mit einer anderen betuppen, da dürfen Sie relativ sicher sein.

Gut. Immerhin sehen Sie voraus, wie er sich beim Stadtbummel verhalten wird, wenn diese wunderschöne Blondine vorübergeht, für die, wie Ambrose Bierce gesagt hat, ein Kardinal ein Kirchenfenster eintreten würde: Er dreht sich nach ihr um, darauf können Sie sich verlassen, Sie dürfen ihm das nicht übel nehmen, er kann nicht anders, er ist ein Reflex-Gucker, das ist genetisch bedingt, geradezu programmiert, wir hatten das schon und kommen später noch öfter darauf zurück.

Wissenschaftliche Untersuchungen haben überdies ergeben, dass Männer nahezu automatisch auf weibliche Wesen reagieren, die Interesse zeigen. Es waren nicht die schönsten Frauen, sondern die mit den offensivsten Flirtsignalen, bei denen die Forscher sicher sein konnten, dass sie den Motor der Männer anspringen ließen: mit Blicken, einem Lächeln, dem Schrägstellen des Kopfes, dem Hair-Flip (Kopf zurücklegen und sich mit der Hand durchs Haar streichen).

Jenseits aller individuellen Vorlieben für blond, brünett, rot oder schwarz, für mager, schlank oder Rubensfigur hat der Mann aber auch tiefenprogrammierte Bilder im Kopf, die ihn bei bestimmten Erscheinungen sofort hellwach werden lassen. Beispielsweise, wenn ihm die richtige WHR entgegenstöckelt. WHR?

Das bedeutet Waist-Hip-Ratio, also das Verhältnis des Hüftumfangs zum Taillenumfang. Liegt dieses Verhältnis um die 0,7, steigt beim Mann der Testosteronspiegel. Eine Frau mit 120 Zentimetern Balkon hätte idealerweise also einen Hüftumfang von 84 Zentimetern (84 dividiert durch 120 ergibt 0,7). Und im besten Falle wären demnach übrigens gar nicht die Abmessungen 90-60-90 das Schönheitsmaß aller Dinge, denn 60 zu 90 ergibt 0,66. Der ideale Taillenumfang beträgt im Vergleich zu einer 90er Hüfte vielmehr genau 63 Zentimeter.

Der Umdreh-Reflex aber ist bei nur ganz, ganz wenigen Männern außer Kraft gesetzt. Zum Beispiel beim hessischen Ministerpräsidenten Roland Koch, über den sein Biograph Hajo Schumacher schreibt: »Roland Koch ist ein Schwarzenegger der deutschen Politik. Seine Hanteln sind Akten. Wenn ihn sein Fahrer im Sommer auf eine aparte Dame im kurzen Rock aufmerksam macht, dann schaut er nicht mal hoch von der Mappe.«

Urteilen Sie selbst. Einerseits ist dieses Nichthochschauen, diese Blickverweigerung auf eine hübsche Frau im kurzen Rock für einen Mann eine ziemlich grandiose Leistung. Andererseits: Möchten Sie mit Roland Koch verheiratet sein?

Mathematik, Modellbau, Müll

Es gibt typisch männliche Formulierungen, auf die eine Frau niemals käme. Frauen nennen Briefmarken nicht »Postwertzeichen« und Ampeln nicht »Lichtsignalanlagen«. Auch »Schienengebundener Personennahverkehr« wäre kein Begriff, der einer Frau einfiele. Ebenso wenig wie »Vorfälligkeitsentschädigung«, »schweißtechnische Normung« und »Kälberschlachtkörper der Farbe hellrosa«.

Die ganze Sprache aber der Juristerei, der Wirtschaftsprüfung, der Verwaltung, des Militärischen, des Technischen im Allgemeinen und des Computerwesens im Besonderen ist männlich. Das Gleiche gilt für die sperrige, dröhnende Sachbearbeiterprosa, die unsere tägliche Bürowirklichkeit so freudlos macht: »Unter Bezugnahme auf Ihr Schreiben vom 11. des Monats bestätige ich Ihnen hiermit den Objektbesichtigungstermin zur Durchführung der Überprüfung des Bewilligungsbeschlusses in der 28. Kalenderwoche.«

Nicht nur die Sprache, sondern auch die männliche Denke ist oft stark formal und drückt sich dann zum Beispiel in der etwas bizarren Art der Geflügelzüchter aus, Hähne und Hennen zu bewerten: Der Hahn bekommt die Ziffer 1, die Henne nimmt die Stelle hinterm Komma ein. Somit bedeutet 1,2 also: ein Hahn, zwei Hennen. Darauf muss Mann erst einmal kommen. Männliche Denke hat durchaus den Vorteil, sich häufig an klaren Strukturen zu orientieren und dabei einer Systematik zu folgen, die Frauen fremd oder gleichgültig bleibt. So wird irgendein Super-Slimline-DVD-Player mit sieben in zwei Speicherkartenleser und Progressive Scan nicht nur mit CD und DVD fertig, sondern auch mit VCD, SVCD, CD-R, CD-RW, DVD-R, DVD+R, DVD+RW, DVD-RW, CF, MD, SM, MMC, SD, MS, MS-Pro, DivX und XviD.

Was auf diesem Gebiet Frauen abschreckt, zieht Männer in ihren Bann, nämlich bei den Produktbeschreibungen, sozusagen dem »Namen« technischer Gerätschaften. Erfunden von Männern für Männer, tragen all diese Fotoapparate. Computer, Jagdgewehre, Autos, Panzer, aber auch DVD-Spieler, Fotokameras oder Fernsehgeräte hinter dem Produktnamen noch Zusätze aus Buchstaben und Ziffern. Die Frauen abstrus vorkommen, Männern aber vollkommen verständlich, ja herleitbar sind.

In der Tat beschert jeder einzelne Buchstabe dem wissenden Mannesauge eine Information, oft eine Botschaft. Ein Audi TDI, um mit dem Einfachsten zu beginnen, wird von einem Turbo-Diesel-Injection-Motor angetrieben. Was aber mag beim Fotoapparat Canon EOS 350 D das »EOS« bedeuten, das »350« und das »D«? Bitte besprechen Sie das mit dem Händler Ihres Vertrauens. Und fragen Sie unter den Herstellern von Plasma-Bildschirmen bitte die Firma Philips, was um Himmels willen mit einem 20PF4121, und die Firma Samsung, was mit dem PS42S5H gemeint sein könnte.

Übrigens sind es ja sicherlich auch Männer, die landschaftlich schön gelegene Straßen, denen man hübsche Namen geben könnte, als B544 oder L692 verunstalten, und es sind ja sowieso Männer, die unsere Städte planen oder Stadtpläne zeichnen.

Männer entwerfen unsere Autos und kämen beispielsweise nie auf die Idee, in einem Van den Beifahrersitz drehbar zu machen, damit sich ein Erwachsener (meist die Mutter) fütternd, tröstend oder spielend nach den Kleinkindern auf den

Rücksitzen umdrehen kann. Männer entwickeln Navigationssysteme, die auf dem Display die Landkarten »auf dem Kopf« zeigen. Hinweisschilder an Flughäfen, Wandererzeichen an Bäumen, die kein Mensch versteht, hyperregulierende Tempobegrenzungen auf Kreis-, Land-, Bundesstraßen stammen von Männern. In den Behörden, den Ministerien und den Großunternehmen sind jeden Tag viele Männer damit beschäftigt, die von ihnen erfundenen Zuständigkeiten glasklar einzuhalten oder bis aufs Blut zu verteidigen. Ein Mann, der Vorstandsvorsitzende des weltgrößten Ziegelherstellers Wienerberger (er ist wegen Multipler Sklerose an den Rollstuhl gefesselt) findet es im Gespräch mit der *Frankfurter Allgemeinen Sonntagszeitung* frustrierend, wenn Geschäfte nur über Stufen zu erreichen sind: »Jetzt muss ich was loswerden. Ich habe das Gefühl, dass meistens Männer planen. Frauen haben mehr Einfühlungsvermögen. Männer gehen auf die große Linie.«

Möglicherweise wird diese große Linie auch von Männern verfolgt, wenn sie an Gebrauchsanweisungen arbeiten. Natürlich sitzt ein großer Teil von bedauernswerten Gebrauchsanweisungs-Autoren in Japan oder Korea schwitzend über Wörterbüchern und findet dann, dass das passendste Wort für eine Luftmatratze »Puffunterlage« heißen muss. Auch bei der Bedienungsanleitung fürs Handy fällt dann die allzu wortgetreue Übertragung wenig sinnvoll aus: »Eine nette Singweise wird verbeugen den anderen Teil aus dem Telephon von hörender Yhrer geheimer Unterredung.«

Doch auch in Fällen, in denen man wetten möchte, dass ein deutscher Mann die Feder führte, kommt es zu Katastrophen der Unverständlichkeit: »Wenn Sie die Druckformatvorlage des Dokuments mit der Druckformatvorlage einer Dokumentenvorlage verbinden, ersetzen die Druckformatdefinitionen des Dokuments die gleichnamigen Druckformatdefinitionen der Dokumentenvorlage.«

Das männliche Verlangen richtet sich nach konkreter und ideeller Gegenständlichkeit. Der Mann will nicht unbedingt fühlen, empfinden und ahnen, er will verstehen, begreifen, abtasten, nachvollziehen, einordnen. Schon zehnjährige Jungen führen in ihrer Clique darüber Listen, wer wem am nächsten steht, das wollen sie schriftlich haben, es dient ihnen zur Selbstvergewisserung.

Die Sehnsucht nach Klarheit, Messbarkeit, Zählbarkeit ist durchaus ein Reflex auf die männliche innere Unsicherheit: Es kann kein Zufall sein, dass vor allem Männer auf abstrakte Kunst besonders aggressiv reagieren, dass vor allem Männer sich in Vereinen zusammenfinden, um konkret Autos, Schiffe, Flugzeuge, Panzer, Eisenbahnanlagen und mal eben den Kölner Dom nachzubauen. Sie könnten es ja auch mit Bäumen, Blumen, Tieren versuchen, aber das käme nie in Frage – es wäre ihnen zu organisch, zu lebendig, zu beseelt.

Was sich auch in der Gartengestaltung zeigen kann: »Wo Frauen gärtnern, gibt es Blumen. Als Gärten ein und ein halbes Jahrhundert eine Männerleidenschaft wurden, verschwanden sie, Männer pflanzen Bäume und Sträucher«, sagt die Gartenexpertin Gabriele Tergit. Und Wilhelma Granville weiß in *Architektur und Wohnen*, wie beim Grünzeug die Arbeitsteilung läuft: »In der durchschnittlichen Garten-Ehe ist die Frau fürs Ästhetische da und der Mann (fast) freiwillig fürs Grobe. Auch Rasenmähen gilt als markig-männlicher Zeitvertreib, vor allem, wenn der mit so einem Techno-Spielzeug wie dem Aufsitzrasenmäher herumrödeln kann. Was er bei seiner Panzerplattfahrt nur gar nicht leiden kann, sind die Anweisungen seiner Frau, hier das welkende Narzissenlaub zu verschonen und dort auf die selbst versamten Krokusse zu achten.«

In diesem Zusammenhang sollen die Männer aber auch einmal gelobt werden. Im Zeichen der Gleichberechtigung könnten sie sich ja auch dagegen wehren, immer den Rasen mähen zu sollen oder den Müll rauszubringen oder die Wasserkästen zu entsorgen. Noch in den modernsten und liberalsten Partnerschaften aber gilt dies als die klaglos akzeptierte, gleichsam naturgegebene Aufgabe des männlichen Partners. Schon kleine Söhne und Töchter verstärken seltsamerweise früh die Rollen, sehen in den Vätern automatisch den Zusammenbastler von Überraschungseier-Inhalten, obwohl Mama darin vielleicht sogar geschickter wäre.

Männer würden vielleicht auch gern mal die Katze streicheln, falls ihre Partnerin die nicht gerade mit einer Extraportion Whiskas Kaninchen-Sherry-Sahne verwöhnt. Natürlich ist es kein Zufall, dass Frauen eher den Katzen und Männer den Hunden zuneigen. Während Frauen an den Katzen das Kindchenschema (rundes Gesicht, große Augen, kleiner Mund) anzieht, das Geschmeidige, möglicherweise auch das Reinliche, im Wesentlichen aber das Unabhängige, das Nichtreagieren auf Befehle und Lockungen als Gleichnis für ein selbstbestimmtes Frauenleben, fasziniert den Mann am Hunde die Kraft, möglicherweise auch die Latenz der Gewalt. Vor allem aber ist der Hund dressierbar, er unterwirft sich dem männlichen Befehlshaber, lässt sich abrichten und zeigt dennoch Treue und Verbundenheit. Außerdem verzehrt er genau so gern wie sein Herrchen Fleisch, findet es lustig, wenn dessen Klamotten auf dem Boden rumliegen und ist nicht eifersüchtig, wenn Herrchen mal mit anderen Hunden spielt.

Der will doch nur spielen

»Das Spiel ist das Einzige, was Männer wirklich ernst nehmen«, hat der Schriftsteller und Arzt Peter Bamm gesagt, der die Männer kannte. Bamm meinte aber natürlich nicht das Spielerische, das ganz kleinen Kindern eigen ist – diese Selbstvergessenheit beim Spiel, die Zweckfreiheit, oft auch Regellosigkeit. Nein, wo Männer spielen, ist Ehrgeiz angesagt, Kampf, Wettbewerb, Siegenwollen, Regelwerk. Ein Sieg zielt dabei immer über den eigentlichen Spielzweck hinaus. Es geht dem Mann allenfalls vordergründig darum, beim Golf die Runde mit möglichst wenigen Schlägen zu bestehen oder beim Poker mit einem Full House aus Assen und Königen das Geld einzustreichen. Nein, immer ist der Triumph im Spiel auch eine als existenziell empfundene Aufwertung der eigenen Person, die Niederlage eine kleine Degradierung und Demütigung. Das reicht bis ins Kindische: Ein flüchtiger Bekannter verließ einmal einen Ball vorzeitig und total frustriert. Warum? Hatte er keine Tanzpartnerin abbekommen? Nein. Nur in der Tombola nichts gewonnen.

Es gibt Männer, die laden drei Freunde zu einem sehr schönen Essen in ein gehobenes Restaurant ein, bewirten sie mit edlem Rotwein, mit noch teurerem Absacker-Grappa, sie legen ohne erkennbare innere Hemmnis der Kellnerin ihre Deutsche Bank MasterCard Platin zum Zahlen aufs dargebotene Tellerchen, sie schreiben noch ein fürstliches Trinkgeld dazu, sie fühlen sich sichtlich wohl. Danach setzen sich die vier Herren zu einer Runde Doppelkopf zusammen. Der Gastgeber hat eine Pechsträhne, er verliert und verliert, hat dann aber plötzlich ein blendendes Blatt, sagt Contra keine 90, Contra keine 60, Contra keine 30, das ist der Himmel auf Erden, seine Laune bordet über, da kommt der letzte Stich, der Gegner versetzt ihn mit einem Karo Ass, zwei Zehnern und einer Neun ins Koma, alles vorbei. Der Mann, der noch vor einer guten Stunde die Hälfte der Altersbezüge eines deutschen Eckrentners für ein Abendessen ausgegeben hatte, greint plötzlich über 9,60 Euro, er mag nicht mehr, die Niederlage hat ihn ins Mark seiner Männlichkeit getroffen: Er ist ein Versager.

So sind sie, die Männer. Gehen in der Niederlage unter und triumphieren im Falle des Sieges wie Tarzan mit trommelnden Fäusten auf die Brust. Siegreiche Männer werden von ihren Genen sozusagen direkt aus dem Busch reimportiert: Ein Fußballer hampelt nach einem Tor bei einem wichtigen Spiel das ganze Dschungel-Imponier-Repertoire hinunter: mit großer Energie die Faust von unten durch die Luft hochgeschlagen, zum Trainer gerast, um von der Vaterfigur eine Extraportion Anerkennung abzuholen, sich mit den anderen Jägern auf einen Haufen werfen, schließlich haben alle dazu beigetragen, das Tor zu machen, also die Beute zu erlegen.

Regeln gehen ihm über alles. Noch die absurdeste Sportart vom Unterwasser-Rugby über Rollersoccer bis zum für Laien undurchschaubaren Dressurreiten ist niemals wertfreier Spaß an sich, sie steckt immer im Korsett des Regelwerks. Bei den abgedrehtesten Körperertüchtigungen im DSF maßen sich leicht seltsame Mann-Männer im Ziehen von Kleinlastern, Schleppen von Betonplatten oder Stemmen von Getränkekisten: Doch was in all seiner Absurdität Volksfestcharakter annehmen könnte, wird gleichwohl mit hohem Ernst betrieben, unter strenger Beachtung abstruser Regeln: »Das strengt natürlich mächtig an«, schreibt Philipp Köster in *11 Freunde*, »und deshalb wird während der Sendung viel geächzt, geschwitzt und gebrüllt. Das ist manchmal nicht mehr zum Anhören, etwa wenn das Urgestein der Szene, der Österreicher Franz Siller, gerade einen mit Kies gefüllten Schlauch über den Asphalt zerrt und dabei röchelt, als müsse er alsbald mit einem Luftröhrenschnitt gerettet werden.«

Aber Männer begeben sich in noch abstrusere Welten. Dies tun sie am Computer. Hier ballern sie wild um sich und ergötzen sich an der Zahl ihrer Opfer. Oder sie begeben sich in virtuelle Fantasy-Traumwelten und kämpfen gegen Wyvern, Neblinge, Sägmäuler, Steinbeißer, Greule, Ghule, Striege, Jaga, Kikimora, Vipper und Gigaskorpione. Alles natürlich nach Männerart höchst ernsthaft und ehrgeizig. Selbst hier noch, in der Fantasy-Sphäre des Unwirklichen, richtet sich alles auf Sieg aus, auf Zählbarkeit, aufs Überprüfen des Erfolgs. Wie schon der Fünfjährige sich daran störte, wenn die ihm von verschiedenen Onkels geschenkten Modellautos maßstabsmäßig nicht kompatibel waren, so fordert auch der 30-Jährige von seinem Fantasy-Spiel Vernunft im Unvernünftigen.

Der am meisten belächelte Spieltrieb des Mannes ist zugleich der plausibelste seiner Antriebsarten: Als Modelleisenbahner genießt der Mann das Geordnete, Maßstabsgerechte und technisch Exakte wie die Macht des Weltenerschaffens: Jede Anlage ist anders, wird mit Häuschen, Bergen und Streckenführung nur von ihm erfunden und in die Welt gebracht. Und was ihn am meisten schärft: Er hat alles unter Kontrolle. Er bestimmt, wohin der Zug fährt. Nichts geschieht ohne seinen Willen – selbst die Entgleisung nicht.

Ihn anflirten, aber wie und wo?

Für eine junge attraktive Frau gibt es kaum etwas Einfacheres, als einen Mann davon zu überzeugen, mit ihr ins Bett zu gehen. Ein paar sehr direkte Blicke, das provokative Herausstrecken der sehr erfreulichen Oberweite reichen oft als Appetitanreger, jede Treue-Detektivin kann das bestätigen. Übrigens auch die Wissenschaft. *Der Tagesspiegel*: »Kürzlich haben Sexualwissenschaftler der State University of New York eine sehr gut aussehende Frau über den Campus geschickt, die Männer fragte, ob sie mit ihr schlafen wollen. 75 Prozent haben sofort ja gesagt. Als man das Experiment mit einem Mann wiederholte, der sich den Frauen anbot, haben nur sechs Prozent ja gesagt.«

Was aber macht die nicht ganz so schöne, nicht mehr so junge, auf Anhieb nicht so verführerische Frau? Dasselbe wie ein Mann. Und zwar ein so erfolgreicher und bewährter Verführer wie Warren Beatty. Aus dem Mund seiner Schwester Shirley MacLaine (nichts auf der Welt ist authentischer, als Schwestern es sind) erfahren wir, wie es der bewährte Frauenversteher macht. Seine Blicke und Worte gelten ganz und gar dem Objekt seiner Begierde: »Er überzeugt dich, dass du die einzige Person im ganzen Zimmer bist, und du verliebst dich in dich selbst.«

Sehr beeindruckend, aber erst einmal müssen Sie einen beflirtenswerten Mann ja vor sich haben. Zunächst haben Sie an diese Dating-Agenturen im Internet gedacht. Immerhin sollen ja 4,2 Millionen deutsche Männer und Frauen unter den verschiedensten Adressen im weltweiten Netz nach einem Partner fischen. Doch dann stöbern Sie ein wenig herum auf diesen Seiten des freiwilligen Menschenhandels, stoßen auf Pseudonyme wie »Brummbär« und »Love Machine«, Sie brauchen aber weder einen tapsigen noch einen sexistischen Lebensgefährten. Sie lesen dann die eher spärlichen Selbstbeschreibungen und glauben nicht so recht an die Liebe auf den ersten Klick. Einer sagt über sich: »Ich bin ein positiver und humorvoller Mensch und habe viele tolle Freunde.« Sie aber sagen sich: Jemand, der in einem Land, in dem die Devise »Spaß muss sein« als anerkanntes Kommando aller humorlosen Blödmänner gelten darf, sich selbst Humor zuschreibt, hat garantiert keinen. Erst nach diesem Gedanken blicken Sie auf das Bild des Herrn. Es zeigt ihn neben einer Zimmerpalme.

Einer schreibt von »Spontanität«, ein anderer liebt »Dokumentationsbücher« und gibt auf die Frage, worauf er Lust habe, »Trinken gehen« an, der Nächste sagt in der Kategorie »Beruf« – »Post«. Als Sie dann aber unter »Motto« den textilen Imperativ finden: »Immer schön durch die Hose atmen«, denken Sie, nee, das brauch ich nicht. Sie stellen sich auch vor, dass die meisten Angaben über Alter, Größe, Gewicht, Aussehen und kulturelle Interessen leicht geschönt sein dürften und fragen sich, wie sicher sich doch ein verheirateter Mann fühlen muss, wenn er mit Foto veröffentlicht, dass er »einen Flirt« sucht.

Besten Dank auch, Sie vertrauen dann doch lieber der herkömmlichen Methode.

Die statistisch beste Möglichkeit, dem anderen Geschlecht näher zu kommen, nämlich am Arbeitsplatz, fällt bei Ihnen allerdings aus. Erstens, weil Sie nicht möchten, dass ein Kollege in einiger Zeit in der Kantine erzählen kann, nackt sähen Sie gar nicht so toll aus wie in diesem Etuikleid und den rosa

High Heels, er glaube das nicht nur, er wisse das genau, hihi. Und zweitens, weil in Ihrer Firma derzeit weit und breit kein Kerl Sie reizen könnte. Bis auf den Chef. Aber von Vorgesetzten lassen Sie als kluge Frau die Finger. Da gestatten Sie sich keine Ausnahme. Außer wenn er den Flirt gleich mit einem Heiratsantrag eröffnet.

Bleibt die Kontaktanzeige in der Tageszeitung oder im Stadtmagazin. Selbst eine aufzugeben, verbieten Sie sich, wer sind Sie denn, dass Sie sich anpreisen müssen. Aber da haben Sie vor zwei Wochen doch diese nicht uncharmante Anzeige gelesen:

»Genug ist nicht genug – für einen Mann, der im Leben fast alles erreicht hat: Märchenprinz (48) sucht gute Fee (25 bis 35). Ich habe einen Prof.-Titel, bin ungebunden, möchte mit dir ein neues Leben anfangen. Du musst nicht schön sein, nur stark genug, meine Schwächen zu ertragen.«

Das hat Ihnen ziemlich gut gefallen. Und da die Telefonnummer angegeben war und die Vorwahl auf eine Stadt in Ihrer Gegend wies, machten Sie sich mit drei Bailey's Mut, riefen ihn an und plauderten fast eine halbe Stunde. Schon zwei Tage später trafen Sie sich. Und eines mussten Sie ihm lassen: Er war wirklich sehr offen. Er verbarg zum Beispiel nicht, dass sein Professorentitel von der Universität Krasnogorsk vom Fachbereich Logistik und Transportwesen stammte, dass er vor wenigen Monaten Insolvenz angemeldet hatte und die Schwäche, in der Sie ihn unterstützen sollten, in seinem Geldmangel bestand.

Wenn also Kontaktanzeigen für Sie genauso wenig in Betracht kommen wie Firma und Internet, bleibt die statistisch zweitbeste Möglichkeit: der Bekanntenkreis. In der Tat sind gute (und auch wirklich wohlmeinende) Freundinnen mit dem Hang zum Kuppeln nach wie vor ziemlich verlässliche Partnerschaftsanbahnerinnen. Also streuen Sie ruhig, wenn Ihnen das nicht widerstreben sollte, breit in Ihrem Freundes- und Bekanntenkreis die Information, dass Sie jemanden suchen mit starken Schultern und zartem Gemüt, mit dicker Brieftasche und schlanker Taille.

Sollte Ihnen auch diese Methode nicht recht behagen, besinnen Sie sich als kluge Frau auf die Marktwirtschaft. Natürlich wissen Sie, dass Sie sich gegen alle Gesetze der Evolution stellen: Die Frau wählt aus, mit wem sie sich fortpflanzt, der Mann muss ihre Aufmerksamkeit erregen. Doch derzeit mangelt es in Ihrem persönlichen Umfeld halt an männlichen Erregern, Sie pfeifen also auf die Evolutionsbiologie und setzen auf die beinahe so alten Gesetze der Marktwirtschaft. Die wird geprägt von Angebot und Nachfrage. Das Angebot sind Sie. Um die Nachfrage nach Ihnen kräftig anzuheizen, bauen Sie auf die uralten Bedürfnisse der Männer.

Zunächst machen Sie einen Businessplan: Was wollen Männer? Worauf sind sie immerzu scharf?

Der USP ist schnell gefunden: Männer wollen immer Sex. Männer wollen immer zeigen, wie toll sie sind. Männer wollen immer Macht.

Okay, aufgrund dieser einfachen Erkenntnisse reagieren Sie jetzt selber auch ganz einfach. Die Nummer mit dem Sex machen Sie natürlich nur, wenn Ihnen danach ist. Nur wenn Sie also damit leben können, dass Ihre Anmache auch konkrete Folgen haben könnte, streifen Sie an einem Samstagvormittag, an dem Sie Zeit haben und gut drauf sind, durch diesen riesigen Badezimmer-Fachmarkt, beobachten den Teil des männlichen Publikums, der

a) optisch erstrebenswert erscheint und mindestens nach 3er BMW aussieht und der
b) ohne Frau und Kinder erscheint.

Das kann eine ganze Weile dauern. Es lohnt sich aber, wenn Sie ein ordentliches Exemplar Mann erwischt haben und ihn dann mit der finalen Verführungseingangsfrage überraschen: »Ähm, ja hallo, haben Sie hier irgendwo Duschkabinen gesehen, in denen man auch zu zweit duschen könnte?« Wer als Mann auf solche Anmache nicht einsteigt, ist selber schuld, der hat Sie nicht verdient.

Ein ähnliches Szenario könnte Sie im Fahrradgroßmarkt erwarten. Natürlich wissen Sie, dass das männliche Fahrradgroßmarktpublikum mindestens zwei Klassen unter dem Badezimmerfachmarktpublikum rangiert. Sie wissen auch, dass hier verstärkt Paare und Familien auftauchen. Sie brauchen hier also wesentlich mehr Zeit, auf begehrenswerte männliche Single-Exemplare zu stoßen. Sie wissen, dass Sie die vor allem in der Abteilung für Mountain Bikes finden. Achtung: Samstags erscheinen in solchen Geschäften sonst gut gekleidete Männer schon mal in extrem uneleganter Aufmachung. Als Frau von Welt kennen Sie aber den Unterschied zwischen Lässig-gekonnt und Ich-zieh-mich-immer-so-scheiße-an. Und Sie wissen natürlich, dass der Mountain Biker schon mal die Tendenz zum Einsamen Wolf zeigt, eine leichte Tendenz ins Autistische. Beim Mountain Biker müssen Sie damit rechnen, dass er sonntags um fünf das gemeinsame Bett verlässt, um seinem sündhaft teuren Drahtesel den Vorzug zu geben. Aber sicherlich wird er jetzt nichts gegen Ihre Anmache haben, wenn Sie sagen: »Darf ich Sie mal was fragen, Sie sehen so kompetent aus: Gibt es eigentlich auch Mountain Bikes als Tandem? Zum Beispiel für Sie und mich?«

Na gut, das war jetzt ziemlich offensiv, die meisten Männer sind zu wenig inspiriert, auf solche Anmache etwas halbwegs Witziges zu entgegnen.

Deshalb besinnen Sie sich auf das zweite Männerbedürfnis: Männer wollen immer zeigen, wie toll sie sind.

Sie sind dann also an den Rand der Tankstelle gefahren, wo man die Autos saugt, den Ölstand kontrolliert oder den Reifendruck prüft. Abermals warten Sie, indem Sie geschäftig tun, auf ein hübscheres Exemplar von Mann.

Es ist Sommer. Hier der Typ im Audi-Cabrio, der neben Ihnen hält – schlank, gute Beine in Bermudas, das ärmellose weiße Hemd stammt vom Herrenausstatter, das sehen Sie sofort – den sprechen Sie mit Ihrem bezauberndsten Lächeln an: »Könnten Sie mir mal bitte helfen, Luft in den Reifen zu kriegen? Das Ding zischt so unheimlich, das macht mir Angst. Sie können das bestimmt total gut, Sie wirken so stark, so vertrauenerweckend.«

Kommt Ihnen jetzt doch ein bisserl übertrieben vor? Da kennen Sie die Männer aber schlecht. Eigentlich gibt es keine einzige Form des Lobes, die einem Mann übertrieben vorkommt, mehr dazu später. Sie aber wenden Ihre neue Methode überall konsequent an. Im Supermarkt wird Ihnen dieser hübsche, etwas schüchterne Ausländer im Muscleshirt (Italiener?) das Glas saure Gurken aus dem obersten Regal herunterholen (das Sie später natürlich heimlich beim Pudding abstellen, Sie hassen saure Gurken). In der Reinigung drücken Sie dem smart wirkenden Anzugträger Ihre Blusen in den Arm, während Sie in den Untiefen Ihrer Handtasche nach dem Portemonnaie fischen. Das Paradies für dumme Frauen, die total kluge Männer um Rat fragen können, ist natürlich der Baumarkt. Allerdings müssen Sie hier schon etwas länger auf ein gelungeneres Exemplar warten, ehe Sie von ihm erfahren, wo die Badewannenstöpsel, Dreifachsteckdosen und eloxierten Vierkantschlüssel mit Stromantrieb zu finden sind, aber ein bisschen Energie müssen Sie in Ihr künftiges Glück schon investieren, sonst können Sie ja gleich den Jagdschein machen.

Was übrigens auch keine schlechte Idee wäre. Denn nirgendwo dürften der Männeranteil konzentrierter und die Bankkonten etwas dicker ausgepolstert sein. Allerdings ist der Erwerb des Jagdscheins mit echter Arbeit verbunden, da lassen sich Kontakte im Tennisclub vielleicht leichter knüpfen. Reitclubs sind nicht zu empfehlen, weil sie von Frauen und Mädchen dominiert werden, da sind gemischte Lauf- oder Skating-Gruppen schon geselliger. Sie spielen ganz gut Schach? Tun Sie das, aber bloß nicht in einem Schachverein, da können Sie genauso gut ins Trappistenkloster eintreten oder sonst wie feierlich ein Schweigegelübde ablegen. Außerdem sind männliche Schachspieler immer extrem ekelhaft angezogen.

Und was ist von so ganz normalen Orten des Kennenlernens zu halten wie Kneipe oder Disco? Wenig. In der Kneipe ist die Chance groß, auf Männer zu stoßen, die gerne einen zu viel heben, und in der Disco auf die Typen mit den extra-harten Sprüchen: »Ey du, ich bin zwar nicht so stark wie Arnold Schwarzenegger und auch nicht ganz so hübsch wie Leonardo DiCaprio. Aber lecken kann ich wie Lassie.«

Den ganz doofen Aufreißer-Typen dürfen Sie übrigens genauso brutal entgegentreten, wie es www.planet3dnow.de empfiehlt:

Er: Stört es dich, wenn ich rauche?
Sie: Mich würde es nicht mal stören, wenn du brennst.

Er: Ich denke, ich könnte dich sehr glücklich machen.
Sie: Wieso? Gehst du schon?

Er: Ist dieser Platz frei?
Sie: Ja, und meiner auch, wenn du dich hinsetzt.

Kleiner Tipp zum Abschluss: Die meisten Männer sind unglaublich dankbar dafür, wenn eine Frau ihnen offen zeigt oder sagt, dass sie Interesse hat. Wenn ein Mann Sie nach dem ersten, ziemlich netten Date anruft und ein wenig herumdruckst, dürfen Sie getrost sagen: »Ach, du rufst sicher an, um mich einzuladen.« Die total direkte Anmache dagegen schärft seltsamerweise nur einen eher kleinen Prozentsatz von Männern. Die Mehrheit wird wohl etwas verschreckt reagieren, wenn Sie sagen: »Ihr Hemd würde übrigens mit dem Teppichboden meines Schlafzimmers sehr hübsch kontrastieren.«

Beziehungstodesangst

Nicht nur der jüngere Mann, auch der ältere, wenn er geschieden, getrennt oder frauentraumatisiert ist, will oft keine Beziehung. Er unternimmt etwas mit seiner »Partnerin«, am Wochenende haben sie Sex und leben zusammen, in der Woche schickt er dann und wann eine SMS, sie telefonieren alle zwei Tage, der Kurztrip nach London neulich war richtig gut, aber dann geht er wieder auf Distanz, er besteht darauf, keine Beziehung zu haben. Von Liebe spricht er nie, sie kann sich aber auch nicht ganz sicher sein, dass er sie nicht liebt.

Die Frau ist verwirrt. Eigentlich, denkt sie, hat sie doch eine Beziehung. Oder wie nennt man das, wenn man sich Geburtstagsgeschenke macht und miteinander schläft? Aber wenn er das so eng sieht, bitte sehr, dann haben sie eben keine Beziehung, dann ist sie eben auch Single, dann kann sie ja endlich auch dem Werben ihres Kollegen nachgeben. Der ist nett und lieb und zärtlich, hat aber eine feste Freundin, sie gehen trotzdem miteinander ins Bett. Es ist auch richtig schön, aber eine Beziehung will der Kollege ebenfalls nicht, er hat ja schon eine.

Die Frau erzählt ihrem »Partner«, also dem, mit dem sie Geburtstag feiert und am Wochenende zusammen ist, dass sie mit ihrem Kollegen geschlafen hat, und siehe da: Die Wüste bebt, er reagiert überhaupt nicht cool, verständnisvoll oder mit freundlicher Ironie. Nein, er flippt aus, rast vor Eifersucht, verdrückt sogar ein paar Tränen, besteht am Ende seiner Tiraden und Ausraster aber immer noch darauf, keine Beziehung mit ihr zu haben. Na toll.

Da fragt sie: »Was wäre denn eigentlich so schlimm an einer Beziehung?«

Und merkwürdigerweise öffnet er sich zum ersten Mal und sagt sinngemäß: »Eine Beziehung, das ist für mich was ganz Großes, Unbedingtes, fast Absolutes. Es wäre die totale Treue, innerlich und sexuell. Aber auch die totale innerliche Ausrichtung auf diese eine Person. Es wäre die absolute Öffnung, sie wüsste alles über mich und ich alles über sie. Und das alles könnte ich nicht aushalten. Ich könnte mich nicht so ausliefern. Ich träume davon, aber ich glaube nicht daran. Ich habe Angst vor dem Scheitern. Ich wäre schutzlos. Ich will nicht schutzlos sein. Ich will nicht verletzlich sein.«

Ist halt ein Mann. Er summt noch immer das Lied von der Todesbindungsangst. Befreit vom traditionellen Zwang seines Vaters und Großvaters, mehr Menschen ernähren zu müssen als sich selbst, fühlt er sich ja auch befreit von vielem, was für die Generationen vor ihm noch selbstverständlich war: Der moderne Mann muss nicht heiraten, muss keine Familie gründen, die Zwänge des Arbeitslebens in Kleidung, Habitus, Auftreten sind in vielen Branchen weitgehend entfallen, seine Zukunft ist so »multioptional« wie seine Konsummöglichkeiten es sind, selbst seine Religion darf ein Patchwork sein aus ein bisserl Katholizismus, viel Buddhismus und einer Prise Voodoo.

Aber es gibt doch auch die Millionen von Männern, die sich nach einer symbiotischen Beziehung sehnen, die Dauerpartnerschaften oder Ehen eingehen. Klar. Aber die Zahl der Männer, die sich nicht binden wollen, nicht festlegen können, steigt. Dass Männer sich – anders als Frauen – vor ihrem 40. Geburtstag nicht festlegen müssen, ob sie Kinder haben wollen oder nicht, das war schon immer so. Aber heute ist unter den Männern ein Typus immer häufiger anzutreffen, der allenfalls beruflich einen geraden Weg geht. Sonst lässt er sich durchs Leben eher treiben, kommt mit sich selbst ganz gut zurecht, sieht das Meiste locker, nur nicht, wenn ihm jemand etwas verbieten will, wenn ihn jemand fremdbestimmen möchte. Es ist der Hugh Grant in vielen Männern, der sein Leben zu genießen scheint, nicht recht weiß, ob er sich für eine Frau entscheiden soll und, wenn ja, für welche. Er weiß nicht, ob er Kinder haben soll und kann sich ein festgelegtes Leben, zu dem einen Kinder beinahe zwingen, nicht vorstellen, seine Lebensdevisen lauten »Vielleicht« und »Vielleicht später«.

Und wenn Sie an ein solches Exemplar von Mann geraten? Dann bekommen Sie um Gottes Willen nicht gleich feuchte Augen und Muttertriebe, wenn er bei der ersten Begegnung etwas von »Bindungsangst« murmelt. Dass er nun gerade bei Ihnen umdenkt, für Sie sein Leben ändern wird, bei Ihnen emotional sesshaft wird, das muss als wenig wahrscheinlich gelten. Je mehr Sie ihm auf die Pelle rücken, desto schneller verkriecht er sich. Auch wenn Sie sich sagen, na, vielleicht habe ich in der Aufregung in meiner Handynummer einen Zahlendreher aufgekritzelt, oder er ist derzeit auf einer Insel und sein Akku ist leer oder er ist überfahren worden und liegt auf der Intensivstation: Ein Mann, der sich drei Tage nach dem ersten Treffen nicht bei Ihnen meldet, wird nie mehr anrufen. Und ein Mann, der sagt, er möchte keine Beziehungen eingehen, will keine Beziehung eingehen. Punkt.

Warum er eine Geliebte hat

So einfach ist das: Der jüngere Mann hat eine Geliebte, weil er Ergänzungs-Sex sucht. Der Ältere will seine Jugend zurück.

Die meisten Männer, denen ihr Beruf Spaß macht, die halbwegs erfolgreich sind, mit einer Langzeit-Freundin zusammenleben oder verheiratet sind, denken übers Älterwerden wenig nach. Das Schockerlebnis setzt meist ein, wenn sie 45, 46 oder 47 werden. All die Jahre heiter vor sich hin gelebt, plötzlich das Schrillen der Alarmglocke: Menschenskind, der 50. ante portas, das Alter kommt, der Ruhestand, die Gehhilfe, die Schnabeltasse, der Tod. Der heraufziehende 50. ist für den Mann, was für die Frau vielleicht das Ausbleiben ihrer Regel signalisiert: ein Schock. Unabwendbares, unumkehrbares Herannahen von Alter, Ermattung, Verfall.

Die Jahre vor und nach dem 50. sind deshalb die Zeit, in der die Geliebtenanfälligkeit des Mannes dramatisch steigt. Dabei hilft ihm sein Alter durchaus, eine neue Partnerin zu finden. Oft hat er es in diesen Jahren zu jenem Erfolg geschafft, der eine gewisse Lässigkeit verleiht. Er wird spielerischer, seine Annäherungsversuche werden nicht mehr so forciert vorgetragen wie in Jugendjahren, eine Ablehnung wird leichter hingenommen, ein Aufschieben eher akzeptiert. Sein Werben wird geduldiger, gewitzter, heiterer, intelligenter. Er schreibt keine peinlichen Liebesschwulstgeständnisse mehr, wie sie ihm vielleicht als jungem Mann aus der Feder flossen. Aber er tut etwas, das die junge Frau kaum noch kennt: Er schreibt ihr Briefe. Per Hand, auf schönem Papier, sogar bei der Wahl der Briefmarke gibt er sich Mühe.

Das findet sie gut. Natürlich kann er auch SMS senden und empfangen, das gehört heute zum Standard, aber altmodische Gesten wie Briefe schreiben, in den Mantel helfen, im Restaurant die Tür aufhalten kommen gut bei ihr an.

Der erfolgreiche Mann hat gelernt, seinen Erfolg als Teil seiner Lebensleistung zu verbuchen, er grämt sich nicht mehr, dass er befürchten muss, die bildhübsche Sachbearbeiterin nehme ihn nur, weil er der Chef ist, einen Doktortitel hat oder einen Bentley fährt. Er sagt sich, dass seine eher ungewohnte Popularität trotz seines Bauches, trotz seiner vermutlich nicht mehr überbordenden Potenz schon irgendwie erkämpft und verdient sei, weil er nämlich Chefarzt oder Geschäftsführer geworden ist, was schönere Männer nicht geschafft haben. Was sucht der Mann um die 50? Sex?

Natürlich. Den sucht der Mann in allen Lebenslagen, in allen Alterszuständen, das wollen wir ihm zugestehen. Nur nebenbei gesagt, auch wenn es zynisch klingt: Die sexuelle Aufrüstung, das erotische Aufgetümmeltsein, kommt meist auch der Ehefrau zugute, der Mann als Geliebter fühlt sich aufgewertet, animiert, angetrieben, er wird wieder erfinderischer, sein schlechtes Gewissen lässt ihn in Tateinheit mit erhöhtem Testosteronspiegel auch die Ehefrau wieder forcierter als weibliches Wesen wahrnehmen. Aber das war jetzt nicht unser Thema, Sie wollten ja wissen: Warum verlangt es im Manne um die 50 nach einer Geliebten?

Ganz einfach: Weil er wieder jung sein will.

Weil er sich nach der intensivsten Zeit seines Lebens zurücksehnt, als vor seinem Lebensalter eine eins oder zwei gestanden hat, als er also 14 bis 29 war.

Heute ist er 53, 57 oder erst 46, doch die Frau, die da neben ihm auf dem Hamburger Jungfernstieg oder dem Berliner Gendarmenmarkt steht, ist 21 und hakt sich bei ihm ein und staunt über die Schönheit dieser historischen Kulisse mit genau der Begeisterungsfähigkeit einer 21-Jährigen, sie küsst ihn auch gleich hier an Ort und Stelle. Sie küsst mit der intensiven Naivität, mit der lässigen Leidenschaft der 21-Jährigen, sie küsst ohne Vorbehalt.

Die junge Geliebte findet etwas, das er für »ganz nett« hält, »voll schön«. Sie schaut ihn zwar manchmal mit den leeren Augen der Generationenungerechtigkeit an, wenn sie nicht weiß, wer Hanns Joachim Friedrichs, Walter Scheel, Hans-Joachim Kulenkampff, Gandhi oder auch nur Bata Ilic war. Dass sie noch nie eine Wagner-Oper gehört, die Buddenbrooks nicht gelesen hat – das verstört den richtigen 50er aber nur sekundenflüchtig.

Er ist nämlich wieder wie damals in der Erprobungsphase. Er hat jetzt eine ganz andere Silhouette neben sich und in seinem Arm als die von seiner Gattin gewohnte. Die neue Frau an seiner Seite ist schlanker, größer, weniger umfangreich. Er muss alles neu justieren: den Schritt, den Händedruck beim Hand-in-Hand-Gehen, den Griff um die Schulter, von dem er noch nicht weiß, ob sie ihn lieber zupackend oder leicht mag.

Mit ihren jüngeren Interessen wird er selber wieder jünger. 20 Jahre lang war er kaum im Kino gewesen, nun macht er Bekanntschaft mit Schauspielern und Stoffen, die er zuvor nicht kannte, kriegt dennoch die Handlung kaum mit, weil er dauernd knutschen will oder träumt sich an den Dialogen vorbei, weil er es so klasse findet, dass diese schöne, schmale Hand auf seinem Schenkel ruht. Übrigens liebt er ihr total natürliches Lachen.

Auch mit seiner Frau geht er ja sonntags nachmittags manchmal spazieren. Und danach setzt man sich ins Wohnzimmer, nimmt Torte und Kaffee zu sich, liest noch ein wenig in der Sonntagszeitung, hört vielleicht ein bisschen Mozart, telefoniert mit der Schwiegermutter oder schaut Formel 1. Aber jetzt ist es plötzlich wieder selbstverständlich, ins Bett zu gehen, seine junge Freundin steuert wortlos und vergnügt das Schlafzimmer an, macht sich sofort nackisch und wartet auf Taten. Alles wie früher, als der Mann jung war.

Man täte ihm wirklich unrecht, würde man ihm unterstellen, er suche nur den Sex und die Jugendlichkeit ihres schönen Körpers. Nein, die Sache mit seiner jungen Freundin ist ihm auch eine Herzens- und Existenzangelegenheit: Er führt wieder Gespräche, die sich in der Routine langjähriger Partnerschaft nicht mehr ergaben, er wird mit Fragen konfrontiert, die ihn zum Nachdenken bringen oder in ihm etwas aufbrechen: »Hast du noch einen Traum?«, will sie zum Beispiel wissen. Oder: »Wen hast du eigentlich lieber, deinen Sohn oder deine Tochter?« Oder: »Was würdest du machen mit dem Lotto-Jackpot?« Schwierige Fragen, die ihn zwingen, über sein Leben neu nachzudenken. Genau das ist ihm vielleicht das größte Abenteuer, weil eben alles Fragen, alles Infragestellen Teile seiner zurückgeholten Jugend sind.

Er beobachtet sie mit der heiteren Gelassenheit seiner Jahre und staunt doch immer wieder: Wie schnell sie sich am Großflughafen auskennt und mit der Dame am Counter auf Italienisch den billigsten Flug nach Rom aushandelt. Wie sie auf die Frage nach der Uhrzeit nicht auf ihr Handgelenk, sondern ihr Handy schaut. Wie sie, als er einen Power-Point-Vortrag halten muss, ihm mal eben aus dem Internet ein Video auf den Laptop zaubert. Natürlich freut es ihn auch, dass sie sich nie eine Nierenentzündung holt, obwohl sie fast immer bauchfrei geht, und dass er Ratgeber sein kann, Verbindungen herstellen, Türen öffnen, karrieremäßig ein wenig hilfreich sein. Er weiß, wie Chefs bei Vorstellungsgesprächen denken, er sagt ihr, wie sie am besten auftreten, sich kleiden und dass sie um Gottes Willen nicht »Überstunden« oder »Gewerkschaft« sagen soll.

Plötzlich lernt er durch sie auch Menschen kennen, denen er nie begegnet wäre: lustigen jungen Frauen mit spielerischen Tattoos am Oberarm und mit Hobbys wie, wenn er das richtig verstanden hat, im Wohnzimmer mit der Webcam aufnehmen, wie sie zu einem Song tanzen und es dann ins Internet stellen. Er begegnet jungen Männern, die für ihre strubbelige Frisur viel Geld ausgegeben haben, selbstbewussten Frauencliquen, die über Männer ablästern, und ziemlich gelassenen Jungmännern, die das gut wegstecken. Er hat gezögert, auf diese Fete mitzugehen, bei der alle Gäste mindestens eine Generation jünger wären als er, aber bis auf zwei dicke Mädchen, die erkennbar über ihn lästerten, waren alle total nett zu ihm. Vielleicht hat seine Frau ihn immer zu Karriere angetrieben, plötzlich fragt ihn die Freundin, was das eigentlich soll: sonntags zwischen acht und elf regelmäßig im Büro zu sitzen, noch ein Ehrenamt im Verband für Groß- und Außenhandel zu übernehmen und sich über den schwächelnden Dax aufzuregen.

Jenseits all des Neuen, das jeder (junge) Mensch sowieso mit jeder neuen Liebe so angenehm belebend erlebt, macht der Mann um die 50 wieder Erfahrungen, die er sonst nicht gewonnen hätte. Er strafft sich, er spiegelt sich in ihr, kann an ihrer Reaktion eingefahrene Gedanken und Verhaltensweisen überprüfen, bestätigen und sogar verwerfen, kurzum: Er wird wieder jünger. Jedenfalls für eine gewisse Zeit.

Sollten Sie als seine Frau dahinter gekommen sein, sollten ihn aber nach wie vor lieben oder brauchen, sollten Sie trotz der Demütigung, dass er Ihnen eine so viel Jüngere vorgezogen hat, ihn behalten wollen, mögen Sie jetzt vor einigen Fehlern gewarnt werden:

Erstens: Schützen Sie sich! Fragen Sie nie, was er so toll an der jungen Frau findet.

Zweitens: Sagen Sie nie etwas Schlechtes über seine Freundin.

Drittens: Machen Sie ihm dennoch klar, dass er Sie verletzt hat.

Viertens: Sagen Sie ihm, dass Sie ihn immer noch mögen. Sagen Sie ihm konkret, was Sie an ihm schätzen.

Fünftens: Finden Sie irgendwen (einen Kollegen, Verwandten, Freund), der ihm erzählt, wie schwer der Schatz an gemeinsamen Erfahrungen wiegt und welchen Gefahren eine Beziehung zwischen einem 50er und einer jungen Frau langfristig ausgesetzt ist: inkompatible Interessen, disharmonierende Freundeskreise, unterschiedlicher Lebensrhythmus.

Sechstens: Stellen Sie ihm höflich, aber bestimmt in einer ruhigen Minute ein paar Fragen:

Falls ihr noch ein Kind haben wollt, ist dir klar, dass du bei der Abifeier ungefähr 72 wärst?

Wirst du ihr Partner sein, wenn beim Club-Urlaub der Sieger im Wettbewerb »Wir bauen bei 38 Grad im Schatten mit verbundenen Augen einen Schneemann aus Trockeneis« gesucht wird?

Wenn du sie nach Bayreuth mitnimmst und sie liest im Programm was von Vorspiel, ist sie da sicher, was gemeint ist?

90-60-90
und andere Vorlieben

Klar springen die allermeisten Männer auf die Sanduhrfigur einer blonden langhaarigen Frau mit Heidi-Klum-Lächeln an. Natürlich gibt es Männer wie Harald Schmidt, die wegen der schärferen Frauen sogar auf Verkehr in der Ersten Klasse verzichten: »Sexuell ist die zweite Klasse deutlich attraktiver. Die hübschen jungen Dinger haben ja kein Geld.«

Und selbstverständlich stimmt weitgehend die kluge Beobachtung, die da lautet:

> Männer reden mit Frauen, um mit ihnen zu schlafen.
> Frauen schlafen mit Männern, um mit ihnen zu reden.

Aber doch eben nicht nur. Nicht immer. Männer sind manchmal durchaus differenzierter Wahrnehmungen und Vorlieben fähig. In der die hervortretenden Merkmale einer Frau durchaus eine Rolle spielen, aber eben nicht nur. Eine sofort spontan durchgeführte repräsentative K.u.K.-Umfrage (Kollegen und Kumpels) führte zu recht aufschlussreichen Vorlieben.

Andreas: Streng. Eine Frau muss streng sein. Und eine gewisse Grundzickigkeit kann sehr reizvoll sein.

Peter: Klingt leicht pervers, aber ich stehe dazu, dass ich auf behaarte Frauen stehe. Überall Haare. Kann gar nicht genug sein. Aufregend behaarte Unterarme oder starke Augenbrauen. Oder so diese feinen Härchen, die am Haaransatz an der Stirn zurückstehen. Außerdem mag ich dünne Frauen in den übergroßen Pullovern oder Hemden ihrer Brüder. Das gibt ihnen etwas Zartes und Beschützenswertes.

Jürgen: Für mich muss an Frauen was dran sein. Po? Kann gar nicht groß genug sein! Busen? Nicht unter 85 C, aber lieber 90 DD. Und die Kombination aus guten, weißen, gesunden Zähnen und klar konturierten Lippen hat etwas Tolles. Dazu noch eine dunkle Stimme, dann fließe ich weg.

Pablo: Klingt vielleicht komisch, aber für mich muss eine Frau singbereit sein. Wenn sie mir was erzählt von einer CD, einer Filmmusik und ich frage sie, wie das Lied anfängt oder wie der Refrain geht, sie soll es mal singen, dann muss sie mir das spontan vorträllern, ohne Schüchternheit, auch wenn andere zuhören. Frauen, die nicht frei singen können, können auch andere wichtige Dinge nicht.

Henry: Ehrlich gesagt, ich bin leider ziemlich arschfixiert. Was mich total fertig macht, ist ein extrem schlanker Arsch, rund wie ein Apfel, bei dem die Pobacken kein bisschen runterhängen, sondern ganz stramm stehen, da sterbe ich vor Lust. Aber eine Frau mit dem rundesten, schönsten, strammsten Arsch der Welt würde mich nur bedingt antörnen, wenn sie nicht einem Kind zurückwinken würde, das uns aus einem anderen Auto oder von einer Brücke zuwinkt.

Klausi: Spitzige Zähne. So wild und quer durcheinander stehende, in der Pubertät von keiner Spange gezähmte Zähne finde ich sehr anregend, vor allem, wenn ich ahne, dass mich die Frau damit wirklich verletzen könnte, falls sie es drauf anlegen würde. Ich muss, wenn ich ihre Zähne ansehe, notfalls Angst empfinden können, sie muss mich gefährden können – klingt das jetzt irgendwie irre?

Theo: Glaubt mir jetzt mal wieder keiner: O-Beine. Ich stehe bei Frauen wahnsinnig auf O-Beine. Und auf ein eruptives Lachen.

Matthias: Die Bewegungen, die Anmut. Und zwar Anmut als »Ausdruck der schönen Seele im Körper« (Schiller). Sehr wichtig ist auch ein schöner Bauch.

Sascha: Schöne Augen, hohe Wangenknochen, volle Lippen, Intelligenz.

Wolfgang: Bei top gepflegten Frauenfüßen in Sandalen mit kleinem Absatz geht mir fast einer ab.

Karli: Eine Frau, die so richtig sicher, zupackend und schnell Auto fährt und dabei eine Blume im Haar hat.

Werner: Ein total natürliches Lachen. Und schöne Hände.

Claudio: Soll ich das wirklich sagen? Na gut, wahrscheinlich mache ich mich lächerlich: abstehende Ohren! Ich finde abstehende Ohren bei einer Frau total süß, allerdings dürfen sie nicht zu groß sein und nicht zu sehr abstehend. Aber wenn sie ihr Haar zurückstreicht und ich entdecke so nette kleine Abstehöhrchen im Winkel von vielleicht 38 bis 45 Grad, dann ist das sehr appetitverstärkend. Auch bei Frauen mit normalen Ohren finde ich es süß, wenn sie ihre Haare mit einer unbewussten kleinen oder auch entschiedenen Geste hinters Ohr streichen.

Jörn: Eine bestimmte Art, sich zu kleiden, macht mich an. Wenn eine schöne, schlanke Frau mit hohen Wangenknochen auf mich zukommt und enge Jeans trägt und einen anthrazitfarbenen Rollkragenpullover, vielleicht mit Perlenkette, wenn sie also durch ihre Kleidung gleichzeitig Lässigkeit und Strenge signalisiert – Total-Viagra!

Rainer: Die Achselhöhle ist sehr erotisch. Und ich liebe diese schlanken Hände mit den langen, schmalen Fingern, bei denen das oberste Glied, also das mit dem Nagel, so ein bisschen hoch steht, wenn die Hand flach auf dem Tisch liegt. So eine zarte, schmale, verletzliche Hand weckt in mir den Beschützerinstinkt.

Aby: Dieses, wie heißt das, Augenweiß? Augapfel? Jedenfalls, wenn das Weiße im Auge makellos weiß ist, kein Äderchen, keine Rötung, keine Trübung, total weiß und unschuldig und gesund. Wie bei vielen Südamerikanerinnen.

Stephan: Wahrhaftigkeit, Natürlichkeit, Charme.

Reinhard: Flacher Bauch mit Bauchmuskeln. In Kombination mit muskulösen, schlankesten Beinen. Also ein Knabe mit Titten.

Lernen Sie möglichst bald seine Mutter kennen

Sie schlafen derzeit ausgesprochen gut? Sie singen auf dem Weg zur Arbeit? Sie starren minutenlang blöde lächelnd vor sich hin? Okay, dann sind Sie diesem Mann begegnet, der Ihnen richtig gut tut. Sie würden sogar so weit gehen, dass Sie eine längere Partnerschaft, vielleicht eine spätere Ehe nicht kategorisch ausschließen. Mit anderen Worten: Sie sind heftigst verknallt. Dann sollten Sie möglichst bald seine Mutter kennenlernen.

Seine Mutter war (bevor er Sie traf) für viele Jahre die wichtigste Person in seinem Leben, mit ihr hat er als Junge Nähe und Distanz eingeübt. Die Faustformel für Sie lautet: Je freundlicher er mit seiner Mutter umgeht, ohne ihr auf dem Schoß zu sitzen, je offener er sich ihr zuwendet und ihr in vielleicht ironisierter Herzlichkeit begegnet, desto größer die Chance, dass er auch Ihnen gegenüber Gefühle zeigen wird.

Aber grundsätzlich sollten Sie sich einige Jahre lang auch vor der freundlichsten Schwiegermutter noch ein bisschen in Acht nehmen und mit dem Schlimmsten rechnen. Denn da hat die Sexpertin des Männermagazins *Gentleman Quarterly* leider recht: Mütter mögen Schwiegertöchter schon deshalb nicht, weil sie ahnen, dass die jungen Frauen per Sex über den lieben Jungen mehr Macht ausüben, als sie es selbst je konnten: Die mütterliche Drohung, dem Filius nicht mehr sein Leibgericht zu kochen, wiege halt nicht so schwer wie das eiskalte Ultimatum der jungen Ehefrau, ihm zehn Wochen lang keinen mehr zu blasen.

Aber noch ist es ja nicht zum Kampf mit der Schwiegermama gekommen, und eine der Fragen, die Sie ihm vor dem ersten Treffen mit Mama mal stellen können – ganz beiläufig natürlich, lassen Sie bitte auf keinen Fall diesen Unterton pädagogischer Bemühtheit in Ihre Stimme treten – könnte so lauten:

»Sag mal, wie nennst du eigentlich deine Mutter? Sagst du Mama? Mutti? Mutter? Mami? Muttchen? Muttileinchen?«

Wenn er bei dieser Frage misstrauisch wird, sollten Sie nicht insistieren. Dann ist er das wahrscheinlich schon von einer Ihrer Vorgängerinnen gefragt worden. Und zwar von der, die drei Semester Psychologie studiert hatte und mit der er diese traumatisierenden Kämpfe über seinen Ödipus-Komplex ausfechten musste. Sollte er aber ohne Argwohn antworten, dann dürften Mutti-Söhne die unproblematischsten sein. Die Anrede »Mutti« – das liegt irgendwo zwischen Mutter-Strenge und Mama-Milde. »Mutti« ist meist okay, weil Frauen, die sich als »Mutti« anreden lassen, meist okay sind.

Mamas sind meist noch etwas lieber als Muttis. Bindungsstärker. Kuscheliger. Bei den »Mamas« liegt der Verwöhnfaktor höher. Wer »Mama« sagt, muss nicht, kann aber möglicherweise auch von Ihnen als Partnerin erwarten, dass Sie ihm vor der Arbeit noch schnell ein Nutella-Brötchen schmieren und ihn abends fragen: »Soll ich dir ein Bierchen bringen?« Auch könnte er die Angewohnheit entwickeln, Mama täglich anzurufen, selbst aus dem Urlaub, und niemand müsste erstaunt sein, dass Mama mit Fieberthermometer, Zäpfchen und Wärmflasche bei Ihnen einzieht, wenn Bübchen – »Mama, ich fühl mich heute nicht so gut« – erhöhte Temperatur gemeldet hat.

»Mutter« ist zwar eigentlich die sachlichste Anrede. Leider aber auch die kälteste. Mütter, die sich von ihren lieben Kleinen als »Mutter« ansprechen lassen, mögen zwar die gesündeste makrobiotische Ernährung des Kleinkinds garantieren, ihn später regelmäßig zur Beichte schicken und ihn verpflichten, mit spätestens 18 einen Bausparvertrag abzuschließen – für Mutterliebe aber kann nicht garantiert werden.

»Mami«, »Muttilein« oder »Muttchen« – höchste Vorsicht, wenn er seine Mutter noch als Erwachsener so anredet, da ist die Neurose fast programmiert. Der lebenslang nicht recht bindungsfähige Frauenheld Erich Kästner schrieb fast täglich Briefe an seine Mutter. Sie begannen oft mit »Liebes, gutes Muttchen« und endeten zum Beispiel mit »Tausend Grüsschen und Küsschen, Dein Junge.« Er schickte seinem lieben guten Muttchen übrigens noch mit 40 seine Wäsche.

Natürlich bietet die Anrede der Mutter nur einen kleinen Hinweis, der nicht in allen Fällen Grund für Entwarnung oder Alarm liefern muss. Viel wichtiger ist eine andere Sache. Und die hat mit der Macht der Mütter zu tun.

Wer jemals einen fünfjährigen Knirps beobachtete, der gerade sein Bild fertig gemalt hat und es nun erwartungsvoll dem Urteil der Mutter vorlegt, kann sich ein Bild machen von der Macht der Mütter. Sie hat jetzt die Wahl: Sie kann ihn sachlich loben, ihn gleichzeitig streicheln, einen Begeisterungsausbruch hinlegen, sie kann es bei einem kleinen »Prima« belassen oder wortreich jede Farbe, jeden Strich würdigen. Sie kann aber auch mäkeln, kann ihn mit den Werken seiner Geschwister und Freunde vergleichen: »Das vom Martin ist aber viel schöner als deins.« Sie kann das Bild insgesamt als hässlich und ungelungen verdammen, kann an Details Kritik üben oder ihn völlig vernichten: »Du kannst einfach nicht malen, gib es auf.«

Hier zwei Zufallsbeobachtungen über die Macht der Mütter aus den vergangenen Tagen. Im Café sitzt die junge Mutter mit ihrem Sohn, einem Erstklässler. Offensichtlich hat sie ihn von der Schule abgeholt, die beiden gönnen sich jetzt etwas Zeit und ein Stück Kuchen. Die Mutter hört ihrem Jungen mit ganzer Aufmerksamkeit zu, mit einem Lächeln so voller Wohlwollen, dass auch die Umsitzenden, die die Szene beobachten, in dieses Lächeln einstimmen müssen. Und dann die nächste Szene an der Tankstelle: Ein Knirps, vielleicht drei Jahre alt, hat von seiner Mutter ein Eis bekommen, es ist noch verpackt, der Kleine leckt an der Verpackung, weiß nicht, wie er sie aufbekommt, die Mutter lacht: »Dann sieh mal zu, wie du das schaffst«, sie lässt ihn zappeln und den armen Kerl abermals hilflos am Papier lecken.

Und das waren jetzt ja nur zwei von hunderttausend Möglichkeiten, einen kleinen Jungen zu ducken oder zu heben, ihn stark oder schwach zu machen. Mütter machen Jungens groß oder klein, lustig oder missmutig, optimistisch oder verzagt. Helmut Kohl und Axel Springer hatten Mütter, die sie liebten, lobten und die ihnen alles zutrauten. Das Ergebnis ist bekannt. Die unzähligen Männer aber, die einst von ihren Müttern klein gehalten wurden, würden die Sprechzimmer der Ehetherapeuten bevölkern, falls Männer zum Ehetherapeuten gehen würden. Tun sie meist aber nur unter vorgehaltener Waffe.

Sie freilich werden von jetzt an genau beobachten, wie Ihr Künftiger seine Mutter behandelt, wie er sie anredet, mit ihr spricht, ihr Gefühle zeigen kann und wie er mit ihr streitet. Dies alles wird er mit Ihnen höchstwahrscheinlich so ähnlich tun. Weil er es mit der ersten wichtigen Frau seines Lebens so eingeübt hat. Vielleicht macht er das noch nicht sofort. Aber die Zeit wird kommen.

Zum ersten Mal in seiner Wohnung

Er hat Sie eingeladen. Es war nicht so was Offizielles wie zum Abendessen an einem Freitagabend. Es ergab sich mehr zufällig. Sie kamen von der Arbeit, er kam vom Sport. Er wollte sich schnell umziehen und hat gesagt: »Kannst ja so lange in meiner Wohnung warten.«

In seiner Wohnung? Zum ersten Mal? Da werden alle Ihre Sinne wach, da werden Sie zum Spürhund. Sie wissen, das ist die einmalige Chance, eine Menge über ihn zu erfahren. Und Sie denken sofort an Verona.

Denn man kann über Verona Pooth, geborene Feldbusch, geschiedene Bohlen, denken, was man mag, aber wo sie recht hat, hat sie recht. Es war im Oktober 1999, als sie gefragt wurde, wie ein Mann sein müsste, um bei ihr Chancen zu haben. Und dann hat sie ihre Erwartungen wundervoll klar umschrieben: »Wenn er mir seine Jacke umlegt, weil mir kalt ist, muss sie so gut riechen, dass ich sie gar nicht mehr ausziehen möchte. Sonst friere ich lieber den ganzen Abend.«

Ähnliche Maßstäbe sollten Sie auch an seine Wohnung anlegen. Riecht sie gut? Oder verströmt sie jene verräterische Mischung aus drei Tage nicht gelüftet und schnell mit der Spraydose Duftnote »Kiefernwald« durch alle Räume gejagt? Rauchern muss man vielleicht einen gewissen Bonus einräumen, aber auch denen ist es nicht gesetzlich untersagt, gelegentlich ein Fenster und die Balkontür für Durchzug zu öffnen.

Was Sie schon vor der Besichtigung anhand des Stadtplans herausfinden können: Wo liegt die Wohnung überhaupt? In der spießigen Stadtrandlage, in die man eigentlich erst zieht, wenn man sich gefährlich dem Renteneintrittsalter nähert? In der City, aber an der verkehrsreichen Ausfallstraße, wo die Mieten niedrig sind, aber die Urbanität sich in der Existenz eines Reifenservice und eines Döner-Unterstandes mit Heizstrahler erschöpft? Oder mitten in der Stadt, wo die Musikkneipe direkt unten im Haus zwar einen Höllenkrach macht, aber eben auch ein zweites Wohnzimmer werden kann? Und wo beim Einkaufen der Bäcker dem Kunden schon automatisch zwei Brötchen und eine Laugenbrezel einpackt und der italienische Gemüseverkäufer beim Vorbeigehen brüllt: »Ey, allo, ische habe heute fur dische eine wunderbare Blumenkohle.«

Bei der Erstbesichtigung täuschen Sie dann natürlich schon im Hausflur ein dringendes Bedürfnis vor. Wenn Sie im Bad sind, schalten Sie Ihr Hirn auf Turbo, auf totale Aufnahmefähigkeit.

Am Badewannenrand steht eine gelbe Ente? Gut. Hat was Sympathisches und Spielerisches. Mit solchen Typen können Sie unter Umständen auch außerhalb der Wanne Spaß haben. Ausgefranste Zahnbürste? Nicht gut. Die Toilette? Ist sauber. Gott sei Dank. Haare unten in der Dusche? Na ja, ist halt ein Mann, aber trotzdem nicht so toll. Kalkstreifen auf den Kacheln in der Dusche? Kommen halt vom Wasser, nix Schlimmes. Klar, könnte er sie auch mal wegwischen, aber ist nicht wichtig.

Da sieht es mit diesem Lippenstift, den Sie soeben auf der Ablage neben der Haarbürste entdecken (lange blonde Haare? Gott sei Dank, nein), schon anders aus. Marke? L'Oreal. Teuer. Hat er sich also ein Luxusweibchen eingeladen. Oder wohnt die sogar immer hier? Nee, stellen Sie nach intensiver

Inspektion fest, sonst sind keine weiblichen Spuren festzustellen. Aber der L'Oreal-Lippenstift hat sich ja nicht hierher gezaubert. Sie drehen das Teil auf. Ist so gut wie unbenutzt. Sie sind leicht beunruhigt, lassen sich aber nicht von der weiteren Inspektion des Bades ablenken. Und stellen sich die Frage: »Würde ich gern hier duschen?«

Nicht unbedingt sofort, antworten Sie sich, aber wenn hier mal die Kacheln mit Fresh-Air-Maiglöckchen-Reiniger bearbeitet wurden (von ihm natürlich), dann sollte es schon einigermaßen lustvoll sein. Vorsichtig öffnen Sie einen Seitenflügel des Badeszimmerschranks und achten darauf, dass der Magnet nicht so ein klackendes Geräusch macht. Ausbeute gering, da sich im Inneren nur eine ungeöffnete Packung Wattestäbchen und ein Döschen Vaseline befinden. Vaseline? Wofür braucht er Vaseline? Deutet das auf ausgefallenere Sexualpraktiken? Werden Sie vielleicht noch rauskriegen. Später.

Denn jetzt fällt Ihnen ein, dass Sie noch gar nicht nachgeschaut haben, welches Duschgel er verwendet. Ah, da steht es. Ist von Aldi. Sie sind enttäuscht. Klar, denken Sie, wahrscheinlich wird Aldi, wenn man das nach allen Regeln der Stiftung Warentest untersucht, ein ganz prima Duschgel verkaufen, aber Ihnen wäre jetzt doch lieber, dass er eins von Lagerfeld oder Davidoff benutzen würde. Warum? Vielleicht, weil Sie möchten, dass er sich selbst etwas wert ist, dass er nicht so praktisch und funktional denkt. Sollten Sie selbst natürlich der Typ sein »Mit-30-bauen-wir-ein-Haus-das-wir-mit-63-abgezahlt-haben«, gefällt Ihnen ein Mann, der bei Aldi kauft, natürlich besonders gut. Aber zurück zu seinem Bad.

Ihr Gesamturteil über die Nasszelle wäre fast ein bisschen negativ ausgefallen, wenn Ihnen nicht gerade eingefallen wäre, dass Sie in Ihrem eigenen Bad heute Morgen Ihren Kosmetik-Koffer umgeworfen und keine Zeit hatten, die etwa 76 Einzelstücke wieder einzuräumen. Außerdem hatten Sie zuvor Ihren Body mit dem Leopardenmuster bei 30 Grad im Handwaschbecken durchgedrückt und über der Duschvorhangstange zum Trocknen aufgehängt, ein unvorbereiteter Besucher Ihres Bades hätte also auch nicht den allerbesten Eindruck gewonnen. Diese Erkenntnis bestärkt Sie nun darin, Ihren Gang durch die Wohnung mit ein wenig mehr Milde fortzusetzen.

In der Küche, die mit dem grellen Licht aus der Lampe überm Tisch ein wenig gemütlicher sein könnte, werfen Sie als erstes einen Blick in den Kühlschrank. Relativ leer. Bis auf ein Päckchen Margarine, eine angebrochene Packung Salami (Hersteller ist Ihnen unbekannt), zwei Flaschen Wasser, eine ziemlich schrumpelige halbe Zitrone und ein Witzigmann-Fertigmenü Chili con Carne.

Ein Feinschmecker scheint er also nicht zu sein. Positiv fällt Ihnen auf, dass weder Wein noch Bier im Kühlschrank sind (ein Säufer also ist er schon mal nicht). Etwas irritierend finden Sie aber die halbe Zitrone. Denn Zitronen verwendet man im Allgemeinen beim Kochen, er aber und seine Küche wirken nicht, als wenn darin jemals – Stopp! Vielleicht war die Dame mit dem L'Oreal-Lippenstift neulich hier und hat etwas Stimulierendes gebrutzelt, ehe die beiden in die Kiste stiegen.

Diesen Gedanken können Sie jetzt nicht mehr weiterverfolgen, weil das Telefon dudelt und Sie natürlich zuhören müssen. Schon nach kurzer Zeit spüren Sie, dass ihm dieser Anruf in Ihrer Anwesenheit extrem unangenehm zu sein scheint. Alles, was er sagt, lautet:

Hallo.
Keine Ahnung.
Nee.
Ja, dir auch, tschüs.

Sie sind sich sicher. Das kann nur diese Lippenstift-Tussi gewesen sein. Sie hatten mal wieder recht, denn er sagt: »War meine Mutter. Sie meint, sie hat ihren Lippenstift bei mir vergessen.«

Das war jetzt beruhigend, doch der echte Schocker wartet im Schlafzimmer. Was heißt Schlafzimmer. Der Mann ist um die 30 und bewohnt praktisch eine Art Jugendzimmer, fehlt nur der *Bravo*-Starschnitt an der Wand. Stattdessen hängen dort zwei überdimensionierte Poster, eins zeigt Pamela Anderson im Profil, das andere Albert Einstein beim Zungerausstrecken von vorn. Was schließen Sie daraus?

Die freundliche Erklärung: Er interessiert sich für Sex und Naturwissenschaft.

Die weniger freundliche: Sie haben es hier mit einem eher schlichten Gemüt zu tun.

Erst jetzt werden Sie auf das (Pluspunkt!) ordentlich gemachte Bett aufmerksam. Sie erstarren. Die Bettwäsche trägt so ein seltsames Emblem. Weißer Kreis auf blauem Grund. Sie sehen richtig: S04 – der Mann schläft in Schalke-Bettwäsche.

Sie stehen unter Schock. Nur noch oberflächlich nehmen Sie wahr, dass im ganz gemütlichen Wohnzimmer ein bombastisch großer Fernseher den Mittelpunkt des Raumes bildet, das winzige Buchregal aber nur genau acht Exemplare zählt: *Excel-VBA – in 14 Tagen Schritt für Schritt zum Profi* von Bernd Held, drei ziemlich zerfledderte Ausgaben von *Reader's Digest*, *Das Große Wilhelm-Busch-Album*, der Bildband *Die schönsten Autowerkstätten*, das interessante Werk *Exchange Server 2003 und Live Communications Server 2005 Integration mit ISA und Microsoft Operations Manager«* von Ulrich B. Boddenberg, und schließlich die Peter-Alexander-Biographie *Das tat ich alles aus Liebe*, wobei er glaubhaft versichert, dieses Peter-Alexander-Teil gehöre seiner Tante, die hier mal übernachtet habe.

Sie streifen mit Ihren alarmierten Blicken hektisch das CD-Regal mit Titeln ausschließlich von Iron Maiden, Metallica und Megadeth. »Öhm«, fragen Sie zögernd, »hörst du gar nichts anderes als Heavy Metal?« Antwort: »Nö. Sollte ich?«

Au weia. So eine Katastrophe. Auf dem Heimweg denken Sie, man müsste eigentlich das, was Sie soeben getan haben, etwas systematischer anstellen, nämlich eine Liste aufstellen, um anderen Artgenossinnen zu zeigen, worauf die beim ersten Besuch in seiner Wohnung achten sollten. Sie setzen sich dann später zu Hause hin und schreiben alles auf:

Die Erstbesuch-Wohnungs-Schnell-Check-10-Punkte-Liste

Erstens: Lage der Wohnung. (In der Stadt oder auf dem Land? Spießige, feine oder urbane Gegend? Abgeschiedene Lage oder mittendrin?)

Zweitens: Die Haus-Situation. (Wohnung im zehnten Stock eines Hochhauses oder im Souterrain einer Villa? Treppenhaus heruntergekommen oder gepflegt? Steht sein Name am Briefkasten? Wenn nein, hat er wohl Angst vor Pfändung oder Räumungsklage. Oder ist Chaot. Beides nicht gut.)

Drittens: Der Geruchs-Gesamteindruck der Wohnung: Angenehm? Nicht so angenehm? Total verstunken?

Viertens: Das Bad. (Stockflecken an den Wänden? Schimmel? Silberfischchen in der Wanne? Sehr viel Haar im Abfluss der Dusche? Teures oder billiges Duschgel? Zahnbürste vorhanden? Zahnbürste intakt? Irgendwelche Hinweise auf mitbenutzende weibliche Wesen? Gönnt er sich ein Eau de Toilette? Ein teures oder Old Spice? Eine Nachtcreme? Falls ja, billiges Zeug? Im Badezimmerschränkchen irgendwelche Medikamente? Psychopharmaka? Hämorrhoidensalbe?)

Fünftens: Die Küche. (Auch zum gemütlichen Zusammensitzen geeignet? Warmes oder hartes Licht? Extrem billiges Geschirr, Ikea-Gläser pro Stück ein Euro? Insgesamt sauber oder Herdplatten verkrustet und Spinnweben in den Ecken? Zehn Flaschen Pils im Kühlschrank? Schlecht. Sehr wenig Essbares im Kühlschrank? Nur gut, wenn auch Sie sparsam sind. Drei Flaschen Veuve Clicquot? Im Prinzip prima, könnte aber auf häufige Damenverführungsversuche hinweisen.)

Sechstens: Hat er außer dem Otto-Katalog noch andere Bücher? (Mehr als zehn? Mehr als hundert? Mehr als tausend? Sind darunter auch Romane? Gut. Liegen auch außerhalb des Regals/der Regale Bücher in der Wohnung herum? Besser. Dann liest er vielleicht tatsächlich. Der einzige sichere Beweis ist ein Roman auf dem Klo.)

Siebtens: Welchen Raum nimmt der Fernseher ein? (Einen beherrschenden oder beiläufigen? Frage können Sie nicht beantworten, weil er einen Fernseher im Bad, in der Küche, im Wohn- und im Schlafzimmer hat? Finden Sie das gut?)

Achtens: Welche Videos und DVDs hat er? (So nur das Gängige? Oder eher erotisches Material wie »Scheue Mädchen ins Männerwohnheim verirrt« und »Jetzt wird's schmutzig, Teil 16«? Oder – schon besser – hat er eine wunderschöne, große Sammlung von Woody Allen und Claude Chabrol?)

Neuntens: Sind unter seinen Musik-CDs mindestens 20 Prozent, die Sie gern hören würden? Hört er nur eine Stilrichtung (Schlager, Volksmusik) oder ist er variabel?

Zehntens: Angemessenheit der Wohnung. (Passt sie in ihrer Größe und Lage zum vermuteten Einkommen? Lebt hier jemand über seine Verhältnisse oder bleibt er deutlich darunter, was beides nicht gut wäre? Passt der Einrichtungsstil zu seiner Persönlichkeit? Gibt es irgendwo in dieser Wohnung eine Couch, eine Kissenecke oder sonst was, wo Sie sich jetzt spontan zum Kuscheln niederlassen würden?)

Gut, das waren jetzt nur so Anregungen. Die wahrscheinlich wichtigste Frage, die Sie sich vorlegen könnten, lautet: Können Sie sich vorstellen, morgen früh nach einer gemeinsamen Nacht mit diesem Mann in dieser Wohnung frohen Herzens aufzustehen, gemeinsam mit ihm in diesem Bad zu duschen und in dieser Küche lustvoll zusammen zu frühstücken? Tatsächlich? Dann sind alle anderen Punkte der Check-Liste ja wirklich komplett unwichtig.

Namen und Füße lügen nicht

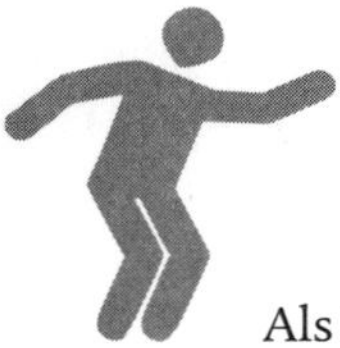

Als Nächstes befassen Sie sich jetzt mal kritisch mit seinem Vornamen. Für seinen Nachnamen kann niemand etwas, aber wenn Eltern ihrem Baby einen Namen geben, dann ist das immer auch ein unausgesprochenes Motto, ein Lebensauftrag. Im Vornamen drückt sich, ohne dass es den meisten Eltern klar wäre, das aus, was sie sich von ihrem Sprössling erhoffen. Vornamen sind ein ungeschriebenes Programm: Eine Antje soll sanft, eine Cassandra energisch werden, ein Axel Cäsar die Welt ein bisschen aus den Angeln heben. Für den Adel gelten eigene Regeln, als Graf oder Fürst heißt man schon mal Trutz, Volkert oder Jobst-Roderich, aber im einfachen Volk ist schon eine gewisse Vorsicht angesagt, wenn jemand auf den Namen Volkwin, Gislher, Bolko, Wenzel oder Ludolf getauft ist. Muss nichts heißen, kann aber.

Die Erziehung verstärkt das mit dem Namen vorgegebene Programm, sodass ein Karl-Friedrich, aus dem natürlich etwas Ernstes werden soll, es vielleicht tatsächlich zum Ministerialrat oder zum Hochschullehrer für Festkörperphysik bringt, während die Eltern von ihrem Karl-Heinz nichts weiter erhoffen, als dass er seine Lehre zu Ende bringt und möglichst früh zwei Bausparverträge abschließt. Von einem Guntram kann man wenig anderes erwarten, als dass er in der Adoleszenz mit Weltschmerzgesicht auf dem Bett liegt und Wagner hört, Siegfrieds entwickeln fast zwangsläufig etwas Kämpferisches und Kevins etwas Unternehmungslustiges – Ausnahmen bestätigen die Regel.

Natürlich stimmt diese Theorie nur tendenziell (einige Namen wie Thomas, Wolfgang oder Stefan sind relativ indifferent, manchmal muss man auch Moden berücksichtigen; beispielsweise waren Karl, Alexander und Friedrich früher konservative Namen, heute sind sie (wie Anna und Maria) wieder auf der Höhe der Zeit. Und dennoch: Tendenz bleibt Tendenz, weswegen hier ganz verwegen ein paar Beispiele für das Zusammenspiel von Name und Programm genannt seien:

Eher lustig: Kevin, Dennis, Patrick, Tim, Peter, Frank, Helge, Felix sowie die Verniedlichungen Manni, Ulli, Rudi und Günni.

Eher ernst: Eberhard, Manfred, Ernst-Günther, Rudolf, Gottfried, Rüdiger, Reinhard, Hans-Georg, Klaus-Manfred, Karl-Theodor.

Eher frech: Tim, Moritz, Ben, Tom, überhaupt die meisten einsilbigen Namen.

Eher spießig: Heinz, Klaus-Dieter, Heinz-Dieter, Bernd, generell die meisten Doppelnamen.

Eher sanft: Mathias, Sascha, Leander, Christopher.

Eher energisch: Siegfried, Gotthard, Noah, Wilfried.

Eher nett: Alexander, Florian, Sebastian, Lukas, Jonas, Tobias, Leon, Matthias.

Natürlich, aber das ist ja schon klar, sind das schreckliche Klischees. Kann ja sein, dass der Karl-Friedrich, den Sie letzte Woche kennengelernt haben, total lustig und locker ist. Aber unwahrscheinlich.

Die nächste Frage lautet: Hat er Schwestern? Oder mindestens eine? Prima. Dann kennt er sich schon ein bisschen mit Frauen aus. Weiß aus Erfahrung, dass Frauen im Durchschnitt fünfkommazweimal im Monat heulen, hat längst die kalten Hände der Schwester wärmen müssen, ehe Sie, ja Sie, ihm später Ihre eiskalten Füße nachts um drei zum Wärmen zwischen die Waden stecken. Und will nicht gleich den Arzt holen, wenn Sie ein bisschen wimmern, weil Ihre Lieblingskollegin heute mit Ihrer Erzrivalin, dieser intriganten Gruselguste, in die Kantine ging.

Natürlich sollten Sie auf seine Hände achten, macht inzwischen ja jede. Sind die Hände gepflegt? Haben sie Schwielen und Hornhaut? (Ist zwar grundsätzlich wenig gegen einzuwenden, kommt eben von körperlicher Arbeit, kratzt aber halt beim Streicheln). Geht er gar zur Maniküre? (Was Sie jetzt wieder etwas übertrieben fänden.) Kaut er Fingernägel? Okay, Angela Merkel und Henry Kissinger tun das auch, aber trotzdem hebt es nicht den Gesamteindruck. Aber was bedeutet das eigentlich, wenn ein Mann gepflegte Nägel hat? Sollte er tatsächlich Nägelbeißer sein, so sagt das noch nichts Schlimmes über seinen Charakter – nur, dass er halt besonders sensibel ist und stressanfällig. Gepflegte Hände aber – das heißt nicht mehr und nicht weniger, als dass er es sich wert ist, auch diese Zeit noch in seine Erscheinung, seine Persönlichkeit zu investieren. Wie geputzte Schuhe sprechen gepflegte Nägel für sein Zeitmanagement, seinen Ordnungs- und Schönheitssinn, auch für seine Höflichkeit gegenüber anderen. Sie würden ja auch keinen nehmen, der beim Gähnen nicht die Hand vor den Mund hält.

Und irgendwann in naher Zukunft gehen Sie mit ihm essen. Bei dieser Gelegenheit lernen Sie schon eine ganze Menge über ihn. Denn Sie kennen sich erst seit kurzem. Heute Abend sind Sie in dieser netten Weinstube verabredet, die für ihre kleine, aber feine Speisekarte bekannt ist. War seine Idee, spricht schon mal nicht gegen ihn.

Er hilft Ihnen aus dem Mantel (kann was Aufdringliches oder Betuliches haben, aber er macht das mit hinreichend lässiger Höflichkeit), er setzt sich erst, als Sie Platz genommen haben (hat Manieren, stellen Sie fest), dann packt er sein Handy aus und legt es neben sich auf den Tisch.

Stopp! Das bringt ihm natürlich fette Minuspunkte ein: Eigentlich können Sie jetzt sofort aufstehen und ihm noch einen schönen Abend wünschen. Hallo? Dies ist Ihr erster gemeinsamer Besuch in einem Lokal, und er versetzt sein Handy in Rufbereitschaft?! Wenn er sich nicht sofort dafür entschuldigt, weil er als Chirurg, Chefredakteur oder Kriminalhauptkommissar für Notfälle erreichbar sein muss, vergessen Sie den Mann! Wer in solchen Situationen sein Handy auspackt, signalisiert wortlos, dass ihm andere (Anrufer) wichtiger sind als Sie.

Falls Sie jetzt doch nicht gegangen sind, weil er wirklich so unverschämt gut aussieht, bringen Sie das Gespräch auf seinen Vater. Sollte er immerdar von seinem »Papi« sprechen (»Papi und ich fahren jedes Jahr zu den Salzburger Festspielen«, »Meine Krawatte gefällt Ihnen tatsächlich? Das muss ich Papi erzählen, er hat sie ausgesucht«), schauen Sie ihn sich besonders kritisch an. Allerdings würde die Sache auch nicht viel besser, wenn er von Papi als »Vater« spräche. Zum Beispiel so: »Vater und ich haben uns sonntags zwischen 6.30 und 9.40 Uhr, bevor wir zum Gottesdienst aufbrachen, immer um unsere Modelleisenbahnanlage gekümmert.« Oder: »Vater hat Mutter stets angewiesen, darauf zu achten, dass ich Gäste auch mit einem tiefen Diener begrüßte.«

Da Sie listig sind, nutzen Sie gleich hier im Restaurant die erste Chance, ihn etwas schreiben zu lassen. Denn Sie wollen wissen, ob seine Handschrift sympathisch und intelligent aussieht, und ob er die Rechtschreibung mindestens halbwegs beherrscht. Er hat doch vorhin von diesem Winzer mit dem Jahrgangssekt so geschwärmt. Also bitten Sie ihn, mal dessen Namen und vielleicht die Anschrift aufzuschreiben, dann sehen Sie immerhin, wie schnell er schreibt, ob Schreiben ihm überhaupt geläufig ist. Falls jetzt kein Papier zur Hand ist, bitten Sie ihn, nächste Woche eine Postkarte von seinem Fortbildungsseminar zu schicken. Falls der Text lautet:

> »Hallo Andrea,
> wie geht es dir? Mir geht es gut. Das Seminar ist ziemlich anstrengent, aber Abends erhohlen wir uns immer mit viel Konjak.«

wissen Sie, dass diese Beziehung keine Zukunft hat.

Und – ganz wichtig – achten Sie bitte immer auf seine Fußsprache! Mit Worten kann er die Unwahrheit sagen, seine Füße lügen nicht. Das ist eine in unzähligen Vorstellungsgesprächen erprobte Theorie. Sagt der Bewerber: »Bei meinem bisherigen Arbeitgeber fühle ich mich ausgesprochen wohl« und wackelt dabei nervös mit seinen Füßen, steht er dort kurz vor dem Rausschmiss.

Fragen Sie Ihren Bewerber, ob er derzeit wirklich vollkommen solo ist, und sein eifriges Nicken wird von einem kleinen Veitstanz seiner Treterchen begleitet, wünschen Sie ihm noch einen netten Abend.

Sie werden natürlich auch genau darauf achten, wie er mit dem Kellner kommuniziert. Wie winkt er ihn heran? Wie macht er deutlich, dass Sie beide noch einen Wein bestellen wollen? Ruft er laut durchs Lokal »Hallo!« Oder: »Herr Ober!« Schlecht.

Schnipst er mit den Fingern wie ein renitenter Schüler? Auch schlecht.

Hebt er so zaghaft die Hand, dass der Kellner dreimal an Ihrem Tisch vorbei läuft? Ebenfalls nicht so gut.

Sucht er Augenkontakt, lächelt dem Kellner zu, sobald er dessen Blick erhascht hat? Winkt er ihn dann wortlos mit einer einzigen freundlichen Geste an den Tisch? Prima.

Sie werden ihm natürlich auch sehr genau zuhören. Weil Sie wissen, dass nichts so verräterisch sein kann wie der freie Strom der Worte und Gedanken. Die These lautet, dass jeder Mensch ziemlich schnell auf sein Thema kommt, man muss ihn nur reden lassen und ihm dabei sehr gut zuhören. Ist es Geld und Luxus? Macht und Sieg? Arbeit und Ehrgeiz? Seine gescheiterte Ehe? Sein Dackel-Club? Seine Mama? Sie brauchen ihm nur zuzuhören. Und ihn reden lassen.

Und auch auf die Verneinungen achten, hinter denen sich die Wahrheit besonders gern verbirgt. Die Formulierung »Das macht mir gar nichts aus« zum Beispiel deutet fast immer auf das Gegenteil.

»Es macht mir gar nichts aus, kein Abitur zu haben«, »Es macht mir gar nichts aus, nicht so viel zu verdienen«, »Es macht mir gar nichts aus, dass mein Bruder Professor ist«, »Es macht mir gar nichts aus, eine Frau als Chef zu haben«, »Es macht mir gar nichts aus, dass ich ein bisschen korpulent bin«, »Es macht mir gar nichts aus, mit 35 noch bei Mutti zu leben« – da brauchen Sie kein Diplom in Psychologie, um seine Nöte zu durchschauen.

Auch seine Sprache offenbart viel über ihn. Schwätzer erkennen Sie unter anderem an der Verwendung der Begriffe »Undundund«, »Unne« sowie »Undsoweiter«.

Wichtigtuer »sagen immer gern«, also zum Beispiel: »Ich sage immer gern, dass ich Bach größer finde als Beethoven«,

»Ich sage immer gern, dass ich Urlaub in den Bergen der Erholung am Meer vorziehe.« Der Wichtigtuer erwähnt auch gern bedeutende Persönlichkeiten, mit denen er Umgang pflegt: »Wie ich erst gestern zu Ministerialdirigent Dr. Groß-Kotz sagte«, und (weil er vor acht Jahren mal nach einer Lesung ein Autogramm von Günter Grass bekam): »Der Günter ist ja ein persönlicher Bekannter von mir.«

Schon weniger lustig wird es, wenn er die Kellnerin laut mit »Frollein« anredet oder sich in seine Sprache ein rabiater Unterton einschleicht: »Auf dem Kreuzfahrtschiff hab ich mir natürlich als Erstes den Oberkellner gegriffen und ihn mir mit einem ordentlichen Trinkgeld zum Freund gemacht.« Unangenehm darf Ihnen auch die Formulierung »der gute Mann« oder »die gute Frau« vorkommen: »In der Diskussion habe ich aber die gute Frau systematisch an die Wand geredet.« Viel Zeit gespart haben Sie, wenn Ihr Gesprächspartner Sie heiter auf andere Damen im Lokal aufmerksam macht: »Die Alte dahinten an dem Fenstertisch hat übrigens astreine Beine.« Und tschüs.

Benimmt er sich halbwegs ordentlich, werden Sie im Laufe des Abends das Gespräch nach Möglichkeit auf seine früheren Beziehungen bringen. Nicht, weil Sie eine masochistische Ader haben, sondern um herauszubekommen, wie er sich über seine Verflossenen äußert. Spricht er durchgehend nett und mit Sympathie von ihnen? Oder sagt er Sätze wie: »Als ich damals in Christines Tagebuch las.«? Und schildert er vielleicht ausdauernd die Kämpfe bis aufs Blut mit seinen letzten drei Freundinnen (»Lena erstattete dann Anzeige gegen mich, aber ich brach dann trotzdem nachts bei ihr ein und suchte nach meiner Geldbörse, die ich bei ihr gelassen hatte, als sie mich rauswarf, da waren schließlich noch mehr als 20 Euro drin gewesen.«).

Nehmen wir an, Ihr Test-Exemplar hat nichts dergleichen von sich gegeben, hat vielmehr alle Hürden ordentlich genommen, hat die Kellnerin nicht mit »Frollein« angesprochen, hat nicht geschmatzt und über schreckliche Verwerfungen mit seinen ehemaligen Lebensabschnittsgefährtinnen berichtet – was tun Sie als Nächstes?

Natürlich fragen Sie ihn, welches Buch er gerade liest. Erschrickt ihn die Frage? Fängt er leicht zu stottern an und sagt dann: »Äh, über, äh, na, was Fachspezifisches, sehr kompliziert, führt zu weit, es hier zu erklären«, wissen Sie Bescheid. Gut, auch mit nichtlesenden Männern mag man Spaß haben können. Also fragen Sie weiter. Nach seiner bevorzugten Musik. Hier kommt die Antwort spontaner: »Bin nicht festgelegt, mag Depeche Mode und Dire Straits, aber auch Xavier Naidoo, Richard Wagner, Abba, Black Eyed Peas, James Blunt und Mozart, vor allem die Klavierkonzerte.« Die Antwort gefällt Ihnen. Später, wenn Sie ihn besser kennen, fragen Sie sich nur, warum drei von sechs Sendern in seinem Autoradio auf Volksmusik programmiert sind.

Überhaupt beobachten Sie ihn in der Probephase sehr genau. Wie geht er mit Kindern um? Nimmt er sie ernst oder verdreht er übertrieben begeistert die Augen wie jemand, der anderen Erwachsenen zeigt, wie gut er auf Kinder eingeht? Verfällt er in Babysprache, obwohl der Knabe vor ihm schon sechsdreiviertel und mörderstolz ist, dass er seinen Namen nicht mehr in Druckbuchstaben, sondern in Schreibschrift hinkriegt? Und wie behandelt er Ihre Katze? Er nimmt gar keine Notiz von ihr? Nicht gut. Er bückt sich, um sie ein wenig zu streicheln? Typisch Mann. Er geht zum Streicheln in die Knie? Das ist gut für einen Mann, das tun sonst nur Frauen. Er beginnt wirklich, Ihnen zu gefallen, auch wenn er heimlich Volksmusik hört. Zur Abrundung des Persönlichkeitsbildes werden Sie sich aber im nächsten Kapitel noch darum kümmern, was und wie er isst. Kann ebenfalls sehr aufschlussreich sein.

Lokal-Termin oder: Warum Anna Berg doof ist

Irgendwann schreibt Ilka H. (34) aus Hollenstadt, wo immer das liegen mag, an Anna Berg, die »Psychologin & Lebensberaterin« aus *Das Neue Blatt*, ihr neuer Freund (39) wolle sie zum Hummeressen einladen: »Mir graut davor. Ich war noch nie in einem Luxusschuppen und weiß auch nicht, wie man Hummer isst.«

Lebensberaterin Anna Berg aber antwortet: »Gehen Sie hin und genießen Sie den Abend. Bitten Sie ihn ganz unbefangen, Ihnen zu zeigen, wie man Hummer isst. Er wird es gern tun – und sich geschmeichelt fühlen.«

Natürlich, liebe Anna Berg, falls Sie wirklich so heißen sollten, ist dies ein ausgesprochen doofer Rat. Klar wird sich der Freund von Ilka H. (34) geschmeichelt fühlen, aber geht es darum? Eben nicht. Du, Anna Berg, solltest wissen, dass manche Frauen eben total eingeschüchtert werden oder innerlich versteifen, wenn sie mit der vermeintlich großen Welt konfrontiert werden, wenn sie denken, es sei wichtig, nach welchem Besteck man zuerst zu greifen habe. Was du, Anna Berg, der armen Ilka H. (34) aus Hollenstadt hättest antworten sollen, hätte ungefähr so lauten müssen:

»Liebe Ilka, vergessen Sie Ihren neuen Freund! Ein Mann, der nicht sensibel genug ist zu spüren, dass Sie, Ilka, sich in einem feinen Schuppen total unwohl fühlen würden, dem können Sie auch sonst nicht trauen. Schon bei einer so einfachen Sache wie der richtigen Wahl eines Restaurants trennt sich die Spreu des Tölpels vom Weizen des Könners.«

Natürlich bittet kein erfahrener Mann die unsichere Medizinisch-Technische Assistentin aus den neuen Bundesländern zu den Trüffelwochen im Fünf-Sterne-Restaurant. Und umgekehrt weiß der etwas feinfühligere Mann, dass es nichts bringt, die früh zu Geld und Firmenwagen gekommene Leitende Angestellte einer Großbank zu einem weiteren Edel-Italiener zu schleppen. Diese geschniegelten Kellner mit ihrem Heute-wuuuundebare-Frisse-Fiss kennt sie längst. Viel mehr schärfen würde sie vielleicht diese spanische Bodega mit superguten Tapas in der Südstadt oder die Straußwirtschaft mit Rheingau-Riesling an Holztischen plus total schmackhafter Hausmannskost. Nein, liebe Anna Berg, wir wollen es offen aussprechen, schon in der Wahl des Flirt-Lokals zeigt sich der Meister der unfreiwilligen Offenbarung. Und wenn er halt die Bierschwemme mit ihren beiden kulinarischen Höhepunkten Jäger-Schnitzel und Zigeuner-Schnitzel geeignet findet für ein romantisches Treffen, dann ist er halt nicht romantisch. Sondern stumpf. Als Mann also ungeeignet.

Auch sonst merken Sie an seinen Einladungen schnell, wie sensibel, intelligent und einfallsreich er ist. Sie lernen ihn im Café kennen, er ist von Ihnen natürlich sofort total begeistert. Im Laufe des ziemlich langen Gesprächs erwähnen Sie irgendwann beiläufig, dass Sie gern mal wieder in London in die Tate Gallery gingen und ein bisschen in der Oxford Street shoppen würden. Er geht überhaupt nicht darauf ein, aber überreicht Ihnen beim nächsten Treffen wortlos zwei Flugtickets nach London – übrigens von Lufthansa nach Heathrow, nicht mit Ryan Air nach Stansted. Auch der Bewerber, der sich einen Jeep und einen Butler gemietet hat, um mit Ihnen zum Picknick ins Grüne zu fahren, sollte Gnade vor Ihren Augen finden.

Aber selbstverständlich machen Sie auch nicht so gute Erfahrungen: Der eine möchte mit Ihnen ins Kino gehen und schlägt »24 Stunden Todesangst« vor, weil er mal gelesen hat, dass Frauen bei Horrorfilmen anschmiegsamer seien als bei Sexstreifen. Der andere ruft Sie gleich am nächsten Tag nach dem Kennenlernen an, bittet aber nach 90 Sekunden um Rückruf: »Das ist so teuer vom Handy.« Der Dritte lädt Sie zu Kaffee und Kuchen in seine Wohnung ein, aber wer wartet da schon? Seine Mami, die Sie unfreundlich mustert, und seine Omi, die schwerhörig ist. Wieder ein anderer schwärmt Ihnen von seinem tollen Hund vor, der sich dann aber als so ein schweinchenfarbener Kampfköter entpuppt.

Einen vorzüglichen Geschmack haben Sie. Deshalb werden Sie beim nächsten ernst zu nehmenden Aspiranten natürlich sehr genau darauf achten, ob er die Feinfühligkeit aufbringt, die Sie verdienen. Das beginnt bei der Wahl des richtigen Restaurants und endet bei der Art und Weise, wie er Sie zu überreden versucht, den netten Abend doch in seiner Wohnung fortzusetzen. Moment! Bevor es so weit ist, werden Sie ihn (im nächsten Kapitel) noch viel genauer unter die Lupe nehmen. Und zwar werden Sie darauf achten, wie er isst. Und was. Und wie viel.

Er ist, wie und was er isst

Beginnen wir bei der Auswahl der Speisen, die natürlich längst wissenschaftlich erforscht ist. Also, Ihre neue Eroberung und Sie nehmen im Restaurant Platz, bestellen schon mal vorab ein Wasser und vertiefen sich in die Speisekarte. Er scherzt: »Am liebsten würde ich natürlich Fischstäbchen bestellen.« Da Sie inzwischen wissen, dass nicht nur im Wein, sondern auch im Scherz viel Wahrheit und tiefere Bedeutung stecken, nehmen Sie die Bemerkung beim Wort. Zumal Sie neulich erst in *Für Sie – Junge Küche* lasen, dass Forscher der Universität Boston herausgefunden haben, dass Männer, die Fischstäbchen lieben, im Grunde kleine Jungen geblieben seien und sich was wünschten? Fürsorgliche, mütterliche Frauen. Wenn Sie eines nicht sein wollen, dann fürsorglich und mütterlich. Aber auch der Kartoffelsuppen-Kasper klingt nicht so toll: Männer, die Kartoffelsuppe mögen, haben die Jungs aus Boston festgestellt, sind so unraffiniert, dass sie auf jede Raffinesse hereinfallen. Dann sollten Sie lieber den Marmelade-Mann nehmen, der braucht viele Streicheleinheiten, ist aber immerhin großmütig und warmherzig.

Im wirklichen Leben prüft Ihre Verabredung gerade die Vorspeisen und weiß noch nicht, ob er sich für Hechtklößchen in Spinat mit Weißweinsauce oder nur für einen kleinen Nizza-Salat entscheiden soll. Beides hätte Stil, denken Sie, der Salat aber würde Ihnen ein schlechtes Gewissen machen, weil Sie sich schon auf die bestimmt tausend Kalorien starke Kartoffelsahnesuppe mit Blutwurst-Ravioli festgelegt haben. Als Sie dies äußern, ist er sofort bereit, die Hechtklößchen zu nehmen. Netter Mann. Und was will er als Hauptgericht? Kalbsfrikadellen mit Kartoffelschnee. Eine vortreffliche Wahl, finden Sie, auch wenn das Restaurant den Kartoffelschnee anstandslos Kartoffelpüree hätte nennen können. Aber Kalbsfrikadellen sind eine wahre Köstlichkeit, ein Geheimtipp der bürgerlichen Küche, sie tauchen viel zu selten auf deutschen Speisekarten auf. Nein, dieser Mann gefällt Ihnen.

Sicherlich hat er nichts dagegen, wenn Sie sich ihm anschließen, auch gemeinsamer Spaß an einem gemeinsam gewählten Gericht kann das Leben schöner machen, es allerdings um die Möglichkeit bringen, mal beim anderen ein Bisschen zu kosten (auf dem Teller eines noch ziemlich Fremden herumzustochern hat etwas unglaublich Intimes). Dass er sich zum Dessert eine kleine Auswahl französischen Rohmilchkäses bestellt, gefällt Ihnen gleichfalls, zumal er »Reblochon« und »Epoisse« zweifelsfrei identifizieren und akzentfrei aussprechen kann.

Erwärmt von der angenehmen Seelentemperatur einer Frau, die ein schönes Erlebnis genießt, denken Sie mit Grauen an Ihre letzte Verabredung zurück. Der Mann, Außendienstler einer EDV-Firma, hatte sich ein Schweinekotelett mit Salzkartoffeln bestellt und dazu eine Extra-Sauciere mit zerlassener Butter. »Hach, is dat lecker«, rief er nach dem ersten Bissen. Das war das Letzte, das Sie während der folgenden dreieinhalb Minuten von ihm hörten. Außer seinem Schmatzen und Keuchen. Die Annäherung des Außendienstlers an sein Stück Fleisch hatte etwas Rabiates und Triebhaftes, er aß hastig, wenngleich mit offensichtlicher Freude, er schnitt große Stücke vom Fleisch ab, er kaute energisch. Die Kartoffeln zerquetschte er mit der Gabel, goss Butter darüber und vermatschte alles zu Brei, wie Sie es zuletzt als Achtjährige tun durften. Unwillkürlich mussten Sie daran denken, wie ein solcher Mann wohl im Bett mit Ihnen umginge. Ihre Assoziationen waren wenig angenehm.

Zu Recht. Die Beziehung zwischen Ess- und Sexualverhalten ist zu offensichtlich, um übersehen zu werden: Schlinger und Fresser werden sich auch beim Sex keine Zeit lassen, bei Männern, die jeden Bissen genießen und dabei auch mal den Koch loben, besteht durchaus die Chance auf ein genussvolleres Beisammensein. Wobei Anregungen durchaus ja schon vom Essen selbst ausgehen können. Der Lebensmittelchemiker Udo Pollmer vertritt in der *Weltwoche* eine interessante Theorie: »Man hat im Salat opiumähnliche Substanzen entdeckt – also Stoffe, die antörnen. Salatessen wäre demnach für Frauen eine unverdächtige Methode, die Stimmung aufzuhellen. Männer haben dafür ja das Bier. Hopfen ist botanisch der nächste Verwandte von Haschisch.«

Ein wenig achten Sie natürlich auch darauf, wie er mit den Sachen auf seinem Teller umgeht. Ist er ein Manscher? Nicht gut. Gruppiert er die Bestandteile seines Gerichts säuberlich zu übersichtlichen Haufen, von denen er jeweils einen gleichen Teil versucht, auf die Gabel zu kriegen, so haben Sie hundertpro einen Zwangscharakter vor sich. Achtet er dagegen auf Ihre Ess-Geschwindigkeit und legt sein Besteck mal zur Seite, damit er nicht schneller fertig wird als Sie, spricht das zumindest für eine gewisse Grundaufmerksamkeit.

Dass jeder klügere Mann auch Sie beim Essen genau beobachten wird, ist Ihnen ja klar. Sollten Sie sich wirklich unbeliebt machen wollen, dann picken Sie lustlos und stundenlang in Ihrem Salat. Als herzhaft zugreifende, mit Freude essende Dame dagegen werden Sie ihm auch bettmäßig das Naschkatzenhafte Ihrer Existenz nahebringen.

Seine Träume (ohne Sex)

Der Mann, auf den Sie neuerdings das eine oder andere Auge geworfen haben, wirkt echt sympathisch. Er ist eher der sachliche Typ, zuverlässig, stark. Sieht nicht schlecht aus. Solide, aber einfallslos gekleidet. Von Beruf ist er Bauingenieur.

Das klingt alles extrem nach innerer Kraft und starker Schulter, aber seien Sie wachsam. Auch im nüchternsten Bauingenieur mag ein geheimes Feuer lodern, das des politischen Eiferers zum Beispiel oder des fanatischen Eishockey-Fans oder des verhinderten Buchautors.

Obwohl die meisten Menschen vermuten werden, dass es Frauen sind, die von einer Buchveröffentlichung träumen (»Atemtechnik und Erfüllung«, »Die 6000 kompliziertesten Steck-Frisuren«), haben Millionen deutscher Männer ein dickes Manuskript in der Schublade oder wenigstens im Kopf. Geschäftstüchtige Verlage machen sich das zunutze, sodass Romane, Lebenserinnerungen und Segelerlebnisse statt in der Schublade gnädig vor den Augen der Welt verborgen auf die Enkel zu warten, zwischen zwei Buchdeckeln das Licht der Welt erblicken.

So kommt es, dass gegen einen kleinen, meist aber größeren »Druckkostenzuschuss« Werke erscheinen, die die Welt nicht braucht, in denen pensionierte Bundeswehr-Oberleutnants erklären, inwiefern militärischer Drill auch für die Kindererziehung nützlich ist oder Wurstfabrikanten ihr Leben anhand der Hunde schildern, mit denen sie auf die Jagd gingen.

Schön, dass es die Bezahl-Verlage auf diese Weise den Männern ermöglichen, sich selbst zu verwirklichen. Pech, dass die Männer sich nicht damit abfinden, dass niemand ihr Buch kauft und weder *Der Spiegel* noch *Die Zeit* noch die *Frankfurter Allgemeine Zeitung* eine Rezension bringen. Sollten Sie also je auf einen Mann stoßen, der ein solches Buch verfasst hat, das niemand lesen will, lassen Sie die Hände von ihm. Er mag ganz nett sein, aber den Frust, unter dem er leidet, den kriegt auch die liebevollste Geliebte niemals weg.

Wer überhaupt denkt, noch die stabilst erscheinenden Männer in Birkenstocks hätten keine Träume, kennt sich nur rudimentär mit einer Spezies aus, die – je nach Jahrgang – von den Helden Karl Mays (Winnetou, Kara Ben Nemsi), von Superman, Spiderman und Batman, von James Bond, von Dark Raider, Luke Skywalker oder Harry Potter bestimmt wurden und werden: Jeder dieser Helden zeichnet sich dadurch aus, dass ihm fast alles gelingt, Harry Potter und Batman sind da noch die harmlosesten Fälle, weil sie Verletzungen oder Momente des Scheiterns kennen.

Seit 1962 der erste James-Bond-Film (*Dr. No*) in die Kinos kam, hat er in den Seelen der meisten Männer harte Abdrücke hinterlassen. Sein Markenzeichen: Der Geheimagent Ihrer Majestät entkommt jeder noch so aussichtslosen Situation. Hat es in bisher 20 Bond-Filmen pro Streifen 20 solcher aussichtslosen Situationen gegeben, dann hat sich James insgesamt vierhundert Mal aus Schwimmbecken mit hungrigen Haifischen gerettet, sich aus lichterloh brennenden Häusern befreit, sich an einer Hand am Felsen hängend in die Strickleiter des zufällig gerade heranratternden Hubschraubers katapultiert.

Welches Menschen- oder Männerbild dergleichen in jungen Seelen anrichtet, mag sich jede(r) selbst zusammenrühren oder -schütteln. Wer als Heranwachsender auch nur jeden dritten Bond-Film sah, wird das Geräusch quietschender Reifen für ein konstituierendes Merkmal jeder Fahrkultur halten, auch seiner eigenen. Aber es geht nicht nur um Raserei: Agent 007 verkörpert auch deshalb so viele Männerträume, weil er mit seinen gottgleichen Zügen die Allmachtsphantasien der Männer beflügelt – niemals hilflos, niemals verzweifelt, immer cool. Ausgestattet mit der Lizenz zum Töten, ist seine Aggression gleichsam legitimiert, die Welt zu retten von den Mächten des Bösen. In diesem Krieg heißen James Bonds Tätigkeits- und Kompetenzfelder Kampf, Technik und Sex (also die Grundausstattung jedes Männermagazins). Erst »Casino Royale« machte James Bond zum ersten Mal ein wenig verletzlicher.

Fragen Sie Ihren Freund doch mal, ob er gern James Bond wäre. Fragen Sie das am besten in den intimen Augenblicken der ersten Bettverständigung. Nur dann wird er Ihnen mit dem Urvertrauen des Anfangs, dem der Zauber schwer wiederholbarer Wahrhaftigkeit innewohnt, die Wahrheit sagen oder doch mindestens die Tür zu seinem Herzen ein Stückchen öffnen. Fragen Sie dann bitte nicht: »Hast du einen Traum?« Fragen Sie: »Welchen Traum hast du noch?«

Und wenn er dann antwortet: »Als Anführer einer Baggerfahrer-Crew das Ausheben eines gigantischen Grabens zu leiten, wenn sich zwölf Bagger des Typs Demag H95 zum Trompetenklang von »Il Silencio« nach meinen Anweisungen synchron in Bewegung setzen und ihre Schaufeln auf mein Kommando machtvoll ins Erdreich graben« oder wenn er strahlt: »Mein größter Traum wäre es, ganz allein mit einem Mehrschalengreifer, mit dem hydraulischen Hammer und einer riesigen Abbruchschere mit Pulverisiergebiss ein Haus zu zerlegen« oder wenn er davon träumt, bei »Wetten, dass ...«

auf einem Bein stehend und auf einer Hand ein Tablett mit pyramidenförmig aufgebauten 225 Weingläsern balancierend die Texte sämtlicher europäischer Nationalhymnen in ihrer Ursprungssprache rückwärts aufzusagen – dann sollten Sie nicht grinsen. Sie sollten sich einfach sagen: okay, ist halt ein Mann.

Lassen Sie Ihrem Mann seine Träume! Es schadet Ihnen doch nicht, wenn er heimlich an seiner Rede arbeitet, die er als Gewinner des Literaturnobelpreises halten könnte, wenn er sich als geistreicher Mitstreiter im Philosophischen Kolloquium sieht, als Sprecher des Kommentars in den Tagesthemen oder als Olympiasieger über 400 Meter Hürden in 43,1 Sekunden. Im Gegenteil: Seine Träume tun ihm gut. Lassen Sie ihn weiter träumen, schließlich soll er doch auch etwas zu sagen haben, wenn Sie ihn demnächst wieder fragen: »Schatz, woran denkst du gerade?«

Machtfragen

Der Drang zur Macht zeigt sich bei den Männern schon im Kindesalter. Das war auch bei Helmut Kohl so.

Seine Schwester Hildegard Getrey erzählte 1996 in einem Interview mit dem *Stern*, dass ihrem kleinen Bruder Helmut das Führungs-Gen schon in den Schultornister gepackt worden war: »Ich erinnere mich noch gut daran, dass Helmut seine Spielkameraden aus der Volksschule dazu brachte, ihm die Schleppe zu tragen, wenn er mit einem Kaffeewärmer auf dem Kopf und einem Betttuch als Umhang in dem Garten zwischen den Obstbäumen umherstolzierte. Helmut war in dem Spiel immer der Bischof. Der Kaffeewärmer sah nämlich einer Mitra sehr ähnlich.«

Derselbe Helmut Kohl sollte etliche Jahre später immer wieder andere Kameraden dazu bringen, ihm die Schleppe zu tragen. Er war jetzt nicht mehr Bischof, sondern Kanzler und hielt seine persönlichen engen Mitarbeiter in einer Art Leibeigenschaft, merkte sich mit einem erdbebensicheren Gedächtnis jede Missetat eines Parteifreundes und strafte ihn gnadenlos ab. Eine Ministerin, die ihm einmal widersprach, grüßte er fortan nicht mehr.

Wer sich wie Kohl 16 Jahre als Bundeskanzler und ein Vierteljahrhundert als CDU-Vorsitzender halten kann, muss etwas von Macht verstehen. Konrad Adenauer, der 14 Jahre lang die Richtlinien der Politik bestimmte, war laut Golo Mann ein »Menschenverachter, der Mitarbeiter verbrauchte, schnöde beiseite schob, ein lauernder, dreister Unterhändler«, aber er wie Kohl verstand etwas von Menschen, ihren Eitelkeiten, ihren Schwächen. Kohl konnte Beziehungen zu anderen aufbauen und pflegen, zu Staatsmännern ebenso wie zu Ortsvereinsvorsitzenden. Er las die Todesanzeigen in seinem Heimatblatt, um den Witwen persönlich zu kondolieren. Er pflegte per Telefon ein weitmaschiges Netz aus Informanten. Zugleich konnte sich jedermann darauf verlassen, dass die Strafe auf dem Fuße folgte, sollte er gegen den großen Vorsitzenden aufmucken.

Und damit hat Kohl sozusagen archetypisch verkörpert, was in Hunderttausenden Firmen, Verbänden oder Behörden alle Männer antreibt, die Macht suchen. Die immer gleichen Mechanismen heißen: Seilschaften bilden, in denen unbedingte Loyalität der Anhänger mit unerschütterlicher Treue des Machthabers (und mit Aufstiegsmöglichkeiten) belohnt wird. Zweitens: Ein breites Netz von Zuträgern schaffen und keinerlei Hemmungen haben, sie nach Strich und Faden auszufragen. Schließlich: konsequente Bestrafung von Abweichlern. Ist der Mächtige dann lange Zeit mächtig, kommt meist noch ein viertes Phänomen hinzu: Abweichende Sachmeinungen werden als Kritik an der Person verstanden und abermals abgeurteilt. Kohl über seinen langjährigen Weggefährten Norbert Blüm, nachdem der gewagt hatte, ihn wegen der Spendenaffäre zu kritisieren: »Den Namen nehme ich nicht mehr in den Mund.«

Macht bedeutet nach Max Weber, innerhalb einer sozialen Beziehung den eigenen Willen durchzusetzen. Das Machterhaltungsprinzip bei vielen Führungspersonen (also beinahe ausnahmslos Männern) in den Unternehmen, Ministerien, Verwaltungen und auch den scheinbar nicht so geldorientierten Großorganisationen von der FIFA bis zum

Olympischen Komitee gehorcht dabei ziemlich regelmäßigen Gesetzen. Häufig sind die sogenannten Machtmenschen im Kern zutiefst unsicher. Deshalb klammern sie sich an Hierarchiesymbole: Dienstwagen sind keine Fortbewegungsmittel, sondern Blech gewordener Ausdruck ihres Ranges. Wer es wagt, sich versehentlich auf den Platz des großen Chefs am Konferenztisch zu setzen, muss sofort aufstehen: Der Mann erträgt es nicht, aus seinem Revier vertrieben zu werden.

Das für Frauen vielleicht Verblüffendste am Machtmann ist der Umstand, dass ihm sein Machtstreben nicht peinlich ist, dass er es offen zur Schau stellt. Er hat eine Einladung zu einem großen Ball bekommen? Gut, aber er sagt erst zu, nachdem seine Sekretärin festgestellt hat, dass er mit Ranggleichen am Tisch sitzt. Früher hat er als Vorstandsmitglied unter dem Vorstandsvorsitzenden gelitten? Gut, heute ist er die Nummer eins und lässt seine »Kollegen« im Vorstand das deutlich spüren. Jemand redet ihn mit »Herr Meier« an? Das hat der Unglücksmensch aber zum letzten Mal gemacht: »Für Sie bin ich immer noch der Herr Doktor Meier!« Die fiesere Variante: Er straft den armen Kerl nicht persönlich ab, sondern lässt ihn durch seine Handlanger maßregeln oder kalt stellen.

Auch Paarbeziehungen können zu Machtkämpfen werden. Die Macht in der Partnerschaft besitzt nicht nur, wer die Kommandogewalt über die Fernbedienung hat, wer entscheidet, ob man die langweilige Party schon um 23 Uhr verlässt oder ob die teure Spülmaschine von Miele oder die billige von Quelle angeschafft wird. Nein, in Wahrheit ist in einer Beziehung der oder die von beiden der Mächtigere, die oder der es besser ertrüge, verlassen zu werden: Wer unausgesprochen das Signal aussendet, notfalls auch allein weiter machen zu können und mit seinem Leben auch als Single klarzukommen, ist der oder die Stärkere. Darüber wird selten gesprochen. Aber genau hier verläuft die Demarkationslinie der wahren Macht in einer Partnerschaft.

Selbst wenn der Mann dieser Stärkere wäre (meist ist er es nicht), soll das nicht heißen, dass er sich nicht ein hellwaches Sensorium auch für Machtfragen in der Beziehung bewahren würde. Es gibt eine einzige Ausnahme: Beim Kleidungskauf tritt der Mann zurück, diese Domäne überlässt er meist kampflos seiner Partnerin. Das gilt aber nicht nur für die Klamotten, die sie sich kaufen möchte, sondern auch für seine eigenen. »Ich suche ganz allein aus, was ich kaufe«, sagten in einer Umfrage über Unterwäsche nur 24,7 Prozent der Männer. Bei Oberhemden waren es 20,6 und bei Anzügen 20,0 Prozent.

Gerhard Schröder hat sich seine wirklich schönen Anzüge sicherlich selbst ausgesucht. Während er darin die Ausnahme darstellt, muss er sonst als ein ganz wunderbar typisches Exemplar männlichen Machtstrebens gelten. Er liebte die Macht sogar so, dass es ihm schwer fiel, von ihr zu lassen. Ein kleiner Auszug aus der »Berliner Runde« nach der Bundestagswahl vom 18. September 2005. Gerhard Schröder macht von Anfang an klar, dass der Wahlverlierer nicht so furchtbar gut gelaunt ist:

Brender (ZDF): Herr Bundeskanzler
Bundeskanzler Schröder: Wie Sie mich schon ansprechen
Brender: Sind Sie jetzt schon zurückgetreten?
Schröder: Nein, überhaupt nicht
Brender: Also noch einmal, Herr Bundeskanzler, das sind Sie ja noch
Schröder: Und das bleibe ich auch, auch wenn Sie dagegen arbeiten.

Wenig später schnauzt Schröder: »Darf ich denn auch einmal reden, oder wollen Sie mich ständig unterbrechen?« Und fährt dann fort: »Verglichen mit dem, was wir erleben mussten in den letzten Wochen und Monaten, bin ich wirklich stolz auf meine Partei, auf die Menschen, die mich unterstützt haben und die uns ein Ergebnis beschert haben, das eindeutig ist. Jedenfalls so eindeutig, dass niemand außer mir in der Lage ist, eine stabile Regierung zu stellen. Niemand außer mir!«

Verliert der Machtmensch seine Macht, wird er schnell zum Häufchen Elend. Er hat sich so daran gewöhnt, umgarnt und hofiert, bedient und umschmeichelt zu werden, dass ihm das Herausgehobene seiner Existenz zur zweiten Natur wird. Im rasenden Tempo seines Erfolgs, seiner Termine, seiner Anspannung war für seine Frau (und vielleicht für ihn) immer weniger sein wahres Ich erkennbar gewesen, vielleicht gab es diese Person in scharfen Konturen überhaupt nicht mehr. Plötzlich fällt der Mantel der Macht und Akzeptanz, und hervor kommt eine ausgemergelte Figur. Sollten Sie an einen solchen Machtmenschen geraten (es gibt einen Typ von Frau, die sich von Macht stärker angezogen fühlt als von Geld, Sex, Schönheit und Charme zusammen), tun Sie gut daran, ihn immer wieder mal auf die Erde zurückzuholen. Legen Sie ihm doch mal morgens beim Frühstück einen Zettel mit einem alten Sprichwort hin. Auf Anhieb wird er's nicht kapieren, aber vielleicht später: »Geh mal ins Beinhaus und such den Schädel eines mächtigen Mannes heraus.«

Der große Boss im Auto

Das Wichtigste, das Sie nie vergessen sollten: Für einen Mann ist ein Auto nie nur ein Auto. Es ist ein Statussymbol, ein Zeichen seiner Rangfolge und oft genug eine kaum verschlüsselte Botschaft an die Frauen. Früher haben sich die Männer als Jäger mit fetter Beute bei den Frauen interessant gemacht, heute dient dazu das dicke Auto, mit dem sie ökonomische und sexuelle Potenz signalisieren.

Ist das auch der Grund, dass sich bei gemeinsamen Fahrten fast immer Ihr Mann hinters Steuer setzt? Gut, er hält sich für einen der besten Fahrer Mitteleuropas, aber hat das nicht doch tiefere Gründe? Aber klar doch, die Position des Mannes auf dem Fahrersitz und seiner Frau daneben hat ihren evolutionspsychologischen Sinn: »Alle Primatenmännchen«, schreibt Hardy Holte, »möchten die Sexualität des Weibchens kontrollieren, weil sie sicher sein wollen, dass der Nachwuchs ihr Erbgut trägt.« Die Folge: Die Frauen werden möglichst immobil gehalten oder es wird versucht, ihre Mobilität zu behindern. Klingt ein bisschen abgedreht, ist aber auch nicht ganz unwahrscheinlich; immerhin würde es erklären, warum den Frauen in Saudi-Arabien bis heute verboten ist, Auto zu fahren.

Sie selbst überlassen einem neuen Bekannten die Position hinterm Steuer möglichst bald und ganz freiwillig. Als kluge Frau wissen Sie nämlich, dass Sie auf diese Weise viel über ihn herausbekommen, vor allem auf längeren Strecken. Ist er ein

Kraftmeier? Empfindet er jeden Schnelleren als Gegner, über den er unter Umständen sogar laut schimpft? Führt er sich als Ersatzkarrierist auf, der dauernd andere überholen muss oder an der Ampel dem 7er BMW durch einen Schnellstart mit durchdrehenden Reifen zeigen muss, dass er auch mit den Großen mithalten kann? Oder ist er gar ein ausgeprägter Thrill-Fahrer, der durch gewagteste Manöver per Angstlust sein Existenzgefühl steigern will? Oder ist er ein ausgeprägter Revierverteidiger, der »Eindringlinge« durch dichtes Auffahren verjagen möchte und sich beim Ausparken plötzlich provozierend viel Zeit lässt, wenn ein anderer auf seinen Parkplatz wartet?

Welche dieser Verhaltensweisen Ihr neuer Kandidat auch zeigen mag, keine spricht wirklich für ihn. Den souveränen Fahrer erkennen Sie daran, dass er (wie die meisten Frauen) eine ziemlich rationale Beziehung zum Auto und zum Fahren hat, dass er zügig fährt, aber nicht rast, dass er keine Risiken sucht, sich keine Konkurrenz-Scharmützel mit anderen Fahrern liefert und das Auto erkennbar als Fortbewegungsmittel begreift und nicht als Zeichen seines Selbstwerts. Zwei kleine Schwächen müssen Sie allerdings auch dem souveränen Fahrer lassen: Dass er gnadenlos auf Tankreserve fährt (er will zeigen, dass er Risiken kalkulieren kann und alles im Griff hat), und dass er es als fürchterliche Niederlage empfände, nach dem Weg zu fragen – ausgerechnet er, der Jäger und Fährtenleser!

Der vernünftige Fahrer wird auch Ihre Beziehung zu einem Auto richtig einschätzen. Er wird also nicht vermuten, Sie könnten eine Spritzfahrt in seinem neuen Opel Astra mit Textilsitzen irgendwie an-, auf- oder gar erregend finden. Käme er in einem hübschen 1936er Bugatti-Oldtimer mit diesen ausladenden Kotflügeln, Holzlenkrad und den gepflegten Sitzen in Kalbsleder, sähe die Sache schon anders aus.

Doch selbst vernünftige Männer mutieren gelegentlich zu Scheusalen, wenn sie neben der Fahrerin Platz nehmen. Als Beifahrer nimmt der Mann diesen Begriff gern beim Wort, er fährt tatsächlich mit. Im Geiste und mit Worten sowieso, aber er tritt auch auf imaginäre Bremsen, klammert sich angstvoll an den Türgriff und steht in besonderen Härtefällen sogar kurz davor, ins Steuer zu greifen. Auch seine pantomimischen Talente kommen zur Geltung: Indigniert schüttelt er den Kopf, weil seine Partnerin wieder zu spät hochgeschaltet hat, oder er schlägt sich mit dem Handrücken gegen die Stirn und lässt dann den Kopf fast bis in den Schoß sinken vor lauter Empörung darüber, dass sie diesen Laster jetzt immer noch nicht überholt hat.

Der Beifahrersitz ist im Übrigen auch der Ort, von dem aus endlich wieder mal Ihr offizieller Vorname zu seinem Recht kommt. Heißen Sie im normalen Partnerschaftsleben Susi oder Dani, werden Sie von dem strengen Herrn neben Ihnen jetzt mit »Susanne« oder »Daniela« angeredet. Manchmal kriegt er dabei dermaßen die Krise, dass Sie um sein Herz fürchten: »Susanne, es heißt Beschleunigungsspur, weil man da beschleunigen soll. Gas! Gib doch Gas! Rechts unten das Pedal! Draufdrücken. Siehst du, geht doch. Stopp! Das schaffst du nicht mehr! Der Laster! Brems ab! Abbremsen!« Susi hat gottlob doch nicht auf den Hektiker neben ihr gehört und den Wagen sicher vor dem LKW auf die Autobahn gebracht.

Später daheim, als wieder Ruhe eingekehrt war, ist sie aber noch mal auf die Sache zurückgekommen. Sie hatte den Eindruck, dass auch ihm seine Überreaktion etwas peinlich war.

Sie: »Das war heute doch kein Einzelfall, da muss doch mehr dahinterstecken. Weißt du, was es sein könnte?«

Er: »Ehrlich gesagt, habe ich oft einfach Angst. Und Angst macht hektisch.«
Sie: »Okay, und kann es auch sein, dass du Angst hast, mit dem Steuer ein bisschen Macht an mich abzutreten?«
Er: »Darüber habe ich noch nicht nachgedacht. Aber das kann sein.«

Im Übrigen lassen Sie ihm seinen Spaß am Auto, vor allem am Firmenwagen. Millionen Männer und Frauen (aber vor allem Männer) in Deutschland fahren ein solches »firmeneigenes Fahrzeug«. Ein Firmenwagen aber ist nicht einfach ein Auto. Er ist Steinzeit pur: Produkt eines siegreichen oder nur halbwegs geglückten Rangordnungskampfes, Jagdtrophäe, Auf- oder Abstiegssymbol. Der Firmenwagen (in Behörden: Dienstwagen) drückt schon nach außen aus, welcher ungefähre Stellenwert dem Fahrer zukommt. Im Inneren des Unternehmens oder der Organisation symbolisiert das Auto, welche Wertschätzung der Mitarbeiter genießt. Und alle – Kollegen, Untergebene, Chefs – achten mit Argusaugen auf Hubraum, PS, jede Sonderausstattung. Besonders missgünstige Zeitgenossen schleichen sich in der Frühstückspause auf den Firmenparkplatz und notieren sich die Ausstattung des Kollegenautos. Um daheim anhand der Preislisten im Internet den Kaufpreis zu ermitteln. Warum? Um festzustellen, ob der Kollege der Firma mehr wert ist als er selbst. Oder um Rückschlüsse aufs Gehalt zu ziehen, denn die Firmenwagen werden meist nach Einkommensgruppen vergeben.

Dieses Firmenfahrzeug streicht neben jedem individuellen Rang aber auch die Wichtigkeit einer Abteilung oder Einheit heraus. Deswegen wollen die Mitarbeiter, dass ihr Chef einen möglichst großen Wagen fährt, weil damit auch die Bedeutung der Abteilung demonstriert wird. Desgleichen sind sie peinlich berührt, wenn ihr Chef wegen der Versteuerung oder aus anderen Gründen einen kleineren Wagen fährt als sie selbst.

Was aber selten vorkommen dürfte. Wer je lauschen durfte, wenn zwei frischgebackene Vorstandsmitglieder oder GmbH-Geschäftsführer nicht etwa vorsichtig tastend, sondern sehr offensiv den anderen befragten, welcher Dienstwagen ihm zustehe, der kennt den Todernst dieses Themas. Übrigens undenkbar, dass ein Mann als Firmenwagen ein Fun-Car auswählen würde, etwa einen Mini, einen PT Cruiser oder ein Käfer-Cabrio, dergleichen ist den Frauen vorbehalten.

Und wenn Sie jetzt zum Schluss noch wissen wollen, warum Sie in einem von einem Mann gesteuerten Auto mit Klimaanlage frieren müssen wie im Kühlhaus eines Schlachthofs, so lautet die Antwort: Ein Mann regelt die Klimaanlage bis zum Anschlag, weil er die Befehlsgewalt hat. Könnte er mit seinen Scheibenwischern Apfelsinen schälen, würde er auch das tun. Fortwährend. Bei höchster Geschwindigkeit.

Sein bester Kumpel, der Obernerver

So wie Sie eine beste Freundin brauchen, mit der Sie alles, aber auch wirklich alles besprechen können, so braucht Ihr Partner einen Kumpel, mit dem er sich wortlos versteht.

Die beiden kennen sich aus der Grundschule, aus dem Internat oder der B-Jugend. Manchmal sogar schon aus dem Kindergarten. Mit unverbrüchlicher Treue, die Sie anfangs regelrecht rührt, sind sein Kumpel Freddy und Ihr neuer Freund Alexander wie durch emotionale Taue verbunden, verstehen sich blindlings, reparieren gegenseitig ihre Autos, leihen sich ihre Dan Browns, ihre Lucky-Luke-Sammelbände, ihre Lötkolben, Lieblings-DVDs und geben sie sogar zurück, brechen bei den blödesten Witzen in dasselbe Röhren aus, veranstalten nach der (igitt!) Sardellen-Pizza mit Cola einen kleinen Rülps-Wettbewerb und stoßen sich heimlich in die Seite, wenn ihnen auf der Straße eine attraktive Frau begegnet, und denken, Sie merken das nicht.

Sie schauen sich sogar diese verwackelten Fotos an: die beiden in kurzen Hosen, später Arm in Arm beim Sportfest und als lustige Zivis in weißen Kitteln. Irgendwie süß. Was haben die beiden nicht alles zusammen erlebt: das erste Bier, das erste Erbrechen auf den Klassenfeten, geniales Pfuschen bei den Mathearbeiten, natürlich die ersten Freuden und Leiden mit den Mädels. Seit Alexander und Freddy sich kennen, und man darf sagen, sie kennen sich gut, haben sein Kumpel und er jede Flamme des anderen erlebt, jedes Auflodern und Erlöschen mitbekommen. Sie haben gemeinsam die figürlichen Vorzüge (»Helga? War das nicht die mit dem geilen Arsch?«) und emotionalen Nachteile (»Sarah? Ist das die, die ihr Leben nach dem Mondkalender ausrichtet?«) diskutiert, sie haben sich ihre Triumphe mitgeteilt und sich nachts um vier anrufen dürfen, wenn der Kummer sie übermannte. Die beiden brechen noch heute in kreischendes Gelächter aus, wenn nur der Name »Karin« fällt, und bekommen bei »Betty« so einen kollektiven superernsten Trauerzug um den Mund.

Das alles gibt Alexanders Kumpel Freddy auch diese Sicherheit und Ruhe: Warum sollten ausgerechnet Sie diejenige sein, die ihn überdauert, die seinem Freund Alexander wichtiger wäre als er? Frauen kommen und gehen, Männertreue bleibt.

Und dann merken Sie allmählich, dass dieser freundliche Kumpel, dieser Fußballversteher und Play-Station-II-Virtuose, dieser Bratkartoffelvertilger und Computerwiederganzmacher einen ganz fiesen Zug hat: Er mag es nicht, dass Sie, die Sie seinen Alexander erst seit 120 Tagen kennen, seine seit 25 mal 365 Tagen geltenden älteren Rechte missachten. Er stört. Er nervt. Er nimmt keine Rücksicht. Er taucht am Samstag um 14.30 Uhr auf, als Ihr Freund und Sie gerade so weit waren, noch vor der Bundesliga-Schaltkonferenz eine ordentliche Runde Geschlechtsverkehr einzulegen. Und Sie staunen nicht schlecht: Ihr Alexander sagt nicht etwa: »Du, Freddy, schade, es passt jetzt irgendwie nicht so gut, können wir uns nicht in zwei Stunden treffen?« Nein, danke, er sagt: »Hey, Alter, komm rein, wir hatten gerade sowieso nix vor, was trinkst du denn, haste schon was gegessen?«

Sie haben das überwunden. Sie haben grundsätzlich akzeptiert, dass sein bester Kumpel ihm total wichtig, dass er irgendwie ein Teil von ihm ist. Sie haben auch gelernt, dass die beiden auf bewundernswert stressfreie Weise miteinander schweigen können: Die sprechen nicht, die schauen sich nicht an, die bewegen sich kaum, die hängen einfach in zwei Sesseln ab und sind dennoch miteinander im Reinen, vermitteln das Bild vollkommener Harmonie – sprachlos, gestenfrei, beneidenswert. Wo Sie immer krampfhaft versuchen, ein Gespräch in Gang zu halten oder zu bringen, sitzen die beiden einfach bewegungslos beieinander und mögen sich dennoch ganz doll.

Irgendwann versuchen Sie natürlich, diesen besten Kumpel anzuzapfen. Ist ja auch klar. Noch nicht mal Alexanders Mutter kennt ihn besser als Freddy. Sie sind allein mit Freddy, Alexander wird erst in einer Stunde wiederkommen, Sie tasten sich vorsichtig ran:

»Sag mal, Freddy, du kanntest doch wirklich alle Freundinnen von Alexander?«
Freddy grunzt.
»Wirklich alle, oder?«
Freddy grunzt wieder, merkt dann aber, dass es unhöflich wäre, gar nicht zu antworten. »Die in Frankreich nicht. Valérie. Da war er alleine.«
»Valérie? Von der hat er mir nie erzählt.«
»Ach, vergiss es, war wahrscheinlich total unwichtig. Hieß die überhaupt Valérie? Bin mir nicht mehr sicher. Chantal? Jacqueline?«

Aber hallo. Für wie doof hält dieser Freddy Sie eigentlich? Er weiß noch nach Jahren, dass sie Valérie hieß. Und Ihr Alexander muss ihm seine Begeisterung immerhin so lebhaft vermittelt haben, dass Freddy sich nach so langer Zeit überhaupt noch an ihre Existenz erinnert. Nach all den Jahren? Vielleicht liegt diese Affäre, diese innige Liebesgeschichte mit dieser doofen Valérie erst ganz kurz zurück, wie lange eigentlich?

»Sag mal, Freddy, diese Valérie – wie lange liegt 'n das schon zurück?«
»Ewig.«
»Wie ewig?«
»Ja wirklich ewig, ich kann mich beim besten Willen nicht mehr erinnern, echt nicht. Hast du noch ein paar Erdnuss-Flips?«

Irgendwie finden Sie das jetzt ja auch ganz sympathisch, dass dieser Freddy-Kumpel so bedingungslos seinen Freund auch in Abwesenheit schützt. Umgekehrt wären Sie sich bei Ihrer besten Freundin Christine nicht so sicher. Würde sich Ihr Alexander nach Ihrer vorletzten Beziehung zu diesem schwerreichen Blumenexporteur aus Ecuador erkundigen, könnte Christine schon mal entschlüpfen, dass sie ja auf keinen Fall etwas Negatives sagen wolle über ihre beste Freundin, aber eines müsse sie nun doch mal feststellen: Den Kummer, den sie mit diesem südamerikanischen Macho haben würde, den habe sie, Christine, ja lange vorhergesehen und vorausgesagt. Genau wie mit dem Mann davor: »Ich habe ihr gesagt, fang nie was in deiner Firma an und schon gar nicht mit deinem Chef, aber hat sie auf mich gehört? Natürlich nicht.«

Diese Lektion also haben Sie begriffen: Solidarität ist unter Männern kein Fremdwort. Eines werden Sie folgerichtig aus dem besten Kumpel Ihres Freundes nie herausbefördern: irgendwelche Informationen, die mit dem großen Kumpel-Ehrenwort geschützt sind (dazu zählen natürlich in erster Linie alle sachdienlichen Hinweise auf konkurrierende Frauen).

Und noch etwas muss Ihnen natürlich auch klar sein: Selbst wenn Sie es schaffen sollten, zu seinem besten Kumpel ein ordentliches oder sogar beinahe freundschaftliches Verhältnis aufzubauen – von dem Moment an, in dem Ihre Beziehung auseinandergeht, kennt sein Kumpel Sie praktisch kaum noch, da steht sein Freddy wie eine Eins zu seinem Alexander: right or wrong, my buddy.

Folgende zehn Regeln mögen Ihnen den Umgang mit seinem besten Kumpel immerhin etwas erleichtern:

Erstens: Machen Sie sich bewusst, dass Sie mit Ihrem neuen Freund zwei weitere wichtige Menschen in Ihr Leben holen: seine Mutter und seinen besten Kumpel.

Zweitens: Seien Sie sich darüber im Klaren, dass Ihr Freund und sein Kumpel etwas können, das Sie und Ihr Freund erst in zehn Jahren oder sogar nie herstellen werden: wortloses Einverständnis.

Drittens: Versuchen Sie, seinen Kumpel so zu lieben wie Ihr Freund ihn liebt. So richtig von innen.

Viertens: Zeigen Sie Ihrem Freund, dass Sie seinen Kumpel mögen.

Fünftens: Zeigen Sie seinem Kumpel durch konkrete Aktionen, dass Sie ihn mögen.

Sechstens: Falls er Ihnen wirklich total zuwider ist, lassen Sie sich dennoch kein schlechtes Wort über ihn entschlüpfen. Hindern Sie Ihren Freund nicht daran, seinen Kumpel zu treffen.

Siebtens: Falls die Chemie zu dritt einfach nicht stimmt, vereinbaren Sie feste Besuchszeiten. Dann ist Dienstagabend Open End und Samstag genau zwischen 15.30 Uhr und bis nach der Sportschau halt Kumpeltag. Aber auch nicht öfter. Außer in Notfällen, die Sie natürlich klaglos akzeptieren: mickriger Tabellenstand fünf Wochen vor dem Ende der Bundesliga-Saison. Oder Virenangriff auf die Festplatte. Oder überraschend Karten gekriegt zum Stones-Konzert.

Achtens: Treiben Sie den Konflikt nie auf die Spitze. Außer,

Sie sind sich tatsächlich sicher, für wen sich Ihr Freund im Zweifelsfall entscheiden würde.

Neuntens: Verkuppeln Sie seinen Kumpel an die schärfste Nymphomanin aus Ihrem Bekanntenkreis. Das könnte ihn ein halbes Jahr lang ablenken.

Zehntens: Rechnen Sie damit, dass Ihr Freund seinem Kumpel nach einem halben Jahr die Nymphomanin abnimmt. Aus Kumpel-Solidarität.

Hypochonder und harte Hunde

Franz Xaver Kroetz wurde einmal von *Bunte* gefragt, ob er Hypochonder sei. Er hat das ohne Zögern bestätigt: Er gehe zwar nie zum Arzt, aber er quäle sich schon mit Krankheiten. Nicht nur sich selbst, sondern auch Frau und Kinder: »Ich habe mir zwei oder drei Jahre eingebildet, ich hätte Prostatakrebs. Jeder vernünftige Mensch geht da zum Arzt.«

Kroetz befindet sich da durchaus in guter Gesellschaft. Vor allem Geistesarbeiter, musische Menschen, Autoren, Schauspieler, Komiker oder Komponisten neigen zur Hypochondrie, empfinden einen Schwindelanfall gleich als Sendboten einer tödlichen Krankheit oder geraten (wie Charlie Chaplin) in nervöse Erregung, wenn irgendwo ein Fenster offen steht. Glenn Gould kam im Sommer in New York zur Einspielung der Goldberg-Variationen in Handschuhen und Mantel. Der sonst so hellsichtige Michel de Montaigne richtete die Dusche auf seinen Unterleib und glaubte, der Wasserstrahl treibe ihm die Blähungen fort: »Zugleich ging die Schwellung meines rechten Hodens eindeutig zurück, an der ich sehr oft leide. Deshalb bin ich mir ziemlich sicher, dass diese Schwellung von den Fürzen herrührt, die sich im Hoden verfangen.« Thomas Mann machte sich in den *Buddenbrooks* über Christian Buddenbrooks Schluckbeschwerden lustig, klagte aber im wirklichen Leben, als ihm ein Stückchen gebratenen Specks im Schlunde stecken bleibt: »Widerwärtige Nervosität meines Schluckapparats, quälend.«

Aber nicht nur Künstler werden von der Angst vor Krankheiten geplagt, von dauernder Selbstbeobachtung, sondern auch Normalos. Rote Flecken auf der Haut? Wahrscheinlich Aids! Kopfschmerzen? Hirntumor! Stechen in der Herzgegend? Infarkt! »Wir hatten hier«, erzählt der Chefarzt der Psychosomatik-Klinik in Bad Bramstedt in der *Zeit*, »einen Ingenieur, der sich immer auf die Brust schlug, damit sein Herz im richtigen Drehzahlbereich lief.«

Ein Härtefall. Dabei sind viele Leidende gar keine echten Hypochonder. Um als solcher zu gelten, muss man nicht nur leiden, und das durchgehend mindestens ein halbes Jahr lang, sondern vor allem schenkt der Hypochonder dem Arzt keinen Glauben, der ihm bestätigt, organisch vollkommen gesund zu sein. Oder wie Harald Schmidt sagt: »Ich als Hypochonder will nicht, dass mein Arzt lächelt. Ich verlange diesen Blick, bei dem es nur noch darum geht: Bleiben mir noch Minuten oder wenigstens Stunden?«

Die komischen Seiten der Hypochondrie halten sich jedoch in engen Grenzen, wenn es sich um Ihren Partner handelt. Der nennt 37,2 Grad »Fieber«, mummelt sich in einen Wollschal ein, weigert sich aufzustehen und kündigt an, am nächsten Tag zum Arzt zu gehen, »falls ich morgen noch lebe«.

Das Internet hat diese Tendenz verstärkt. Wehleidige Männer verbringen Stunden vor dem Computer, um ihre Symptome einem Krankheitsbild einzuordnen und mit schweißnassen Fingern zur eindeutigen Diagnose zu kommen: klarer Fall von Meningitis. Das Internet macht aus dem eingebildeten auch noch einen fast ausgebildeten Patienten, der den Arzt mit seiner Dreiviertelbildung nervt, ihm nicht vertraut, zum Arzt-Hopper wird.

Doch wie sollen Sie mit Ihrem eingebildeten Kranken umgehen? Die ganz schwierigen, die echt klinischen Fälle gehören in Therapie (was schwierig ist, weil es in der Natur der echten Hypochondrie liegt, dass der Patient sie nicht als Krankheit empfindet, er leidet ja subjektiv an Krebs, nicht objektiv an Einbildung). Die Chancen auf Heilung oder Besserung stehen dabei gar nicht schlecht, und zwar mit den Mitteln der kognitiven Verhaltenstherapie: Die Therapeuten korrigieren die verzerrten Gedanken ihrer Patienten, sie helfen ihnen, indem sie sie darüber aufklären, dass es für die eingebildete Krebsgeschwulst Dutzende anderer Ursachen geben könne.

Der nur mittelschwer Wehleidige, der seine Schwäche noch gelegentlich in Frage stellt oder auf die Schippe nimmt (abermals Harald Schmidt: »Wenn ich in der Zeitung lese: ›Zahnfleischbluten kann mehr bedeuten‹, dann bin ich am nächsten Tag beim Arzt«), der also nur mittelschwere Fall mag von Ihnen selbst therapiert werden. Und zwar in all den nicht so seltenen Fällen, in denen Ihr Partner in der Kindheit Krankheit als Trost empfand: Lag er im Bett, bekam er nicht nur alle Wünsche erfüllt, sondern eine Extra-Ration mütterlicher Liebe und väterlicher Sorge. Gehört Ihr Partner zu dieser Kategorie, liegt die Therapie auf der Hand: Geben Sie ihm so viel Liebe und Zuwendung, dass er nicht in die Krankheit zu flüchten braucht.

Die leichten Fälle von Wehleidigkeit sind auch leicht zu kurieren: durch Gnadenlosigkeit. Wann immer das Weichei an Ihrer Seite über Rückenschmerzen, erhöhte Temperatur, Juckreiz im Intimbereich oder Kniereißen klagt, ziehen Sie seine Leiden auf brutalstmögliche Weise durch den Kakao. Stiften Sie auch Ihre Kinder und andere Menschen in seinem Umfeld zu ähnlichem Verhalten an, Sie werden sehen: Diese Methode hilft ungemein. Schon nach spätestens einem Jahr traut er sich nicht mehr zu klagen.

Möglicherweise sind Sie aber mit dem Gegenteil des Wehleidigen verpartnert, mit dem harten Hund. Der sagt sich: Zum Arzt? Ich sterbe doch nicht. Auch nicht so gut.

Das Weltbild des harten Hundes ist traditionell-männlich geprägt. Er lebt nach der Devise: Was mich nicht umbringt, macht mich stärker. Der harte Hund denkt in den Kategorien von Sieg und Niederlage, und Kranksein zählt für ihn ganz eindeutig nicht zur Sphäre des Triumphs. Zugleich gilt für ihn in besonderem Maße, was der bekannte Männerversteher Rudi Assauer über eine ganze Spezies gesagt hat: »Alle Männer sind Verdränger.« Das weiß auch die Wissenschaft. Prof. Siegfried Meryn, Präsident der International Society for Men's Health: »Eine Frau, die Blut im Stuhl bemerkt, geht nach drei bis vier Tagen zum Arzt, ein Mann braucht im Schnitt acht bis zehn Tage.« Für die Vorsorge können sich noch weniger Männer erwärmen, Frauen nutzen sie rund viermal öfter, werden allerdings aber in jungen Jahren durch den Gang zum Frauenarzt so sozialisiert, während der Männerarzt erst allmählich in Mode kommt und – wie nicht anders zu erwarten ist – unter Nachfrage leidet.

Vielleicht, ahnen die Experten, mangelt es aber auch an der Vermarktung. Sie empfehlen, die Vorsorge in der Sprache der Männer-Magazine zu bewerben, Anglizismen zu verwenden und vom Männerkörper wie von einer Maschine zu sprechen, die es zu warten gilt.

Auch der harte Hund lebt in der beständigen Angst, er könnte am Ende nicht so hart sein, wie er es von sich fordert: »Im tiefsten Inneren wohnt die Angst, die ihm zuflüstert, er sei gar kein richtiger Mann«, glaubt Dietrich Schwanitz. Solche Angst, glaubt er, müsse bekämpft werden, notfalls gegen eigene physische Interessen: »Gerade weil die männliche Rollenidentität künstlich ist, ist das Selbstgefühl der Männer von den Wellen des Selbstzweifels umspült. Das schafft einen ständigen Beruhigungsbedarf. Er macht Männer zu Süchtigen. Sie brauchen in regelmäßigen Abständen die Bestätigung ihres Männlichkeitsstatus, eine Art soziales Testosteron.« Auch in der wohl schlimmsten Form der Sucht, der Drogenabhängigkeit, leidet der Mann an seiner Unfähigkeit, um Hilfe zu bitten, Elton John soll gesagt haben: »It took me ten years to utter the words: I need help.«

Der harte Hund ist tatsächlich nur zum Teil hart, zum anderen ist er ein Angsthase. Er schaut buchstäblich manchmal nicht hin, er blickt absichtlich an der Stelle seines linken Beines vorbei, an der sich das Muttermal so groß und schwärzlich verändert hat, er schiebt beim Duschen die Vorhaut seines schmerzenden Gliedes nicht zurück, weil er Angst hat vor dem, was er sehen könnte. Er übergeht die rasenden Rückenschmerzen aus Angst vor einer Operation. Er hört immer schlechter, na und? Sollen die anderen halt lauter sprechen. Ein Hörgerät könnte helfen? Auf keinen Fall, er ist doch kein Greis!

Als seine Partnerin nehmen Sie dies mit einer Mischung aus Resignation und Bewunderung hin, sollten allerdings auch zur Kenntnis nehmen, dass Ihre Toleranz Grenzen kennen muss. Wenn er sich zum Herzen greift, wenn Angst in seinen Blick tritt, rufen Sie bitte sofort den Notarzt. Und hören Sie nicht auf den Gatten, sondern glauben Sie lieber dem alten Geschlechterparadox: Männer glauben, sie seien gesund, Frauen sind es tatsächlich.

Für immer in der Pubertät

Naturgemäß gehen auch Mädchen durch die Abenteuer, Wirren, Freuden und Schrecknisse der Pubertät. Die Jungens aber trifft die Kraft des Testosteron mit der Gewalt einer Atombombe, die über einem friedlich schlafenden Dorf explodiert. Die Pubertät ist die intensivste Phase seines Lebens, er leidet unter ihr wie ein Hund, aber sie wird ihn für immer prägen. Ihr trauert er den Rest seines Lebens nach, weil er sich in dieser Zeit etwas erlaubte, das er sich danach meist verbat – Gefühle: Verliebt sein und Weltschmerz, erste Selbstzweifel, erste Großmannssucht, Melancholie und Anfälle heldischer Selbstverehrung.

In dieser Zeit stellt er sich und seinen Kumpels die großen Fragen nach dem Woher und Wohin – erst jenseits der 40 denkt er wieder daran, als ihn eine Scheidung, eine schwere Krankheit, ein Verlust des Arbeitsplatzes verunsichert. Die Musik tritt in der Pubertät in sein Leben, Stunden seiner Zeit verbringt er vor Radio und DVD-Player, die Musik begleitet ihn mit Walkman oder iPod im Bus zur Schule oder beim Joggen, sie wird sein Freund und Helfer in der Schwermut, der Verliebtheit, im Auskosten der Sehnsucht. Mit nur fünf Gitarrenakkorden und ungeübter Stimme verarbeitet er die Frustrationen des Tages, die fordernden Lehrer und lauten Väter, die nervigen Mütter, die gnadenlosen Schwestern, die konkurrierenden Brüder.

Dies ist die Zeit, in der er Männerfreundschaften fürs Leben schließt, in denen die Gespräche mit dem Freund keine, wirklich keine Tabus kennen. Stärker als je zuvor und je danach empfindet der Junge diese Phase seines Lebens als ein kollektives Erlebnis, die Horde bestimmt sein Bewusstsein, Rohheit sein Verhalten, ein dumpfes Zusammengehörigkeitsgefühl seinen Gefühlshaushalt. Türen schließt er nicht, er schmeißt sie zu, Cola-Flaschen öffnet er mit den Zähnen. Die Gruppe macht ihn stärker, sie verändert ihn auch, aus dem Schüchternen wird dann ein Krakeeler, der brave Klassenprimus findet im besten Fall endlich auch eine nicht nur neidische, sondern sogar kumpelhafte Anerkennung. Wer die versautesten Witze kennt, wird umjubelt.

Jedes Wort, das auch nur im Geringsten zweideutig erscheint, dient zu grölender Heiterkeit, das Wort »Eiergranate« wird in einem halbstündigen kollektiven, immer neue Kaskaden provozierenden Lachanfall gewürdigt, von der hübschen Biolehrerin geäußerte harmlose »Gliedmaßen« sorgen für minutenlangen Klassentumult mit Linealen.

Es ist die Zeit des kollektiven Schweißfußgeruchs – im übertragenen wie im wörtlichen Sinne. Jungens waschen sich weniger gern als Mädchen im gleichen Alter, keine Frau macht sich eine Vorstellung von der Derbheit der Dialoge in den Umkleidekabinen, unter den Duschen.

Doch das Rohe wechselt auch mit dem Zarten. Der Klassenclown liest plötzlich heimlich Hermann Hesse und teilt diese neue Öffnung ins Gefühlige mit dem Mädchen aus der Parallelklasse, das er früher gar nicht angesehen hätte, weil es X-Beine hat. Er stößt auf Musik, die ihn still macht und traurig, in seltenen Fällen sogar auf Lyrik, die ihn gefangen nimmt. Mit seinem Vater, der ihn mit Hölderlin erwischt und sich darüber lustig macht, wechselt der Pubertierende eine Woche lang kein Wort mehr. Worauf sich der Vater, der ja auch mal jung war, rächt: »Du, da hat gestern ein Mädchen für dich angerufen. Den Namen? Weiß ich nicht mehr.«

Die lebensbestimmende Macht der Pubertät aber liegt in ihrer Intensität. Der des Leidens zuerst. Leiden an Pickeln und anderen Hautunreinheiten. Leiden an Müttern, die vor aller Augen an der Haltestelle des Busses, der die Horde ins Schullandheim bringen wird, einen Abschiedskuss einfordert. Leiden an den eigenen Ansprüchen, die man aus Faulheit nicht einhielt. Neid auf die Schöneren, Sportlicheren. Die Unzufriedenheit mit dem eigenen Äußeren und den eigenen Leistungen wird freilich auch zum Motor neuer Selbsterkundung und Bestätigung. Wie bei Harald Schmidt: »Scheiße ausgesehen und einfach nichts draufgehabt, was den Mädels imponiert hätte. Hätte ich bei den Bundesjugendspielen 4000 Punkte gemacht und keine Akne gehabt, hätte ich keine Witze machen müssen.« Peter Ustinov, als Dickerchen und Klops gehänselt, wurde, wie er selbst sagt, »komisch aus Notwehr: Ich verteidigte mich, indem ich meine Mitschüler zum Lachen brachte, und ich lachte über mich selbst, um den anderen zuvorzukommen.«

Und warum ist es für Sie so wichtig, über die Pubertät Ihres Partners halbwegs Bescheid zu wissen? Ganz einfach: Weil sie der Schlüssel zu seiner Persönlichkeit ist. Befragen Sie ihn so diskret und indiskret, wie es nötig ist, über diese Lebensphase – dann können Sie ihn heute besser beurteilen und behandeln.

Und wenn er dann Besuch bekommt von zwei Freunden aus jener Zeit, und die drei die Carrera-Bahn liebevoll wieder zusammenbauen und für die nächsten sechs Stunden Autorennen veranstalten, natürlich mit Stopp-Uhr und langen, penibel geführten Listen, jeder legt 50 Euro in die Mitte, der Sieger kriegt alles – dann lassen Sie den Jungs um Gottes willen ihre Ruhe. Stören Sie nicht, biedern Sie sich nicht als Zuschauerin an. Sorgen Sie notfalls für Nahrungszufuhr, aber lassen Sie die Kerle gewähren. Die tun gerade nichts anderes, als ein Verjüngungsbad nehmen.

Und auch wenn er mal wortkarg (»du, lass mich mal«) von der Arbeit heimkehrt, sich mit Kopfhörer zurückzieht und eine CD mit »Hits der 80er« oder die späten Beatles beziehungsweise BAP aus den Anfängen hört, dann lassen Sie ihm diese geistige Rückreise in die schmerzensreichsten, glücklichsten, vor allem aber intensivsten Zeiten seines Lebens. Es geht vorüber. Aber nur, wenn Sie ihn lassen.

Männer reden anders

Frauen quasseln, Männer schweigen?

Irrtum. Wirklich alle ernsthaften Untersuchungen haben zutage gefördert, dass Männer mehr reden als Frauen. Aber da muss man natürlich differenzieren. In Beziehungsgesprächen können Männer ausgesprochen schweigsam sein. Auch die Fragen: »Warum liebst du mich eigentlich?« und »Liebst du mich eigentlich noch?« werden mit zunehmender Dauer der Beziehung immer wortkarger beantwortet.

Aber in den Diskussionskreisen in der Firma, im Verein oder in Fernsehrunden sprechen Männer regelmäßig mehr als die Frauen. Das heißt, sie sprechen nicht einfach, das wäre zu wenig, nein: Sie lassen sich das Wort erteilen, sie ergreifen das Wort, sie melden sich zu Wort. Und geben es dann ungern wieder ab. Wer öfter in Gremien diskutiert, rauft sich vor Gram die Haare, wenn nach dreistündiger Diskussion sich jemand erhebt (immer ein Mann) und noch einmal wiederholt, was schon etliche Diskussionsteilnehmer vor ihm geäußert hatten: Es war zwar alles schon gesagt, aber noch nicht von ihm.

So sind Frauen nicht. Bei Frauen wird man auch höchst selten jenes Phänomen antreffen, das, wann immer man es erlebt, einen sprachlos macht. Es tritt vor allem auf bei erfolgreichen Männern, bei Politikern, die sich ihrer Macht sicher sind, bei Chefs, denen seit langem in ihrem Unternehmen keiner mehr widersprochen hat. Es ist die Sucht, sich darzustellen, in fast buchstäblichem Sinne das »Wort an sich zu reißen«, es für Viertelstunden nicht mehr herzugeben. Und sie haben Möglichkeiten der verbalen oder unausgesprochenen Kommunikation, jeden schüchternen Versuch, sie zu unterbrechen, andere ins Gespräch einzubeziehen, brutal zu stoppen. Brutal? Ja. Diese Art des Sprechens hat etwas Gewaltsames, vor allem unter Ehepartnern. Will die Frau ein Wort einflechten in den Monolog des Gatten, wird er unwirsch: »Jetzt lass mal.« Oder: »Bitte keine Details.«

Frauen können natürlich auch ohne Unterlass reden, es ist dann aber mehr Mitteilungsdrang oder Unfähigkeit zur Stringenz als Machtgeste. Frauen reden anders, vor allem zurückgenommener, viel unentschiedener. Kommt die Montagsrunde in der Werbeagentur zusammen und der Chef fragt, wie man die Entwürfe für die neue Spülmittelkampagne finde, melden sich immer die Männer als erste zu Wort. Einer von ihnen würde vielleicht sagen: »Im Prinzip ist die Grundidee nicht schlecht. Aber das Styling der Frau ist mir zu klischeehaft, auch die Kleidung passt nicht mehr richtig in die Zeit. Und ihre Hände sind viel zu edel, noch nicht mal Claudia Schiffer hat solche Hände.«

Wären an diesem Montag in der Werbeagentur durch irgendeinen Zufall (sagen wir: Am Vorabend war diese Betriebsfeier auf der Terrasse und die Männer hätten zu viel Bier und Rotwein und Champagner durcheinander getrunken, war ja alles kostenlos, und wären heute früh alle verspätet), und der Chef würde Ellen und Susanne fragen, wie sie die Spülmittelkampagne fänden, würde Ellen vielleicht sagen: »Ich möchte zunächst vielleicht sagen, dass ich die Kampagne im Prinzip super finde, oder, Susanne?« Susanne nickt. »Und ich weiß ja nicht, aber vielleicht könnte die Hausfrau eine Spur weniger hausfrauenmäßig rüberkommen, sie macht das gut, ich meine, das ist jetzt keine Kritik an ihr oder dem Text oder dem Fotografen, aber da könnte es noch ein Stück weit authentischer zugehen. Und dann sind ihre Hände vielleicht zu gepflegt? Ich meine ja nur, sind jetzt nur so meine Gedankengänge, was meinen Sie? Und du, Ellen, was meinst du?«

Wem das jetzt zu klischeehaft klingt, lasse sich mit der Forschung konfrontieren: Margit Hertlein warnt in ihrem Buch *Frauen reden anders* vor genau folgenden Formulierungen, weil sie ihre Verwenderin unsicher erscheinen lassen:

Ich denke,
ich würde gerne,
ich weiß nicht, ob Sie damit etwas anfangen können,
vielleicht,
was denken Sie?
anscheinend,
ein bisschen,
ich meine ja nur,
kann es sein, dass?
oder?

Nur nebenbei gesagt: Manche Frau macht sich schon durch hohe Stimmlage und unsicheres, fast kindchenhaftes Sprechen kleiner. Karrierefrauen haben meist eine tiefere Stimmlage oder artikulieren sehr entschieden.

Doch zurück zur Wortwahl. Die Autorin nennt noch ein anderes triviales Beispiel aus der Alltagskonversation: Frau sitzt im Seminar, die Sonne blendet. Frau sagt zum Mann am Fenster: »Die Sonne scheint ganz schön stark zum Fenster herein.«

Der Mann aber würde sagen: »Die Sonne blendet. Kannst du mal den Vorhang zumachen?«

Der Mann, jedenfalls der deutsche Mann, ist dann allerdings auch wieder sprachlich deutlich unentschiedener, wenn es um sogenannte weiche Themen geht. Die Grundregel männlichen Sprechens lautet: Entschieden bei harten Themen. Befangen bei weichen. Zum Beispiel beim Flirten. Eine junge Italienerin hat das im Internet sehr schön beschrieben:

»Bei euch sind die Männer anders als in Italien. Hier (in Deutschland) schweigen sie und starren dich nur an. In Italien, wenn ein Mann dich hübsch findet, dann redet er so lange auf dich ein, bis du weißt, warum er dich schön findet, was er schön findet, und du kennst die Geschichte seiner Vor- bis Vorvorfahren, weißt, wo er wohnt, hast seine Telefonnummer, nebenbei noch 2 romantische Gedichte und weißt, wo ihr euch treffen werdet. Das ist lustig. Hier sind die Männer plump und feig und können keine schönen Sätze sprechen, die romantisch sind.«

Der deutsche Mann, das muss zu seiner Ehrenrettung gesagt werden, spricht aber gern mit den Augen. Mit Ihrem Hintern. Mit Ihrem Busen. Manchmal sogar sehr intensiv. Ein besonders hübscher Beitrag aus dem *Brigitte*-Forum:

»Männer, wisst ihr eigentlich, dass man SEHEN kann, wo ihr hin schaut? Ich meine: auch, wenn ihr den Kopf dabei nicht bewegt? Ich hab heute morgen mich mit einem – an und für sich recht netten – Mann im Fitnessstudio unterhalten: ich aufm Crosstrainer, er stand davor und hat u. a. versucht, mich von der Genialität seines Planes zu überzeugen, sich nach dem Training gemeinsam beim Italiener den Bauch voll zu hauen. Oder besser gesagt: er hat wohl versucht, meinen Hintern von seinem Plan zu überzeugen. Denn dort ruhten (dank einer Spiegelwand in meinem Rücken) seine Blicke, während er zu uns sprach, meinem Hintern und mir.«

Überzeugend. Aber jetzt versetzen Sie sich bitte einen Moment lang in die Situation eines Mannes, der diesen Beitrag liest, sich verschämt an unzählige Momente erinnert, in denen auch er sich nicht gegen seine Blicke wehren konnte, in denen er sich beinahe schämte, dass die Kollegin, der er gestern auf den Busen gestarrt hatte, sich heute einen Aktendeckel vor die Brust hielt, der das auch ehrlich meint, dann aber ein paar Einträge später im *Brigitte*-Forum auf die Meinung einer Diskutantin stößt: »Also, mir sind ja Männer, die offen auf den Hintern einer sexy Dame, die vorbeiwackelt, blicken, lieber als welche, die verkrampft auf den Boden starren oder schnell weggehen« – das muss den Mann doch wirklich total verwirren.

Was die einen ihnen verbieten wollen, wird von den anderen geradezu gefordert. Womit wieder mal bewiesen ist: Die Männer haben es nicht leicht. Auch mit sich selbst nicht, siehe nächstes Kapitel.

Warum er nicht über seine Gefühle spricht

Fast jede Frau hat das schon schmerzhaft erfahren – dass der Mann an ihrer Seite sich so schwer damit tut, über das zu sprechen, was ihn in seinem Innersten bewegt. Vor allem in den Krisen des Lebens – Krankheit, Verlust der Arbeit, Gefahr einer Trennung – tritt immer häufiger die Frau als Einfordernde auf und ist fassungslos über einen Partner, der kleinlaut, verzagt, aggressiv oder abwehrend reagiert. Typische Verhaltensweisen sind Ausweichen und Flucht, was manchmal durchaus wörtlich zu nehmen ist. Schon Goethe entzog sich emotionalen Krisen auch räumlich oder legte sich bei weniger dramatischen Konflikten einfach schlafen. Auch heute noch sind Männer oft genug überfordert mit der Gesprächswucht der Frauen und bewundern gleichzeitig insgeheim deren Gefühlseloquenz. Doch sie schweigen weiter, nicht selten übrigens bedrückt ob der eigenen Unfähigkeit, ihr Inneres nach außen zu wenden.

Die Ursachenforschung bringt mehrere Antworten ans Licht. Frauen allerdings, die eine gewisse Gefühlsarmut bei Männern beanstanden (eigentlich herrscht ja bei den Herren meist gar kein Mangel an Gefühlen, es fehlt eher am Ausdrücken, am Ausleben dieser Emotionen), müssen sich fragen lassen, welche Gefühlsäußerungen genau sie denn vermissen: Zorn, Wut, Hass, Neid, Missgunst, Rachlust – all das sind Gefühle, die Männer durchaus zu äußern in der Lage sind, aber das ist wohl nicht gemeint.

Was den Frauen fehlt, sind die »weicheren« Gefühle, alle

verbalen und nonverbalen Äußerungen der Zärtlichkeit, der Zuwendung und Aufmerksamkeit, des Lobs, vielleicht sogar der Rührung und Anteilnahme. Dass die Frau sich nach dem Streit im ehelichen Bette die Seele aus dem Leibe schluchzt, er sich umdreht und nach kurzer Zeit eingeschlafen ist, das empfindet sie als seelische Grausamkeit. Dass Freund und Freundin zu zweit einen harmonischen Urlaub verbrachten, der Freund daheim aber als Erstes seine eigene Wohnung anstrebt (»nimm es mir nicht übel, ich brauch jetzt mal meine Ruhe«), das nimmt sie ihm durchaus übel, das empfindet sie als einen emotionalen Schlag in den Magen. Was Männer auch nicht wissen: Ein einziges Lob genügt einer Frau nie. Es darf gern stereotyp (aber dann mit Begeisterung) wiederholt werden. Richtig geliebt werden freilich nur Männer, die ein Lob wiederholen und variieren. Immer wieder.

Was die Frauen aber vor allem vermissen, sind die Rückmeldungen des Mannes über seine eigene Befindlichkeit: Das »starke« Geschlecht ist schwach darin, andere in seine Seele blicken zu lassen. Dabei böten sich Gelegenheiten in Hülle und Fülle. Er ist krank und zieht sich leidend und schweigsam in sich zurück. Er hat einen jüngeren Kollegen vor die Nase gesetzt bekommen, trinkt zu viel, ist aggressiver als sonst, redet aber nicht über seinen Ärger. Seit ein paar Wochen sind Störungen seiner Potenz aufgetreten, Sie finden das gar nicht schlimm. Als Sie das sagen, reagiert er beleidigt, er glaubt Ihnen nicht. Als Sie wissen wollen, ob Sie etwas Falsches gesagt haben, merken Sie, dass er verletzt ist, aber er schweigt.

Besonders wortkarg oder ausweichend wird er vor allem dann, wenn er sich in seinem Job gedemütigt, ungerecht behandelt oder vor anderen herabgesetzt fühlt. Zu stark ist dann die Verletzung, als dass er über sie sprechen könnte. Denn eines will er nie: zugeben, schwach zu sein. Er ahnt vielleicht, dass er sich damit um die wertvollsten Augenblicke der Nähe in seiner Partnerschaft bringt, er ahnt, dass die Liebe seiner Frau oder Freundin langmütig und groß wäre, doch er kann nicht aus seiner Haut, er ist das sprachfaule Produkt seiner Erziehung.

Denn machen wir uns nichts vor: Erzogen wurden die Männer von heute selbst im aufgeklärten Milieu des liberalen Mittelstandes meist in tradierten Rollenmustern. Man braucht auch nicht die Hand dafür ins Feuer zu legen, dass sich dies im Jahre 2007 grundlegend gewandelt hätte, selbst nicht bei den wohlmeinendsten Bildungsbürgern und -bürgerinnen. Schon neu geborene männliche Babys werden von ihren Vätern sportlicher angefasst als ihre Töchter. »Jetzt stell dich nicht so an«, dürfte auch heute noch ein Junge öfter als ein Mädchen zu hören bekommen. Schon Dreijährige beginnen ihre Kindergarten-Karriere mit sehr genauen Vorstellungen davon, was ein Junge tut und was nicht »jungenhaft« ist, zum Beispiel ist Joghurt mit Mango was für Mädchen. Die spielen immer noch häufiger in sozialen Zusammenhängen wie »Einkaufen« und »Vater, Mutter, Kind«, während sich die männlichen Knirpse schnell in Ritter, Indianer oder Löwen verwandeln.

Und es gehört zwar zum Standardthema jedes dritten Partygesprächs, dass Frauen behaupten, sie fänden es schön, wenn auch Männer mal ihre Gefühle zeigen und beispielsweise weinen würden. Doch eigentlich meinen sie: bei Beerdigungen, bei kirchlichen Trauungen, am Schluss von *Casablanca* und vielleicht sonst noch zweimal im Jahr aus wichtigem Anlass.

Den Kerl, der dreimal im Monat so toll zu seinen Gefühlen steht und in Tränen ausbricht, weil der Sommerflieder, den er letztes Jahr gepflanzt hat, zum ersten Mal blüht, den wollen sie auch nicht, jede Wette. Und wenn sie selbst es akzeptieren sollte, kann man ziemlich sicher sein, dass eine Freundin sagt: »Ey, wie iss 'n der drauf?«

Übrigens hat so mancher Mann längst schlechte Erfahrungen gesammelt, wenn er Gefühle zeigte. Auch früher wurden missglückte Liebesbriefe eines Schwärmenden, dem alle Sicherungen durchgeknallt waren, bisweilen zur Erheiterung im Familienkreis vorgelesen. Heute in den Zeiten der elektronischen Emotionsübertragung sind längst alle Hemmschwellen vor dem Briefgeheimnis gefallen, die Mails werden gnadenlos weiterversandt. Im Falle eines armen Briten kamen rund 60 000 Menschen in den Genuss seiner Liebesgeständnisse an eine 25-Jährige, die er auf einer Party kennengelernt hatte. Die Angebetete schickte die Mail an ihre Schwester, die sie wiederum weiterleitete, und so fort.

Sich vor 60 000 Menschen zum Narren zu machen, das entspricht nicht unbedingt dem Stolz-Schema des Mannes. Aber auch viel geringere Anlässe genügen, um Vorsicht vor Gefühlsäußerungen walten zu lassen. »Wenn ich mich dazu hinreißen lasse«, klagt ein junger Mann in einem Web-Forum, »dann komme ich mir immer sehr gefühlsduselig vor. Ich komm mir dann immer sehr verletzlich vor und hab Angst, dass es ausgenutzt oder gegen mich verwendet wird.«

Davon machen sich Frauen in der Tat vielleicht keine rechte Vorstellung – in jedem dritten Mann, der gerade eine Liebeserklärung macht, pocht nagend der Verdacht, das, was er jetzt aufgewühlt von jenen Gefühlen, die er doch immerfort äußern soll, herausstammelt, das könnte am nächsten Tag zum Gesprächsstoff zweier bester Freundinnen werden: kreischend vor Lachen.

Der Misserfolg im Gefühlezeigen hat also mehrere Väter. Aber auch Mütter.

Denn der Schlüssel zum späteren Verhalten des Mannes liegt bei seiner Mutter. Sie ist (in aller Regel) die Frau, die er am nahesten an sich heran lässt, wenn er noch ein Kind ist. So nah wird er eine Frau nie mehr in sein Innerstes blicken lassen. Und sollte etwas nicht gestimmt haben in diesem Verhältnis, so wird auch an den Herzensbeziehungen des Mannes später das Wichtigste fehlen: Er wird keine Nähe zulassen können.

Alles Emotionale erlernt er von ihr: Wärme, Herzlichkeit, Verzeihen, Mitleid. Seine Erziehung durch sie steht dabei unter dem Mutterparadox. Sie muss ihn dafür loben, dass er sie verlässt, dass er sich selbständig der Welt nähert. Jeder freiwillige Abschied des Bübchens schmerzt sie, obwohl sie sich sagen muss: Nur weil er sich bei mir geborgen fühlt, zieht er in die Welt (und wenn es nur zum Ausflug mit der Nachbarsfamilie in den Ferienpark ist); würde er sich nicht so sicher fühlen, säße er als Klammeraffe auf meinem Schoß oder autistisch in der Lego-Ecke. Gleichwohl bleibt die Mutter über lange Zeit, wie Schwanitz es ausgedrückt hat, »das Basis-Lager« für seine Expeditionen in die Welt. Hat der Knabe genügend Mütterlichkeit plus Welt getankt, kommt schon die Pubertät.

Indem der Pubertierende das Nahen seiner Männlichkeit ahnt, stellt er stärker als früher fest, dass seine Mutter eine Frau ist. Er bildet seine neue Identität (stärker als seine Schwester dies tun muss) gegen die Mutter aus, konkret: Er wird männlicher, also ruppiger. Er lässt sich nicht mehr küssen. Er weist den freundlichen Hinweis, bei der Konfirmation seiner Schwester passe die Docker-Cap nicht so toll zum blauen Anzug, vehement zurück. Er öffnet und schließt den Kühlschrank grundsätzlich nur mit rauesten Bewegungen, denn auch das unterscheidet ihn von seiner Mutter. Indem er sich so unangenehm verhält, markiert er die Grenzen zur Mutter.

Von nun an bildet der Pubertierende seine männliche Identität also heraus, indem er alles Weibliche, »Mädchenhafte« in seinem Verhalten, aber auch in sich selbst verhindert, unterdrückt. Dem Jugendlichen sichern Aggression, Hemdsärmeligkeit und große Geste die prinzipiell als unsicher empfundene Männlichkeit. Beim erwachsenen Mann ist es später die geschlechtliche Selbstvergewisserung durch Erfolg, Geld, Macht und Status.

Puuh, ganz schön anstrengend, dieser Weg von Mamas Liebling zum Mann. Manchmal haben Frauen es doch wirklich besser.

Weinkenner und andere Nervensägen

Es gibt natürlich Nerver beiderlei Geschlechts, aber männliche Nerver sind klar in der Überzahl.

Der nervige Gourmet gehört meist zu den Besserverdienenden, hat Fachzeitschriften abonniert wie *Der Feinschmecker, Wein Gourmet* oder *essen & trinken* und *kochen & genießen.* Er kennt sich wirklich aus. Das hat den Vorteil, dass er Sie schon in wunderbare Restaurants eingeladen hat, die Sie ohne ihn nie kennengelernt hätten.

Für diesen Preis müssen Sie sich allerdings auch einiges anhören, denn dem Gourmet reicht es nicht, seinen Genuss am Essen auszukosten, er will auch ein Publikum an seiner Kennerschaft teilhaben lassen. Es soll erfahren, dass Jakobsmuscheln am besten in Rosmarinbutter sautiert werden, dass Sesam-Honig-Vinaigretten empörend provinziell sind, dass neulich diese rosa geschmorte Backe vom Milchkalb auf warmem Artischockensalat mit Kapern-Sardellen-Jus ein Traum war und sich aus vier kleinen weißen Rüben und vier mittelgroßen, mittelweich kochenden, mittelfrühen Likaria-Kartoffeln mit viel Sahne eine Wonne der Gewöhnlichkeit namens Amish Alabaster zubereiten lässt. Von seinen Belehrungsattacken abgesehen, ist der Gourmet noch die erfreulichste Erscheinung unter den Nervensägen, denn Männer, die gern gut essen, tun oft auch andere Dinge gern und gut.

Zu den gleichfalls erträglicheren unter den Nervern zählt der Hobbykoch. Er will zwar unbedingt von Ihnen wissen, wo Sie die Zutaten herhaben für ihr phantastisches Spanferkel auf Thymian mit pfannengerührtem Gemüse und vietnamesischem Tofu, außerdem behauptet er steif und fest, Sie hätten Ihr im ganzen Bekanntenkreis berühmtes Walnuss-Petersilien-Pesto mit sehr altem Williams verfeinert, das schmecke er deutlich heraus, in Wirklichkeit war es nur ein Schuss Mariacron vom Opa, aber Sie belassen es dabei. Denn sonst ist der Hobbykoch freundlich und nett, seine getrüffelten Fettucini mit Kaviar-Ziegenkäse-Rouladen sind total lecker, er zählt also sogar zu den latent nützlichen Nervern.

Was man auch von den Hobbyfotografen sagen könnte, jedenfalls dann, wenn sie sich nicht für dermaßen künstlerisch verfeinert hielten, dass sie ihr Talent nicht aufs Fotografieren bei Ihrer Hochzeitsfeier verschwenden wollen: »Nein, verzeih. Also, dazu gebe ich mich nicht her, für Fotos von Hochzeiten bin ich einfach zu gut.«

Hochgradig nervig wird der Hobbyfotograf, wenn er einem nicht nur seine Bilder zeigen, sondern auch noch aufs Genaueste seine neue Panasonic Lumix DMC-FX8 erklären will, unter besonderer Hervorhebung des neuen Nickelmetallhydrid-Akkus, der doch – Sie heucheln Interesse – tatsächlich die 2700-mAh-Marke erreicht. So richtig unerträglich wird er, wenn er Sie zu einem gemütlichen Abend einlädt, Ihnen dann aber alle seine 460 Farbaufnahmen norwegischer Fjorde vorführt. Oder anhebt, Ihnen die Fotos von seiner Donau-Flussfahrt im Detail zu erklären: »Hier, schau mal, das war hinter Budapest, ein kleiner Ort, sehr malerisch. Da ich alles von vorne bis hinten scharf abbilden wollte, musste ich natürlich die Blende für viel Schärfentiefe weit schließen und dafür die Zeit verlängern, also auf 22 schließen und dann $1/15$ als Zeit vorwählen, das ergibt zwar die gleiche Helligkeit wie 1/250 und Blende 5.6, doch dann wäre die Schärfentiefe viel größer, verstehst du?«

Sie verstehen kein Wort, wissen aber: Die beste Art, den Hobbyfotografen zum Schweigen zu bringen, ist die freundliche Beleidigung. Sagen Sie einfach: »Das hast du aber schön geknipst.« Oder: »Auch ein schöner Schnappschuss.«

Komischerweise belästigen Fußballfans ihre nichtinteressierte Umwelt selten mit ihrem Fachwissen. Golfer dagegen wollen einen häufig vom Gesundheitsvorteil ihres Sports überzeugen und können dabei einen missionarischen Eifer entfalten, der nur noch von der Verteidigungsenergie von Hausfrauen übertroffen wird, denen man sagt, ein Mikrowellengerät sei das Überflüssigste von der Welt.

Briefmarkensammler und CB-Funker sind eher stille Vertreter, die allenfalls im Kreise Gleichgesinnter Temperament entwickeln. Auch Schachspieler tun in Gesellschaft das Gleiche wie bei ihrem einsamen Sport: Sie sind extrem schlecht gekleidet und schweigen.

Ein echter Albtraum aber ist der Weinkenner. Er tritt fast ausschließlich in männlicher Form auf, oder kennen Sie eine einzige nervige Weinspezialistin, die minutenlang den Schluck im Munde herumspült, dabei ernst und konzentriert guckt, um dann stumm zu nicken und in einer Art widerstrebender Anerkennung zu sagen: »Doch. Ein überzeugendes langes Finish mit feiner Preiselbeer-Note und Auberginen-Nachhall.«

Der Weinkenner kommt vor lauter Ernst und Wichtigkeit kaum dazu, den Tropfen auch zu genießen. Vor allem muss er Ihnen dauernd etwas erzählen. Er sagt dann zum Beispiel: »An meiner Riechschärfe, liebe Freundin, habe ich jahrelang hart gearbeitet.« Oder: »Nächste Woche fahre ich zur internationalen Raritätenverkostung nach Grangeneuve, wo ich einen Vortrag halte über Kellertechnik und Barriqueausbau in gebrauchten Fässern, und eine Woche später geht's dann an den Neusiedlersee, denn du musst wissen, Österreichs Rote sind die Shootingstars am Rotweinhimmel. Darauf wollen wir anstoßen.«

Wenn Sie denken, Sie könnten jetzt einfach heiter die Gläser klirren lassen und ein gutes Schlückchen zu sich nehmen, irren Sie. Erst doziert der Nerver über Farbe, Alter und Qualität, über das Anbaugebiet und die Rebsorte, dann lässt er den Wein gegen den Uhrzeigersinn im Glase kreisen, hernach erst zieht er beim ersten Schluck etwas Luft durch die geschlossenen Zähne, beißt auf dem Wein herum, spült, kaut, guckt entsetzlich wichtig und reagiert völlig verständnislos, wenn Sie sich das Lachen nicht mehr verkneifen können.

Und woran liegt es, dass Männer so schnell etwas Besessenes annehmen, wenn sie sich von einem Hobby begeistern lassen? Ist da jetzt auch wieder die Steinzeit schuld? Nö, eher das Testosteron. Das befiehlt ihm, sich vor den anderen hervorzuheben und Anerkennung zu erringen. Sagen Sie ihm bei Gelegenheit, Ihre Anerkennung kann er sich auch anders verschaffen. Zum Beispiel durchs Ausräumen der Spülmaschine.

Beim Sex Urmensch geblieben

Jenny Jürgens hat es in *Bunte* wunderbar überzeugend auf den Punkt gebracht: »Männer empfinden eben anders. Ein Mann kann mitten im Lokal einer Frau aufs Klo folgen, mit ihr fünf Minuten Sex haben, sich dann wieder zu seiner Frau an den Tisch setzen und sie lieben, als wäre nichts passiert.« Wie Sie wissen, ist Jenny Jürgens die Tochter von Udo und insofern trauen wir alle ihr zu, dass sie weiß, wovon sie spricht.

Wir reden im Moment davon, dass Männer ganz offensichtlich Sex und Liebe, Erregung und tiefere Gefühle wunderbar trennen können. Der Mann dient der Vermehrung. Dies ist sein evolutionsbiologischer Auftrag.

Mancher Mann nimmt diesen Auftrag sehr ernst. Zum Beispiel der belgische Kriminalschriftsteller Georges Simenon. Er war unersättlich. Er ging mit unvorstellbar vielen Dienst-, Haus- und Zimmermädchen ins Bett. Er besuchte Bordelle und holte sich Callgirls ins Haus. Und wenn nur die Hälfte der Sexgeschichten in Klaus Kinskis Memoiren *Ich bin so wild nach deinem Erdbeermund* stimmt, dann war auch er ein Sexualgigant.

Wenn Sie jetzt denken, Leserinnen, ein Mann lese das mit Abscheu und Entsetzen, so irren Sie. Es scheint ein Urgesetz zu sein, dass Männer, selbst oder gerade die ganz Braven, andere Artgenossen mit etwas höherem Sexualumsatz nie moralisch verurteilen, sondern einfach nur beneiden.

Auch der Schauspieler Dominic Raacke hat im *Stern* goldene, wenngleich sehr direkte Worte gefunden für die grundsätzliche Gier-Befindlichkeit des Mannes: »Natürlich geht man mit Blicken und in Gedanken ständig fremd. Wenn ich in die U-Bahn oder ein Lokal komme, checke ich innerhalb von Sekunden die Frauen ab. Das sind alles potenzielle Sexualpartnerinnen. So sind alle Männer.«

Gut. Nehmen wir an, Herr Raacke hat recht. Obwohl mancher U-Bahn-Nutzerin der Gedanke, mitten im Alltagsstress von einem jüngeren Schauspieler mit Lederjacke als mögliche Sexualpartnerin fixiert zu werden, vielleicht nicht so total angenehm ist. Aber woher kommt das? Warum müssen Männer – bis auf Roland Koch und wenige andere Ausnahmen – Frauen immer als Objekte ihrer Begierde betrachten?

Da hilft vielleicht abermals ein Blick auf Evolution und existenzielle Grundvoraussetzungen: Eine Frau kann nur einer begrenzten Zahl von Kindern Leben schenken. Der Weltrekord liegt lange zurück und angeblich bei 69 Kindern, er wurde im 19. Jahrhundert aufgestellt von einer Frau aus Moskau, die mehrmals Drillinge gebar und es auf diese gigantische Zahl gebracht haben soll. Einem Mann dagegen sind – wiederum theoretisch – kaum Grenzen gesetzt: Hätte er beginnend mit dem 18. Lebensjahr jede Woche eine empfängnisbereite neue Partnerin, so käme er bis zu seinem 60. Geburtstag auf genau 2184 Söhne und Töchter. Die Zahl der meisten Kinder, die ein Mann in die Welt gesetzt haben soll, liegt bei 888, gezeugt von dem marokkanischen Herrscher Moulay Ismail mit dem wenig antörnenden Namen »Der Blutrünstige«.

Allein diese etwas absurden Beispiele zeigen, wie sorgfältig die Frau sich ihren Partner aussuchen muss und wie relativ gelassen der Mann seine Partnerinnenwahl variieren kann. Was die Natur ihm vorgibt, versucht er dann auch, im Laufe eines Lebens sorgsam abzuarbeiten.

Was auch kein Wunder ist. Denn sein Beitrag für die Entstehung des neues Lebens ist vergleichsweise kurz und in der Regel extrem angenehm. Er muss die Zeugung auch nicht mit neun Monaten Schwangerschaft und den Schmerzen des Gebärens bezahlen. Freilich wird er in unseren Breitengraden zur finanziellen Verantwortung für seine Vaterschaft herangezogen, was den Zeugungseifer dämpft und die Verhütungsenergie anfeuert.

Gleichwohl bleibt die Treue des Mannes, bleiben sein APG (Außerpartnerschaftlicher Geschlechtsverkehr) und seine KFS (kombinierte Fortpflanzungsstrategie) wachsam zu beobachten. Alle Tests mit diesen schrecklichen Treue-Detektivinnen, die im Auftrag von Frauen die Verführbarkeit der Männer überprüfen, gehen nie zugunsten der Männer aus. Und selbst die Wissenschaft hat eindeutig erwiesen, dass die Männer auf offene Angebote bereitwillig eingehen: An einer Universität in Amerika sprachen bei einem Forschungsprojekt attraktive Menschen als Lockvögel wildfremde Passanten an. Sie stellten eine der folgenden drei Fragen:

Würden Sie heute Abend mit mir ausgehen?
Würden Sie mich heute Abend besuchen?
Würden Sie heute Abend mit mir ins Bett gehen?

Das Ergebnis wird Sie nicht verblüffen: 75 Prozent der Männer wollten mit der jungen Dame ins Bett gehen, aber nicht eine einzige Frau lockte die Verheißung auf schnellen Sex. (56 Prozent waren für das Rendezvous bereit, nur sechs Prozent für den Besuch in der Wohnung.)

Solche Erkenntnisse besagen nicht, dass nicht auch Frauen untreu sind – im Gegenteil, die meisten Befragungen dürften nicht ganz die Wahrheit wiedergeben, weil nach ihrer Untreue befragte Männer zum Angeben neigen und Frauen nicht. Aber in der Durchschnittsbeziehung sollte die Frau schon in Rechnung stellen, wie schnell und wie einfach ein Mann rumzukriegen ist. Kein schlechtes Mittel ist es, den sich auf der Party dauernd nach anderen Frauen umsehenden Partner hingebungsvoll auf die attraktiven männlichen Gäste hinzuweisen.

Und, ganz im Ernst, je offener Ihre Beziehung ist, je erprobter und verlässlicher, fällt es ihm wie ihr umso schwerer, untreu zu werden. Eine Partnerschaft, in der im Streit nichts gesagt wird, das nicht mehr rückgängig zu machen wäre; eine Partnerschaft, in der man die Balance findet aus Unternehmungen allein, zu zweit und mit anderen, die ist viel besser geschützt als die auf seelischer Sparflamme köchelnde Zweckgemeinschaft »Schöner Wohnen«.

Wenn Sie trotzdem begründeten Verdacht hegen, gehen Sie doch mal mit ihm in den Zoo. Dort bleiben Sie vor diesen possierlichen Berberäffchen stehen. Dann sagen Sie: »Also, wenn wir tatsächlich von den Affen abstammen, dann waren meine Ahninnen ganz eindeutig Berberäffchen. Wusstest du übrigens, dass ein läufiges Berberaffenweibchen sich mit jedem erwachsenen Männchen seiner Horde paart? Und dass es im Schnitt alle 17 Minuten zum Koitus kommt? Na, dann pass mal gut auf mich auf.« Das müsste ihn eigentlich beeindrucken.

Mit ihm tanzen

»Tanzen Sie, Mr. Darcy?«, fragt Elizabeth Bennett, gespielt von der wunderschönen Keira Knightley, den griesgrämigen Colin Firth, doch der antwortet: »Nicht, wenn es sich vermeiden lässt.« Schließlich – das wissen alle, die bei »Stolz und Vorurteil« ein paar Papiertaschentücher weggeweint haben – tanzt er doch mit ihr. Und alles wird gut.

Mr. Darcy aber steht für die meisten Männer. Sie tun alles, einem Tanz aus dem Wege zu stolpern. Was sogar durch Umfragen belegt ist. Demnach tanzen nur elf Prozent der Männer gern, dagegen 93 Prozent aller Frauen.

In der Tat kommt es auf jedem Ball zu denselben Szenen. Die Dame sitzt am Tisch mit ihrem Nichttänzer. Sie wippt mit dem Oberkörper rhythmisch zur Musik, sie schnipst mit den Fingern, klopft mit den Füßen, schaut voller Neid den tanzenden Paaren zu und blickt mit vorwurfsvoller Resignation auf ihren sesshaften Begleiter, der ihr vor lauter schlechtem Gewissen unverhältnismäßig viele überteuerte Tombolalose kauft, weshalb sie einige Stunden später den Ball mit einem neuen Toaster und dem Bildband »Felsmalereien in der Sahara«, aber auch voller Frust verlassen wird. Im Auto wird sie ihn zum wiederholten Mal fragen: »Warum gehen wir eigentlich auf einen Ball, wenn du doch wieder nicht mit mir tanzt«, und er wird etwas von gesellschaftlicher Verpflichtung murmeln.

Übrigens tanzen die vielen Männer aus dem gleichen Grund nicht, warum auch die wenigen nichttanzenden Frauen sich ungern auf die Tanzfläche wagen und was George Bernard Shaw für eine andere Bewegungsart einmal so ausgedrückt hat: »Du kannst nicht Schlittschuhlaufen lernen, ohne dich lächerlich zu machen.« Vor allem die Männer empfinden sich als schlechte Tänzer und glauben, jeder werde sie beobachten. Diesen Irrtum können Sie bei Ihrem Partner allerdings schnell ausräumen, und zwar etwa so:

Sie: Guck mal jetzt nicht zur Bühne, ja?
Er: Okay.
Sie: Aus wie vielen Leuten besteht die Band?
Er: Vier?
Sie: Es sind acht. Wie viele Frauen?
Er: Frauen? Musikerinnen? Gar keine.
Sie: Es sind drei. Und die stehen alle mitten auf der Bühne, doch du hast sie kaum zur Kenntnis genommen. Meinst du also, irgendjemand würde dich beim Tanzen beobachten? Unter all den vielen Leuten? Und wir tanzen schließlich nicht auf der Bühne. Hat dich das ein bisschen überzeugt?
Er: Irgendwie schon.
Sie: Darf ich bitten?
Er: Na gut.

Bei den nichttanzenden Männern, die sich noch nicht gebunden haben, mag bewusst oder unbewusst ein anderer Grund für die Bewegungsabstinenz eine Rolle spielen: Frauen achten durchaus darauf, wie ein möglicher Partner sich bewegt, was er mit seinem Körper beim Tanzen so alles anstellen kann. Und zwar in den Discos beim Freistiltanzen genauso wie bei Standard oder lateinamerikanischen Tänzen. Diese Männer wollen möglicherweise nicht zur Schau stellen, wie unharmonisch ihr Körpergefühl, wie einfallslos ihr Bewegungsrepertoire ist. Sie ahnen, dass Frauen vielleicht nicht so gern mit einem Mann ins Bett gehen, der keinen Sinn für Rhythmus hat, für Tempo, für Bewegungsimpulse und deren Rücknahme, für die Wahrnehmung subtiler Signale. Nach wie vor ist das, was man vom Slow Fox bis zum Tango »Gesellschaftstanz« nennt, nicht die schlechteste Möglichkeit, einander näher zu kommen. Und bei den getrennt tanzenden Paarungen in der Disco nimmt der männliche Part oft genug Balz-Charakter an. Auch beim Auseinandertanzen können Sie beobachtend über einen Kandidaten eine ganze Menge erfahren: Bewegt er sich selbstsicher und harmonisch? Kann er seine Figuren variieren oder zappelt er zu jeder Musik dieselben Bewegungsmuster herunter?

Es wird Sie nicht erstaunen, dass die Frauen, die einen potenziellen Partner auch nach seinen tänzerischen Qualitäten beurteilen, evolutionsbiologisch mal wieder im Recht sind: »Ein Mann gibt beim Tanzen unbewusst Informationen über seine Qualitäten als Lebenspartner preis. Das berichten US-Forscher im Wissenschaftsmagazin *Nature*. Wie sie herausfanden, haben gute Tänzer einen besonders symmetrischen Körperbau – also gleichförmige Knie, Ellbogen, Füße und Hände. Solche Körpersymmetrie werde von Frauen unbewusst als Auswahlkriterium in der Partnerwahl genutzt – als ein Zeichen für Gesundheit und Leistungsfähigkeit.

Da Frauen auch jenseits solchen Kalküls die besseren Verhaltensforscher sind, werden sie beim Tanzen mit unterschiedlichen Partnern ohnehin zu interessanten Schlüssen kommen. Der ordentliche Mann, der sich, ehe der Cha-Cha-Cha beginnt, gleichsam innerlich sammelt und heimlich mitzuzählen scheint, wird auch sonst im Leben alles brav, geregelt und wenig inspiriert betreiben.

Der Chaot, der beim Wiener Walzer mit einer Hand rhythmisch auf den Rücken seiner Partnerin haut und sich bei »Rock around the Clock« mit ihr in einen Klammerblues verknoten möchte, wird auch sonst disharmonisch durchs Leben irrlichtern.

Und der Ellenbogen-Mann, der auf der Tanzfläche drängelt, stößt und schubst und selbst in der qualvollsten Enge raumgreifende Ausfallschritte wagt, den mögen Sie sich im Bett erst gar nicht vorstellen.

Kurzum: Wenn Ihr neuer Partner den Wohnungs- und Restaurant-Test bestanden hat, schleppen Sie ihn auf einen Ball oder in die Disco. Sollte er diese schwerste aller Prüfungen ebenfalls meistern, steht einer dauerhaften Damenwahl nichts mehr im Wege.

Mit ihm shoppen

Manchmal denken Sie, so ein ganz kleines bisschen könnte Ihr Partner doch mal wie Richard Gere sein.

Wie der mit Julia Roberts damals in diese Edel-Boutique in Hollywood ging und dem Manager klar machte, er wolle hier und heute auf nette Weise ein Vermögen los werden. Wie er auf Julia zeigte und den Manager fragte: »Haben Sie etwas in Ihrem Geschäft anzubieten, das so schön ist wie sie?« Und wie der Manager dann ungewöhnlich gute Umsätze witterte und stammelte: »O ja. O nein. Nein, entschuldigen Sie, ich muss es anders formulieren – wir haben einiges, das die Schönheit noch hervorhebt.«

Keine Frau, die *Pretty Woman* gesehen hat, wird je vergessen, was dann folgt: Julia Roberts bekommt die chicsten Klamotten vorgeführt, sie schlüpft in das kleine Schwarze, in die weite gelbe Hose (die auf zehn Meilen gegen den Wind nach Geld riecht), in das braune, duftige Seidenkleid mit den weißen Punkten, in dem sie später beim Pferderennen alle Frauen neidisch machen wird, sie dreht und wendet sich vorm Spiegel, sie könnte vor Glück die Welt umarmen.

Und Richard, was tut Richard Gere? Natürlich muss er sogar in der Boutique noch ein wenig telefonieren, schließlich ist er der supercoole Geschäftsmann und Milliardär. Aber nebenbei findet er doch immerhin Zeit, seiner Freundin kleine nonverbale Signale zu senden. Das rote Kostüm? Ach nein. Er schüttelt freundlich, aber entschieden den Kopf. Der schwarze Hut? Schon besser, Richard macht eine anerkennende Geste mit dem Kuli. Und als der Chefverkäufer sich um ihn kümmern will, spricht er die goldenen Worte: »Nicht ich – SIE ist die Hauptperson.«

Und bei Ihnen?

Ihr Partner hat an trägerlosen Miederkleidern oder taillenbetonten Bustiers mit Rüschensaum relativ wenig Interesse? Er kennt nicht ein einziges der zehn angesagtesten Sommer-Accessoires? Er hält Dolce und Gabbana für Nudelsorten und Puffärmel für etwas Unanständiges? Na gut, fairer Weise müssen Sie zugeben, dass Sie sich ja auch nicht bei hochgelegten Doppelauspuff-Anlagen auskennen und Ihr Partner natürlich auch nie auf die Idee käme, mit seinem besten Freund einfach so ins Blaue shoppen zu gehen, schon gar keine Klamotten. Wenn die beiden losziehen, dann ins Anglerfachgeschäft für die neue Brandungsrute oder in den Media-Markt wegen der superscharfen Plasmafernseher mit 155 cm Bildschirmdiagonale, über die sich die beiden zuvor im Internet in punkto Preisvergleich und Kundenzufriedenheit aber so was von informiert haben, dass sie jeden Fachverkäufer zum Stottern bringen.

Es stellt sich ja sowieso die Grundsatz-Frage, ob es unbedingt so sinnvoll ist, Ihren Partner zum Klamotten-Shopping mitzuschleppen. Nach einer Gallup-Umfrage enden nämlich knapp 50 Prozent der gemeinsamen Einkäufe von Mann und Frau im Streit.

Kein Wunder. Männer nämlich gehen nicht einfach »mal so« einkaufen, sondern zielgerichtet. Männer benutzen auch selten den Begriff »Shoppen«, denn das bedeutet ja: herumschauen, sich umsehen, flanieren, ausprobieren, sich to-tal-be-geis-tern-las-sen. Falls Sie bei der Sache mit der Steinzeit jetzt nicht die Augen verdrehen – möglicherweise hat unsere Vorgeschichte tatsächlich etwas mit dem Einkaufen zu tun: Männer sind Jäger, Frauen Sammler. Männer sind Zielfahnder, Frauen Feldforscher.

Das bedeutet beim Shoppen männliche Schnelligkeit und Focussierung, bei den Frauen rumschauen, rumtrödeln, zwischendurch einen Kaffee, noch mal zurück zu diesem Geschäft mit dem um 300 Euro runtergesetzten Superfummel, dann aber hoch in den vierten Stock des Kaufhauses, weil eine Freundin Ihnen erzählt hat, dass die da neuerdings erstaunlich brauchbare Schuhe führen, und dann zuschlagen.

Es setzen sich da beim geschlechtsübergreifenden Einkauf also zwei Menschen, ein Mann und eine Frau, mit den unterschiedlichsten Erwartungen in Bewegung.

Er sucht ein Ziel. Sie sucht irgendwas.

Er hat klare Zeitvorstellungen. Sie nicht.

Er sucht nach Nutzen, sie nach Glück.

Und dann ist der Shopping-Verabredung vielleicht auch folgender Dialog vorausgegangen:

Sie: Kommst du Samstag mit zum Shoppen?

Er: Och, muss das sein?

Sie: O ja, büttebütte. Ich geh total gern mit dir shoppen.

Er: Letztes Mal haben wir uns gestritten.

Sie: Weil du dich nicht geäußert hast. Ich bin mit diesem Wahnsinnskostüm aus der Kabine vor dich getreten und du hast nur mit den Schultern gezuckt.

Er: Weiß bis heute nicht, was du von mir erwartet hast.

Sie: Natürlich, dass du vor Begeisterung zusammenbrichst.

Er: Verstehe ich nicht. Weißt du wenigstens, was du am Samstag kaufen willst?

Sie: Klar. Was Blaues!
Er: Was Blaues?
Sie: Etwas Blaues, das zu meiner neuen gelben Hose passt.
Er: Blaue Schuhe oder blaue Bluse oder blaue Tasche oder Schal oder was?
Sie: Na, schau'n wir mal, es muss mich eben anspringen, es muss meinen Blutdruck hochtreiben, mich zu Tränen rühren.
Er: Und warum muss ich da mit?
Sie (dramatisch): Weil ich dich brauche.

Das mit dem Brauchen stimmt tatsächlich. Frauen (deswegen nehmen sie ja so gern jemanden mit) wollen beim Kauf Bestätigung. Sonst kaufen sie gar nichts oder nur das eine Teil und gehen heim. Ist übrigens wissenschaftlich erwiesen. Aber eben diese Bestätigung bekommen sie von den Männern gar nicht oder zu selten. Was zwar wahrscheinlich noch nicht wissenschaftlich untersucht worden ist, aber von fast jeder Frau bestätigt werden kann, zum Beispiel von Ihnen. Erst neulich traten Sie wieder aus der Kabine. Das eine Teil hatten Sie an, das andere in der Hand und fragten ihn leicht unsicher:

Findst'n das?
Ganz gut.
Und das?
Auch ganz gut.
Okay. Und welches soll ich jetzt nehmen?
Keine Ahnung.
Sachdochmal!
Jawasweissich? Bin ich Lagerfeld?
Hör mal, mein Lieber, bist du jetzt mein Freund, mein Mann?
Was soll dass'n jetzt?

Wenn du mich liebst, sagst du mir jetzt, welches Teil mir besser steht.
Ach, hör doch auf. Sieht beides gut aus.
Du liebst mich nicht.
Tschüs.

Wenn Sie in einer länger währenden Partnerschaft Ihren Freund oder Gemahl vielleicht 20-mal zum Shoppen mitgeschleift haben und er sich 20-mal als komplette Niete erwies, dann haben Sie guten Grund, ihn ab dem 21. Mal daheim zu lassen. Gerade am Anfang einer Beziehung aber ist sein Mitgehen hochgradig wünschenswert, denn Sie lernen Ihren Partner so viel schneller und besser kennen: Nimmt er Sie ein bisschen in den Arm, wenn Sie ein Tränchen verdrücken, weil es diesen Traum von Pumps in allen möglichen Größen gibt, nicht aber in 39? Versteht er, dass Sie bei der Bikini-Anprobe der fremden Verkäuferin Zutritt gewähren, ihm aber nicht? Findet er es übertrieben, dass Sie vor dem Kauf eines Parfums an 162 Duftstäbchen geschnüffelt haben?

Und der erste gemeinsame Einkauf kann ja auch so schrecklich ausfallen, dass er für brutale Klarheit sorgt: Vielleicht findet die neue Partnerschaft genau mit diesem ersten Gemeinschaftseinkauf ein jähes Ende. Fragt er, wenn Sie sich für diesen wirklich todschicken Hosenanzug entschieden haben, als Erstes nach dem Preis? Schlecht. Gibt er überlaut blöde Kommentare ab, sagt er Sachen wie »Das macht dich ja noch dicker?« Sehr schlecht. Verdreht er, wenn Sie aus der Kabine treten, die Augen oder senkt gar wortlos den Daumen? Trennungsgrund.

Nun muss jede Hobbypsychologin zugeben, dass die Damenoberbekleidungsbranche den Männern ja auch nicht gerade entgegenkommt. Keine Autozeitschriften in der Sitzecke vor den Umkleidekabinen, kein frisch gezapftes Bier, keine Direktübertragung der Bundesliga-Schaltkonferenz.

Noch schlimmer aber sind die Edelboutiquen, in denen die Verkäuferinnen mit den harten Gesichtern und monatlich 2400 Euro brutto es schaffen, fünfmal vornehmer zu wirken als ihre besser verdienenden Kunden. Sie nötigen den Männern ein Tässchen Espresso oder ein Glas Prosecco oder San Pellegrino auf (in Edelboutiquen gibt es immer San Pellegrino), und während sie auf die Gattin warten und auf der schwarzen Ledercouch herumrutschen (natürlich haben sie auch da keinen *Playboy* oder wenigstens *Men's Health*, sondern nur *Vogue* und *Madame*), halten sie einem irgendeinen Fummel zum Preis eines Waschvollautomaten hin und flöten, als wäre man lange miteinander befreundet: »Das wäre bestimmt auch etwas für Ihre Gattin.«

Wenn die dann zögerlich aus der Umkleide trippelt in diesem äußerst hauteng geschnittenen Kleid, dessen Nähte beim ersten Hinsetzen explodieren werden, geraten die Verkäuferinnen in ein so schlecht gespieltes Entzücken, dass sensibleren Naturen ganz brechreizend wird.

Als wirklich kluge Frau, die Sie Wert darauf legen, dass Ihr Partner Sie zum Shopping begleitet, machen Sie natürlich alles anders. Leider wurde die Männer-Aufbewahrungsecke noch nicht erfunden, so eine Art Kindergarten für Männer, in dem ihnen Mädels im Bikini Drinks servieren würden, während sie selbst so lange WM-Aufzeichnungen am Fernseher anschauen können, bis eine Lautsprecher-Stimme durchs Einkaufszentrum tönt: »Der kleine Bernd möchte von seiner Freundin im Männer-Paradies abgeholt werden.«

Weil es dieses Männer-Aufbewahr-Paradies aber noch nicht gibt, wissen Sie als kluge Frau, dass es ihn überfordern würde, von Geschäft zu Geschäft zu düsen, jeweils vor den

Kabinen zu warten und auch noch (das ist für ihn das Stressigste) möglichst konstruktive Kommentare abzugeben. Deshalb legen Sie Pausen ein, lassen ihm – je nach Temperament – Zeit für einen Besuch in der Buchhandlung, geben ihm Gelegenheit, ein wenig im Internetcafé zu surfen, im Spieleladen nach einer neuen Kriegs-CD zu suchen oder in dieser netten neuen Kneipe am Retro-Flipper zu spielen – gleich ist seine Stimmung viel besser.

Eines aber schminken Sie sich ein für alle Mal ab: ihn für einen Schaufensterbummel zu gewinnen. Diese Veranstaltung findet er einfach nur blöd. Schaufensterbummel passen nicht in sein männliches Schema von Jagd, Beute und Zweckmäßigkeit: »Ich gehe doch auch nicht von Restaurant zu Restaurant, ohne was zu essen.« Eben. Nehmen Sie zum Bummeln halt eine Freundin mit – und trösten Sie sich damit, dass Männer dann und wann für anderes zu gebrauchen sind. Zum Müll rausbringen. Oder zum Grillen.

Woran Sie merken, dass er eine Geliebte hat

Ihre Freundin Carola hat es als Erste gemerkt: »Sag mal, was ist denn mit deinem Paul passiert? Der ist ja richtig chic. Neue Frisur, neue Brille, fünf oder sechs Kilo schlanker. Alles in Ordnung bei euch?«

Sie blicken Ihren Paul plötzlich mit anderen Augen an. Klar hatten Sie gemerkt, dass er beim Friseur war, und die modernere Brille haben Sie selbst ihm ausgesucht. Aber jetzt betrachten Sie, während Sie Lena den Mund abwischen und rasch verhindern, dass Fritzchen den Toaster ins Klo schmeißt, Ihr liebes Paulchen plötzlich als Gesamtkunstwerk und stellen fest: Er hat sich ja richtig gemacht, wirkt straffer, jünger und irgendwie tatendurstig.

Abends, als Lena und Fritzchen im Bett sind, fragen Sie: »Sag mal, Paulchen. Alles in Ordnung bei uns?«

»Wie meinst du das?«

»Carola hat so Vermutungen angestellt. Neue Frisur, neue Brille, paar Kilo schlanker, neue Frau?«

Er reagiert extrem hochtourig. »Sag mal, spinnst du? Diese Carola ist eine blöde Kuh. So einen Scheiß muss ich mir nicht anhören!« Steht auf, verlässt das Zimmer, stampft an den Computer.

Und das ist typisch, wissen die Treue-Experten von der *Bild*-Zeitung über den deutschen Fremdgeher: »Er reagiert überzogen aggressiv, wenn die Frau ihren Verdacht ausspricht, fährt ihr über den Mund (›Was du dir immer einbildest!‹), lehnt Gespräche ab.«

Hier aber lernen Sie weitere Indizien kennen, die leider nicht gegen Untreue sprechen:

Er macht häufiger Überstunden, nimmt Abendtermine wahr, die er früher nicht hatte.
Er drückt Handy-Anrufe weg, wenn Sie ins Zimmer kommen.
Er hat sich im Fitness-Studio angemeldet.
Er ist ein SMS-Virtuose geworden.
Er führt heute Abend (»Du, ich glaub, der muss noch mal«) schon zum zweiten Mal den Hund aus. Sein Handy hat er mitgenommen.
Er benutzt ein neues Eau de Toilette.
Er hat sich sündhaft teure Calvin-Klein-Unterwäsche gekauft. Dies finden Sie besonders frech, weil er die neuen Garnituren vor Ihnen im Schrank versteckt und sich Ihnen nach wie vor in diesem ekligen Feinripp präsentiert.
Er ist so sonderbar gut gelaunt, wenn er das Haus verlässt. Kommt er spät heim, geht er sofort unter die Dusche oder hält im Bad sein Gesicht unter heißes Wasser. Danach putzt er sich die Zähne.
Er lächelt manchmal unmotiviert vor sich hin.
Er hat sich ein Foto-Handy gekauft, will Ihnen aber nicht erklären, wie es funktioniert.
Er weiß Dinge, die er vorher nicht wusste: Wann die Theaterferien anfangen, wie hoch im Kino der Preisnachlass für Studierende ist, wie empörend winzig die Zimmer im Studentenwohnheim ausfallen und dass Yngwie J. Malmsteen 1988 von Fender eine Signature Stratocaster maßgeschneidert zugeschnitten bekam, womit er nach Eric Clapton der zweite Gitarrist war, dem diese Ehre zuteil wurde.

Sollten alle diese klaren Indizien Sie von der Schuld Ihres Herrn Gemahls noch nicht überzeugt haben, so wird eine weitere kleine Entdeckung im Bad Ihnen endgültig den Weg zum Scheidungsanwalt weisen: Er benutzt neuerdings eine Nachtcreme.

Vorm Grill voll der Neandertaler

Immer wenn es wärmer wird, merken die Frauen: Unter dem dünnen Firnis der Zivilisation steckt in den Männern der Urmensch. Sie hantieren mit Greifzange, mit Holzkohle und rohem Fleisch, als würden sie noch Felle tragen. Sie fallen zurück in uralte Verhaltensmuster. Sie beherrschen das Feuer. Sie nähren die Familie. Sie lassen sich von den Frauen zwar zum Müllrausbringen schicken, doch vor dem Grill sind sie die Häuptlinge: Der Mann ist nur da ganz Mann, wo er grillt. Aber auch die aufgeklärteste Frau muss zugeben, dass Männer wie Frauen beim Grillen in archaische Verhaltensformen verfallen, denn im wirklichen Leben analysieren Frauen heute den asiatischen Halbleitermarkt oder leiten eine Großklinik, aber noch nie haben sie sich an den Grill gedrängt.

Dort regieren selbst solche Männer, die sonst den Macho nicht herauskehren. Herr Dr. F. zum Beispiel, sonst ein freundlicher, für Gartenarbeit oder alles andere Praktische ziemlich unbrauchbarer Büromensch, schraubt auch gerne abends nach getaner Arbeit noch seinen Grill zusammen. Nein, nicht das teure Elektroding mit Anti-Haftschicht, stufenlosem Temperaturregler und Fett-Auffang-Wanne, das keinen richtigen Qualm macht. Sondern dieses von tausend Feuern geschwärzte Teil, bei dem das Fett vom Kotelett beim Kontakt mit den Flammen so wunderbar zischt. Das Fleisch (viel zu viel!) hat er längst aus dem Kühlschrank geholt und aufgebaut wie eine Jagdstrecke aus erlegtem Wild. Liebevoll streichelt Dr. F. das sogenannte Grillgut, als hätte er jede Bratwurst persönlich erschossen. Schon der Anblick all dieser rohen Schnitzel, Steaks und Würstchen lässt sein Auge leuchten. »Ist es nicht zu kalt, um noch draußen zu sitzen?«, fragt seine Frau. »Zieh dir halt einen Mantel an«, antwortet er kühl. Denn Grillen macht auch zu zweit Spaß. Jedenfalls ihm.

Noch schöner ist es allerdings, Gäste zu begrillen, da hat man wenigstens richtiges Publikum. Die Frauen dürfen auch gerne mitmachen, zum Beispiel Saucen anrühren, Salat putzen und zuschauen. Die Männer aber gruppieren sich um den Rost, der Rauch ihrer Zigaretten vermählt sich harmonisch mit dem Qualm des garenden Bauchfleischs. Selbst die Gesitteten unter ihnen trinken ihr Bier heute aus der Flasche. Nein, Felle tragen sie nicht mehr, aber dafür ähnlich Archaisches: Shorts, Sandalen, weiße Tennissocken aus Frottée.

Eigentlich könnte jetzt jemand die Gitarre herausholen und Fahrtenlieder anstimmen. Doch zunächst muss unter den Rudelführern noch etwas geklärt werden. Klaus, der von Beruf natürlich Lehrer ist (manchmal überholen die Klischees die Wirklichkeit), hält einen kleinen Vortrag, warum Zündwürfel der Grillpaste absolut vorzuziehen sind. »Quatsch«, widerspricht Nachbar Guido, Diplom-Betriebswirt und Geschäftsführer einer mittelständischen GmbH, »am besten sind Anzündriegel.« Womit er natürlich bei Günni Widerspruch erntet. Günni ist tätowiert und plädiert vehement für Spiritus, weil der gefährlicher ist. Insofern ist es also mit dem Grillen wie beim Fußball: In fast jedem Mann steckt nicht nur ein potenzieller Bundestrainer, sondern auch ein Bundesgrillmeister. Den gibt es tatsächlich, alle entsprechenden Wettbewerbe werden mit dem erforderlichen Spiritus-Ernst betrieben.

Momentan haben Sie als Frau aber andere Sorgen. Sie fragen sich nämlich gerade, warum die Männer aus Ihrem Freundeskreis, die sich um den Grill postiert haben, so betreten, pikiert und sogar irgendwie aggressiv dreinschauen. Was haben Sie nur falsch gemacht? Ihr eigener Mann meldet sich zu Wort und kleidet den stummen Protest seiner Mitgriller in Worte: »Karen, sag mal, warum hast du denn diese vorbereiteten Steaks mit Marinade gekauft?«

Seine Grillkameraden gucken so grimmig, dass Sie automatisch anfangen zu stottern: »Äh, ich dachte, da habt ihr weniger Arbeit.« Klaus (der Lehrer) will zur Deeskalation beitragen und sagt: »Karen, einlegen, marinieren, salzen, pfeffern und Einlege-Sauce vorbereiten ist Handarbeit. Das darf man nicht dem Supermarkt überlassen, das müssen Männer selber machen.« Sie nicken schuldbewusst und ziehen sich zum Salatputzen zurück.

Falls Sie sich bei Ihrem Mann, bei Günni, Klaus und den anderen weiter unbeliebt machen wollen, können Sie es ja auch mal mit der Gesundheitsmethode versuchen. Sie sagen dann: »Ihr immer mit euren Koteletts und Steaks und Bauchfleisch mit Speckkatastrophe, viel zu viel Cholesterin, das hat jetzt mal ein Ende, heute kommen Tomaten, Paprika und Heilbutt-Filets auf den Grill, ja? Und ich habe auch noch ganz tolle Rezepte für Chicken-Wings mit Curry-Paste und für Tofu-Paprika-Zucchini-Spieße, freut ihr euch?«

Sie haben dann natürlich vergessen, dass das Feuer, die Hitze und der Aufenthalt im Freien die Steinzeit-Gene der Männer dermaßen aktiviert, dass sie Hühnchen und Gemüse für das verschärfte Mädchenprogramm halten: Haben ihre Vorfahren etwa Hühnchen gejagt oder gefährliche Mammuts? Eben. Es heißt doch auch Jagdwurst!

Aus ähnlichen Gründen sollten Sie Ihrem Partner nicht widersprechen, wenn er ein lustiges Grillen zur Jahreswende vorschlägt. Gewiss, Sie wollen sich nicht draußen bei minus acht Grad Celsius in drei Pullovern und zwei Strumpfhosen übereinander rote Finger und Frostbeulen holen. Aber Sie dürfen natürlich genauso wenig seine Urzeit-Programmierung vergessen: Sommergrillen ist was für Weicheier. Silvester ist Abgrillen. Neujahr ist Angrillen! Mahlzeit!

Mein Haus, mein Auto, mein Boot

Ein einziges Mal haben Sie sich überreden lassen, einen Boxkampf im Fernsehen anzuschauen. Dieser eigentlich ganz nett und durchtrainiert anzusehende Blonde tat Ihnen gleich in der zweiten Runde leid, weil der Dicke mit den Haaren auf dem Rücken ihn immer so heftig gegen den Kopf schlug. Ziemlich schnell hatte der Blonde eine Platzwunde an der Braue, doch Mister Gorilla boxte absichtlich immer dagegen. Als der Ringrichter den Kampf in der sechsten Runde abbrach, stürzte die Wirklichkeit in ihrer ganzen brutalen Banalität auf Sie ein: Der Blonde blutete und saß wie ein Häufchen Elend in seiner Ecke, der Behaarte aber kletterte in der Ecke gegenüber mit affenartiger Geschwindigkeit in die Seile und schlug sich mit den Boxhandschuhen auf die Brust. Sie dachten, ey, das kann doch nicht wahr sein, der benimmt sich doch wie Tarzan im Dschungel, wie Menschenaffen im Zoo, das ist doch to-tal-pri-mi-tiv!

Aber dann lassen Sie Ihren Mann allein vor dem Fernseher, ziehen sich auf Ihr kuscheliges Frauensofa mit den vielen Kissen zurück und denken nach. Eigentlich hat dieser behaarte Boxer auf sehr ursprüngliche Weise eben das ganz unverblümt gemacht, was die Herren in Ihrer Firma ein bisserl subtiler, aber doch mit derselben Absicht tun: Sie prahlen, wer mehr Ahnung hat, werfen sich in die Brust, wenn der Chef ihnen mehr Beachtung schenkt als dem Rivalen, in der Mittagspause nach dem Urlaub zeigen sie triumphierend Urlaubsfotos von den Malediven (der Rivale hatte es nur bis

Norderney gebracht: »Und Sie waren also auf Norderney, wie jedes Jahr?«). In ihren öffentlichen Terminkalender im Computer schreiben sie: »18 Uhr, Gänseessen bei VV.« Dazu muss man wissen, dass VV »Vorstandsvorsitzender« bedeutet, dass das Gänseessen gar nicht bei ihm (schon gar nicht daheim) stattfindet, sondern nur gemunkelt wurde, der VV komme vielleicht vorbei. Aber der Zweck ist erreicht: In der Firma denkt man jetzt, der Kollege Tarzan hat aber echt super Connections zum VV.

Den Tarzan machen die Männer aller Gesellschaftsschichten. In der Baubude lässt der Maurer fallen, wie oft er es letzte Nacht mit dieser unersättlichen Kroatin getrieben hat, beim gesetzten Abendessen mit Butler in weißen Handschuhen kann es inmitten der prächtigen Blumengestecke und des feinsten Tafelsilbers passieren, dass einer der Gäste ein Foto von seiner Jagd in Afrika herausholt, das ihn mit Knarre neben einem erlegten Riesenvieh zeigt.

Weder Alter noch Geld noch Ruhm also schützen vor Prahlerei, das Imponiergehabe gehört zur männlichen Grundausstattung, selbst gestandene Unternehmer präsentieren sich in ihren Büros auf Fotos neben bekannten Politikern. »Es juckt mich nicht«, sagte Sandra Maischberger einmal über die Zeigefreude ihrer männlichen Fernsehkollegen, »ob Herr Kerner mehr auf dem Konto hat als ich. Ich höre immer, dass sich die Jungs untereinander ihre Werbeverträge zeigen, wer gerade den größten hat. Aber das interessiert mich überhaupt nicht.« Dass er den Größten hat (allerdings nicht Werbevertrag), wollte der Schauspieler Helmut Berger tatsächlich schon öfter männlichen Interviewern zeigen.

Die leidenschaftliche Begeisterung fürs eigene Ich sucht nach immer neuen Ausdrucksformen: Der pubertierende Knabe hat stundenlang seine Unterschrift schwungvoll geübt (später gilt dann als Faustregel: je leserlicher die Unterschrift des erwachsenen Mannes, desto normaler ist er), als Erwachsener ergötzt er sich an dicken Unterschriftenmappen auf seinem Schreibtisch. Er fährt mit der Hand über die Erhöhungen seines Namenszuges in Stahlstich auf seinem Briefpapier, fühlt den Doktortitel (ehrlich erworben) und den Professor ehrenhalber (gekauft). Reicht auch das noch nicht aus zu seiner Erhöhung, investiert er ziemlich viel Geld, um Honorarkonsul eines etwas entlegenen Landes zu werden. Er ist noch ein wenig unschlüssig, ob er sich jetzt weiter als »Herr Professor« oder doch lieber als »Herr Konsul« ansprechen lassen soll, dafür macht sich das CC an seinem Firmenwagen schon recht gut, die Gattin freut sich auf die Einladung zum Sommerfest des Consular Corps.

Nur wenige Werbespots schaffen es, Allgemeingut zu werden, Eingang in die Umgangssprache zu finden. Jener aber, in dem sich zwei alte Kumpels nach langer Zeit wieder begegnen und der eine ihm sekundenschnell seinen Erfolg anhand von Fotos klar macht: »Mein Haus, mein Auto, mein Boot«, der ist Kult geworden. Weil er einen Nerv getroffen hat. Weil jeder Mann ihn nachvollziehen kann und jede Frau sowieso.

Die Zeigefreude der Männer an ihren Besitztümern (auf Frauen als Trophäen kommen wir noch) gründet in der urgeschichtlichen Notwendigkeit, auch durch materielles Hab und Gut der Frau Sicherheit für sich und ihre Kinder zu bieten. Der Stolz auf das materiell Erreichte wird heute durch Grenzen der Zivilisation und Höflichkeit ein wenig eingedämmt, die Unverblümtheit des Angebers aus dem Fernsehen mit seinem Haus, Auto, Boot wird in dieser reinsten Form selten auftreten. Der Stolz auf das Erreichte, das Sichtbare und Vorzeigbare pocht dennoch in allen Adern. Genau das würden die Männer am liebsten dauernd tun: den Feinden und Konkurrenten fortwährend Fotos ihrer Häuser,

Yachten, Luxusschlitten, Luxusweiber vorlegen. Sie würden ihren Gegnern am liebsten ihre neue Lange 1 direkt unter die Augen halten und sagen: »19 000 Euro, kannst du dir die auch leisten? Ein kleines Vermögen nur für eine Uhr, obwohl ich doch die Zeit auch genauso exakt von einer Kaufhaus-Uhr für 19,90 Euro ablesen könnte? Aber den Luxus gönne ich mir.«

Nur die Konvention, Zivilisation und der Einfluss der Frauen verhindern, dass der Mann sich verhält wie der großartige Beobachter Rowan Atkinson, der als Mister Bean seinen niederen Instinkten freien Lauf lässt: Vor den Passagieren der Business Class wedelt er aufreizend triumphierend mit seinem First-Class-Ticket. Genau das täte am liebsten jeder männliche First-Class-Fliegende.

Merke: Der Mann als Gattung zeigt eine gewisse Neigung zum Primitiven.

Schlechte Komplimente, gute Komplimente

Ludger war schüchtern und wusste noch nicht viel von der Welt. Zum Beispiel nicht, dass man an den Frauen immer das preisen soll, was ihnen fehlt. Ist eine Frau schön, soll ihr der Mann sagen, sie sei klug. Ist sie klug, will sie hören, dass sie schön ist. Ludger musste sich ganz schrecklich überwinden, doch damals, als er 17 war, hat er zu dieser bezaubernden Julia, die ja wirklich das süßeste Mädchen im ganzen Bio-Leistungskurs war (dieser Gang, dieses Lächeln, diese Bauchfreiheit), gesagt: »Weißt du eigentlich, dass du das süßeste Mädchen auf unserer Schule bist?« Und Julia, die lieber gehört hätte, dass sie die schlauste Schülerin des ganzen Gymnasiums sei, hat auf die Spitze ihrer Sneakers geblickt und gesagt: »Ach komm, hör auf mit deinen Sprüchen.« Und das traf Ludger bis ins Mark, das hat er sich gemerkt.

Drei Jahre später als Student hat Ludger sich abermals überwunden und bei einem Schluck Altbierbowle im Münsterschen Studentenviertel zu Sarah aus Oldenburg, in die er unsagbar verschossen war und die wirklich einen wunderbar zarten Teint hatte, sagen wollen: »Du bist wirklich schon 22? Deine Haut ist zart wie ein Pfirsich.« Tatsächlich stammelte er: »Du hast die Haut eines zweiundzwanzigjährigen Pfirsichs.« Natürlich tat es ihm weh, dass sie schallend lachte.

Das einzige Kompliment, das ihm bald darauf halbwegs gelang, galt der Frau, mit der er im Bett landete, und ihren recht umfangreichen Brüsten. Da Ludger noch nicht wusste, dass kaum eine Frau mit ihrem Busen zufrieden ist, konnte er auch nicht recht einordnen, als sie sagte: »Och nö, stimmt doch gar nicht, mein Busen ist gar nicht so toll, du übertreibst, außerdem leide ich unter Schuhgröße 42.«

Und das ging ihm dann noch ein paarmal so in seiner Frauenhistorie: Er überwindet sich, ihr ein Kompliment zu machen, doch sie weist es zurück. Das hilft ihm nicht gerade, sich zum Charmebolzen zu entwickeln.

Die meisten Männer sind im Komplimente machen nicht besonders gut. Und das liegt nicht nur, aber auch an den Frauen. Entweder zur Bescheidenheit erzogen oder aber sich selbst gegenüber von ehrlicher Skepsis erfüllt, neigen viele Frauen dazu, ein Kompliment zurückzuweisen, abzuschwächen oder zu ignorieren. Aber versetzen Sie sich bitte mal in die Lage eines jungen, verunsicherten Mannes, der sich endlich überwindet, seiner Kollegin, für die er seit Monaten schwärmt, etwas Nettes zu sagen, etwa: »Ich freue mich jeden Morgen auf die Arbeit, weil ich dich dann treffe«, doch die Frau sagt gar nichts oder nur: »Ach ja?« Wie würden Sie sich da fühlen als junger, verunsicherter Mann? Sehen Sie.

Würden also, so lautet der Umkehrschluss, mehr Frauen sich sichtbar und hörbar über ein Kompliment freuen, würden sie auch häufiger eins abbekommen. Ein einfaches »Danke« oder »Das hast du aber nett gesagt« reichen schon. Männer sind zwar sehr einfach strukturiert, aber lernfähig: Führt eine Handlung zu einer positiven Reaktion, merken sie sich das. Stößt also das Kompliment eines Mannes auf die erfreute Reaktion einer Frau, so wird der Mann den Frauen auch künftig gern etwas Nettes sagen.

Eines allerdings sollten sich die Frauen abschminken: Das multiple Lob bekommen sie fast nie. Sie haben die Party wirklich perfekt organisiert, bei Ihrem Vortrag beim Marketingmeeting haben alle superaufmerksam zugehört, Sie bekamen mehr Beifall als der Chef – wenn Sie das daheim erzählen, bekommen Sie ein »Na prima« oder »Gut gemacht« oder »Ja klasse« zu hören, aber nicht das 20-mal wiederholte Lob, das Ihnen eigentlich zusteht und nach dem Sie gieren. Okay, das ist ihm nicht gegeben, das kommt nicht vor in seinem Repertoire sozialer Intelligenz, schade, das kann er einfach nicht. Da hilft nur jahrelange strenge Dressur. Sie müssen ihm einfach klar machen, dass Ihnen in bestimmten Fällen ein bis zu 20-mal wiederholtes Lob zusteht.

Andererseits müssen Sie zur Kenntnis nehmen, dass es eine Art physikalisches Gesetz zu geben scheint, das die Komplimenthäufungsgeschwindigkeit in Beziehung setzt zur Dauer einer Partnerschaft. Mit anderen Worten, je länger Sie mit Ihrem Partner zusammen sind, desto seltener hören Sie ein Kompliment von ihm. Leider sinkt auch die Wahrscheinlichkeit von Jahr zu Jahr, in einer lange währenden Beziehung von Ihrem Partner noch eine oder mehrere der folgenden Aussagen zu hören:

Du bist die schönste und klügste Frau Europas, ich werde dich immer lieben.
Du, Schatz, die Kleine mit den Riesendingern da vorne, die interessiert mich null.
Natürlich verzichte ich auf das Heimspiel, um dich zu deiner Mutter zu begleiten.
Nimm doch beide Paar Schuhe. Ich bezahle sie natürlich. Bar. Sofort.
Kritik von dir ist mir immer willkommen, meine Liebe.
Hier, nimm mal die Fernbedienung.
Die Wäsche? Die habe ich längst aufgehängt. Der Tisch ist auch schon gedeckt.
Willst du zu Weihnachten einen Nerz oder Perlen? Oder beides?

Der größte Vorteil, ein Mann zu sein, liegt darin, dich lieben zu dürfen.

Freilich noch unwahrscheinlicher: Für mich nur einen Salat.

»Du musst noch« und andere Schreckensworte

»Wo kommst du her?«

»Wo willst du hin?«

»Warum kommst du denn so spät?«

»Wem gehört die Telefonnummer auf dem Zettel in deiner Tasche?«

»Ist das nicht Make-up an deinem Hemd?«

Diese Fragen hat gottlob keine Frau erfunden, sondern Udo Jürgens. Im Gespräch mit dem Partnerschaftsfachblatt *Echo der Frau* stellt er solche Nachforschungen als abschreckende Beispiele hin: »Wenn ich das Gefühl hätte, meine Frau sperrt mich ein und legt mir Fesseln an – das wäre das Ende.«

Glücklicherweise hatte Udo Jürgens es ja besser getroffen, in seinem Haus in der Nähe von Zürich bewohnten er und seine (wesentlich jüngere) Gattin Corinna getrennte Räumlichkeiten – übrigens keine schlechte Idee, denn so können beide Partner die Vorteile der Zweisamkeit genießen, ohne deren Nachteile (Schnarchen, Pupsen, unterschiedliche Fernsehinteressen, Sockenrumliegenlassen) ertragen zu müssen. Überdies ging es beim Ehepaar Jürgens natürlich extrem gesittet zu: »Wir klopfen an, wenn wir einander besuchen.«

Und selbstverständlich spielte in des Sangeskünstlers Ehe auch die Toleranz eine Hauptrolle: Neulich, als er mit seiner ehemaligen Freundin essen ging, »nach wie vor eine bildhübsche Frau«, da hatte Gattin Corinna nur fein gesagt: »Ach, das ist aber nett, macht euch einen schönen Abend.«

Na ja, die Ehe ging dann doch auseinander, aber das kann ja nicht am Getrenntwohnen gelegen haben. Und Sie? Hätten Sie auch so gesprochen, so edel, tolerant und grundgut? Sie hätten nicht zufällig Ihrem Mann das Treffen mit dieser hübschen Ex kategorisch untersagt? Wirklich nicht?

Ah ja, dann waren Sie das also, die zwischen 19 und 23 Uhr wimmernd auf der Couch auf seine Rückkehr wartete, die spontan ihre Fatburner-Diät absetzte und zwei Familienpackungen Chio-Cips vertilgte? Okay, das ist Ihnen jetzt peinlich, wir wechseln das Thema und kommen schnell noch einmal auf diese Du-musst-noch-Sache zurück.

Du musst noch die Mineralwasser-Kisten wegbringen, du musst noch die Zeitungen zum Altpapier-Container fahren, du musst noch meiner Mutter zum Geburtstag gratulieren, du musst noch Blumenerde kaufen – wie viele Variationen auf dieses Thema kennen Sie eigentlich?

Wenn Ihnen jetzt spontan mehr als fünf einfallen, sollten Sie vielleicht zur Kenntnis nehmen, dass jedes einzelne »Du musst noch« für den Mann ein stöhnend ertragener Schlag ins Gesicht ist, eine Reminiszenz an die unfreien Tage der Kinder- und Schulzeit, die aus lauter Ge- und Verboten zu bestehen schienen und denen er endlich zu entkommen glaubte. Natürlich soll er die Mineralwasser-Kisten wegbringen, die Zeitungen zum Container fahren und zum Geburtstag die Schwiegermutter in Blumenerde eingraben, aber Sie können Ihre Botschaft doch auch anders rüberbringen. Zum Beispiel freundlich und ohne dieses »Du musst noch«, hinter dem immer auch eine unausgesprochene Drohung liegt.

Denn wissen Sie eigentlich, dass Sie mit ein paar wenigen Tricks Ihre Partnerschaft enorm verbessern können, und das schlagartig? Sie lassen einfach Ihre Schreckens-Fragen, Ihre Gänsehaut-Formulierungen weg! Wollen Sie beispielsweise sagen: »Du musst noch den Müll rausbringen«, dann sagen Sie künftig: »Hättest du jetzt schon Lust, den Müll rauszubringen oder erst später?« Wenn Sie mögen, üben wir das jetzt mal an ein paar einfachen Beispielen.

Vorher: Eines sage ich dir, mein Lieber, erzähle heute Abend vor den Ohren meines Chefs bitte keinen deiner schrecklichen Witze, sonst passiert ein Unglück.
Nachher: Übrigens will ich ja bald eine Gehaltserhöhung. Mein Chef hält sich für einen begnadeten Witze-Erzähler. Deine Witze sind natürlich vielvielviel besser. Deshalb möchte ich dich bitten, heute nicht einen einzigen zu erzählen, um den Mann nicht zu demütigen. Bitte, Liebling, tue es für mich. Ich kauf dir auch was Schönes von der Gehaltserhöhung.
Vorher: Du musst noch Karten für das Sting-Konzert besorgen. Das hast du jetzt schon dreimal vergessen. Wenn du es heute nicht machst, hacke ich dir eine Beule in dein scheiß Auto.
Nachher: Ich weiß ja, du hast unmenschlich viel zu tun. Aber wenn du die Karten für das Sting-Konzert besorgst, koche ich heute Abend Rinderrouladen mit Rotkohl und Kartoffelbrei nach dem Rezept deiner Mutter. Und danach gucken wir uns »Unersättliche Begierde« an oder lieber »Monstertitten, Teil 4«?

Du, wir müssen mal reden

Stefan war 15, als er morgens aufwachte und auf der Tastatur seines Computers einen Zettel mit der Schrift seiner Mutter fand: »Wir müssen reden.«

Er hatte wohl vergessen, das Gerät auszuschalten, als er nachts um drei ins Bett ging, seine Mutter musste danach hereingekommen sein und hatte – ja was?

Stefan fielen tausend Sünden ein. Erst hatte er Stunden lang bei Google nach Nacktfotos der wunderschönen Brooke Skye geforscht, sich dann bei yourdirtymind.com in den Unterabteilungen »Russian Virginz«, »Czech Girls« und »Nudist free pictures« amüsiert und sich hernach den zweistündigen Trash-Spielfilm »Chefarzt Dr. Sau und seine lüsternen Assistenzärztinnen« reingezogen. Stefan wusste: Seine Mutter war nicht schlecht im Computerspurenlesen. Möglicherweise aber hatte sie das Ding auch nur schnell ausgeschaltet, um ihn mitten in der Nacht nicht zu stören. Alles, was er im Moment wusste, hieß: »Wir müssen reden.« Nur eine einzige Sache ist einem 15-Jährigen peinlicher, als mit seiner Mutter über heikle Themen zu reden: mit ihr tanzen.

Stefan sah seine Mutter an diesem Samstag erst wieder am Abend. Er hatte den ganzen Tag Gelegenheit, darüber nachzudenken, was sie gesehen haben könnte, was sie mit ihm besprechen, wie sie ihn quälen wollte. Was auch immer sie vorhätte, es würde peinlich werden. Als es so weit war, gegen 20 Uhr beim Abendbrot, legte sie ihr Besteck nieder und schaute ihn vielsagend an. Stefans Herz befand sich irgendwo zwischen Kniekehle und Fußboden, doch dann sprach sie nicht von Brooke Skye und nackten Tschechinnen, sondern von der Schule: »Ich sehe dich dauernd an deinem Computer und nie über deinen Schulbüchern.« Puuuuuh.

Etliche Jahre später war Stefan Richter am Amtsgericht, er war seit sechs Jahren mit Katharina verheiratet, einer attraktiven und ziemlich taffen Anwältin. War er ihr untreu? Immer öfter. Tina. Nina. Er hatte sogar fast ein halbes Jahr lang etwas mit dieser wunderschönen Rechtspflegerin gehabt, deren ranke Gestalt es fast mit der von Brooke Skye hätte aufnehmen können. Und erst gestern war er zum Essen aus gewesen mit dieser sagenhaft sympathischen Referendarin, deren Mutter, wie sie bei dieser Gelegenheit erwähnt hatte, Vize-Schönheitskönigin in der ČSSR gewesen war. Sie war sehr aufgeschlossen und hatte sofort Ja gesagt, als er sagte, man könne ja mal zusammen in den neuen Woody Allen gehen. Und nun sitzt Stefan beim Frühstück neben seiner Frau, und Katharina sagt aus heiterem Himmel: »Du, wir müssen mal reden.«

Er verstummt. Der Schock kriecht ihm wie die kalte Wasserspur eines ausgedrückten Schwamms das Rückgrat hinunter. Alle Sünden fallen ihm ein. Nina. Die Rechtspflegerin. Tina. Die Referendarin. Warum heute? Ist er von irgendwem gestern beim Essen beobachtet worden? Hat sie irgendwo in seinen Jacketts einen Zettel mit unbekannter Telefonnummer gefunden? Hat er nach Parfum gerochen? Endlich sagt er etwas: »Warum?« Ihr Gesichtsausdruck wirkt nicht direkt bedrohlich, auch nicht wütend, eher neutral bis leicht bekümmert: »Stefan, wir müssen beide gleich los, es hat ja keine Eile. Und ich möchte es in Ruhe mit dir bereden. Passt es dir heute Abend?«

Natürlich passt es ihm, was bleibt Stefan anderes übrig. Doch ein Tag, der so angefangen hat, ist ein schrecklicher Tag. Sein Kollege sagt: »Du bist blass.« Bei der ersten Verhandlung des Tages muss er den Anwalt der Beklagten bitten, seine Stellungnahme noch einmal zu wiederholen. Und die Referendarin von gestern wird sich fragen, warum er heute so sonderbar distanziert scheint.

Am Abend aber setzt er sich zu seiner Katharina, die ernst, aber wider Erwarten ziemlich entspannt wirkt. Und was war es, worüber sie mit ihm reden wollte? Sie spricht: Ob es nach sechs Jahren Ehe nicht Zeit sei, an Nachwuchs zu denken.

Stefan ist so erleichtert, so voller innerem Jubel, dass er dem Rotwein in heiterster Weise zuspricht und eine Stunde später seine Katharina ins Schlafzimmer trägt, um das mit dem Nachwuchs sofort in Angriff zu nehmen.

Hier, Frauen, kommt unser Rat, nein, unsere im Namen von Millionen Männern demütig vorgebrachte Bitte: Das Bedrohungspotenzial dieser Fünf-Wörter-Neutronenbombe »Du, wir müssen mal reden« ist schrecklich. Verwenden Sie diese Formulierung doch freundlicherweise nur noch, wenn Sie ihn foltern wollen.

Falls Sie

a) noch einen Restposten an Sympathie für ihn aufbringen, sich
b) nicht am Anblick seines Angstschweißes ergötzen und
c) eine gedeihliche Gesprächsatmosphäre wünschen,

so verzichten Sie auf solche Schreckenswörter. Sorgen Sie vielmehr dafür, dass er Zeit hat und halbwegs entspannt ist. Auch bei einem schönen Essen kann man kritische Fragen in angenehmer Stimmung ohne Schärfen diskutieren.

Danke.

Typen, die Sie nicht brauchen

Hier kommt eine kleine Warnung vor Männer-Typen, die niemand braucht. Sie schon gar nicht:

Der Fiese

Eines Tages ruft beim Schönheitschirurgen Prof. Dr. Werner Mang ein Tycoon aus dem Ruhrgebiet an. Der Ruhr-Baron (»er ist einer der mächtigsten Industriellen zwischen Rhein und Ruhr«, erzählt Prof. Mang in der *Revue*) macht klare Ansagen, er spricht über seine Frau: »Es wäre nett, wenn Sie ihr den Bauch straffen könnten. Und die ›Reiterhosen‹ müssten weg. Und wenn Sie schon dabei sind: Sie war mal eine wunderschöne Frau, aber jetzt könnte ihr Gesicht ein Lifting vertragen. Meine Frau steht übrigens neben mir.« Dies tat sie gottlob nicht mehr lange. Brav ließ sie sich operieren, doch dann verließ sie ihn – »und er muss zahlen, bis er schwarz wird.«

Frühwarn-Signal: Auch wenn Sie am Anfang einer Beziehung total liebesblind sind, sollten Sie Symptome der Fiesheit mindestens am Rande wahrnehmen: Macht er sadistische Bemerkungen über Dritte? Neigt er zur Rache? Ist seine letzte Beziehung kriegsähnlich auseinander gegangen? Betrachtet er es als Machtverlust, wenn er sich an Verkehrsregeln halten soll? Erschlägt er Insekten mit der bloßen Hand? Kann er beim Spielen nicht verlieren? Alles Gründe, ihn fortan wachsamer zu beobachten und an Besserung nicht zu glauben: Der Fiese wird im Laufe einer Beziehung nie netter, immer nur fieser.

Der Traditionalist
Möglicherweise tut er schrecklich modern und liberal. Ist natürlich dafür, dass Sie Karriere machen. Dass Sie diesen etwas umständlichen Doppelnamen tragen. Dass Sie das Wort führen in der Verhandlung mit der Bank über die Hypothek für diese chice Penthouse-Eigentumswohnung. Wie traditionell er tickt, merken Sie, als Sie mehr verdienen als er. Als Ihr Spesenkonto bei Dienstreisen höher ist als seines. Sein Firmenwagen kleiner als Ihrer. Obwohl Sie mehr in die Kasse bringen, weigert er sich, in den Vaterschaftsurlaub zu gehen (»Schatz, deine Firma ist auf Mütter eingestellt, aber meine nicht auf Väter.«).

Frühwarn-Signal: Eigentlich hätten Sie darauf aufmerksam werden können, als er sich zu Beginn Ihrer Partnerschaft weigerte, den Tisch zu decken. Dass er allein in den Urlaub fuhr, als Sie in der Firma diesen Höllenstress hatten. Dramen beginnen meist ganz leise.

Der Schweiger
Gerade die temperamentvollen (und mitteilungsbedürftigen) Frauen fühlen sich zu den Schweigern hingezogen, weil die halt so wundervoll schweigsam zuhören. Niemand, der Knut kennt, würde schlecht über ihn sprechen. Allerdings auch nicht gut. Knut ist seinen beiden Kindern ein zuverlässiger, hinreichend freundlicher Vater. Er erklärt ihnen die Gestirne und die Uhrzeit, er bringt ihnen Skifahren und Schleife binden bei und übt sogar am Sonntag mit ihnen Diktate. Knut ist Chemiker, ist zuverlässig und spricht wenig. Am wenigsten mit Inga, seiner Frau. Schon gar nicht über Gefühle. Gerät die Partnerschaft in die Krise, ist Reden Gold, Schweigen Dreck. Findet auch Inga. Als die Krise kam, wollte sie ihn am liebsten rütteln. Aber er schwieg. Auch beim Paartherapeuten.

Frühwarn-Signal: Beinahe keines. Am Anfang war er bei Ihnen halbwegs gesprächig und charmant. Allerdings sprach er, als er Ihre Mutter zum ersten Mal traf, praktisch kein Wort. Aber Sie dachten, das lag an Ihrer Mutter. Pech.

Der Aufreißer

Damals hat Ihnen das alles gefallen. Sein wiegender Gang. Die Unternehmungslust. Sein fröhliches Selbstbewusstsein. Sie mochten die Siegesgewissheit, die sich in seinen Gesten ausdrückte. Es gefiel Ihnen, dass er Sie in dieser Kneipe spontan in den Arm nahm, obwohl Sie beide sich ja kaum kannten. Sein Charme nahm Sie auch die beiden ersten Jahre Ihrer Ehe immer wieder gefangen, aber irgendwann hatte er sich abgenutzt. Das war spätestens dann der Fall, als Sie den Lippenstift an seinem Hemdkragen und die Kratzspuren auf seinem Rücken bemerkten. Inzwischen wissen Sie, er kann nicht anders. Männer wie er sind immer auf der Suche nach der Richtigen. Vor allem nach der Hochzeit. Er bereut es manchmal sogar, letzte Woche hat er tatsächlich echte Tränen vergossen, ist halt der emotionale Macho-Typ. Aber Sie und er wissen: Er ist wie Bill Clinton, der konnte auch nicht anders. Entweder Sie müssen so steinkalt werden wir Hillary oder ihn verlassen.

Frühwarn-Signal: Schon beim zweiten Treffen hatte er mit der Kellnerin geflirtet. In Ihrem Beisein. Beim zweiten Treffen! Wie blind sind Sie eigentlich?

Der Scherzkeks

Ihre Freundinnen fragen sich, was Sie an ihm finden. Sie aber sagen dann: Er braucht mich. Manchmal rührt er Sie in seiner Unbeholfenheit, manchmal bringt er Sie zum Lachen, meistens nervt er nur. Als – prinzipiell harmlose – Frohnatur verfügt er über ein jederzeit abrufbares Standardrepertoire von circa 1300 Witzen, die er nicht müde wird zu erzählen, gern auch beinahe alle hintereinander. Beim Betriebsfest mit Partnern schlägt er Ihrem Chef auf den Rücken, bei der Beerdigung von Onkel Ludwig trägt er in der Trauerkapelle ein selbstverfasstes Gedicht auf den Verstorbenen vor, das sich reimt und in 26 Strophen Onkel Ludwigs Lust an alkoholischen Getränken und Weibergeschichten thematisiert. Dass Witwe und Kinder aufschluchzen, hält er für Beifallsbekundungen. Endgültig trennen Sie sich aber erst von ihm, als er bei der Übergabe des Bundesverdienstkreuzes an Ihren Vater im Rathaus Ihrer Heimatstadt ein selbstgetextetes Lied nach der Melodie »Ja, ja, so blau, blau, blau blüht der Enzian« vorträgt.

Frühwarn-Signal: Schon beim ersten Treffen hatte er Ihnen nicht nur einen Witz erzählt, sondern etwa 32. Zu früh gelacht.

Der Verdrücker

Andrea liebte ihn von ganz tief drinnen. Er war klug, groß, unternehmungslustig, sah nicht schlecht aus, war charmant, konnte Witz entfalten, war Investmentbanker. Allerdings lebte er in Montreal, Andrea wohnte (und arbeitete) in Berlin. Sie war sparsam, legte Geld zurück für die Flüge und war eine Meisterin darin geworden, gleich am Jahresanfang die Brückentage im Kalender zu sichten, um auf diese Weise mindestens fünf längere Besuche bei ihrer großen Liebe pro Jahr sicherzustellen. Doch jeder Abschied schnitt ihr ins Herz. Briefe, E-Mails und Telefonate konnten die Geborgenheit und Nähe nicht ersetzen, die sie an seiner Seite empfand. Eines Tages beschloss sie deshalb kühn, ihre Stelle als Anwältin in einer Berliner Kanzlei aufzugeben. Sie kündigte natürlich auch ihre Wohnung. Alles war mit ihrem Freund in Montreal abgesprochen, längst war der Flug gebucht. Da bekam sie zwei Tage vor der Abreise eine E-Mail von ihm: Sie soll bitte doch nicht kommen, er ist sich seiner Gefühle nicht mehr so sicher, es tut ihm sehr leid. Er hatte noch nicht einmal den Mumm, ihr das am Telefon zu sagen.

Frühwarn-Signal: Der Verdrücker hat nicht gelernt, Verantwortung zu übernehmen. Das ist ihm wahrscheinlich in seiner Kindheit so vorgelebt worden, aber Ihnen hilft das jetzt auch nicht weiter. Achten Sie darauf, in welchen harmlosen Situationen er sich verdrückt. Macht er sich davon, wenn Sie sich mit dem unverschämten Handwerker herumschlagen? Legt er den Rückwärtsgang ein, wenn die Bank plötzlich ihre guten Konditionen für den Hypothekenkredit widerruft? Alte Pädagogenweisheit: In den Kleinigkeiten zeigt sich ein ganzer Charakter.

Der Schwierige

Er ist sensibel. Er ist intelligent. Er sieht auf seine fragile Weise gut aus. Leider schreibt er schon seit vier Jahren an einem Drehbuch für einen Psychokrimi, hat aber erst 63 Seiten geschafft, weil er ja auch dieser ungeliebten Bürotätigkeit nachgehen muss, um den Unterhalt seiner vier Kinder aus drei Beziehungen zu sichern. Er neigt zu Stimmungsschwankungen, zu Tagen größter Düsternis, die abgelöst werden von Phasen überbordender Heiterkeit. Er ist verschuldet, hat Ihnen dennoch zu Weihnachten eine superschöne Zuchtperlenkette mit Brillantverschluss geschenkt, Sie werden aber nie mit ihm Schluss machen, weil Sie bei einem Mann, dem Sie Fürsorgerin und Mutter sein müssen, immer alles unter Kontrolle haben: Der beherrscht Sie nie, den beherrschen immer Sie.

Frühwarn-Signale: alle und keine. Sie hätten sie ja sowieso nicht beachtet.

Der betrogene Ex

Besonders schwerer Fall. Hatte eine harte Ehezeit. Sie werden dennoch den Eindruck nicht los, dass er noch immer an seiner Ex hängt. Obwohl die ihn mit seinem Chef, seinem drittbesten Freund, seinem Cousin und der Hausärztin betrog. Immer wieder verzieh er ihr. Bei Ihnen aber ist er gnadenlos misstrauisch. Er lässt Sie noch nicht einmal mit dem Mann allein, der die Wasseruhr ablesen will. Neulich fanden Sie auf seinem Schreibtisch ein Gedicht in seiner Handschrift. Es war eine Hymne auf seine Ex.

Frühwarn-Signal: Schon beim Kinobesuch in den Anfangsmonaten Ihrer Beziehung klingelte sein Handy. Er war erst nach 20 Minuten vom Klo zurückgekommen, hatte mit den Schultern gezuckt und gesagt: »Meine Ex.« Damals fanden Sie das noch sehr fürsorglich. Heute fragen Sie sich, ob Sie zu jener Zeit eigentlich Durchblutungsstörungen im Hirn hatten.

Der Computer-Trottel

Er sitzt einfach immer vor dem Computer. Obwohl Sie Gäste erwarten und der Tisch gedeckt werden muss. Obwohl Ihre Marie (1) frische Windeln braucht und Leon (3) gerade aus dem Garten zwei Regenwürmer mit viel Erdreich auf der Ledercouch im Wohnzimmer ausbreitet. Er bleibt auch dann vorm Computer, wenn Sie ihm Ihren schönen Körper zum Verführtwerden anbieten. Überlassen Sie ihn dauerhaft seinem Computer, aber trennen Sie sich in Freundschaft von ihm. Damit er Ihnen später die Festplatte putzt und Leon und Marie beim Kauf eines Laptops beraten kann.

Frühwarn-Signal: Sie hätten es merken sollen. Auch wenn Sie ihm früher mal nachts um 1.20 Uhr eine Sehnsuchts-Mail schickten, kam prompt die Antwort.

Der heimliche Alki
Intelligentes, sensibles, bedauernswertes, aber auch unfassbar verlogenes Mannsbild. Hat Sie total hinters Licht geführt. Waren Sie aus, trank er nur Wasser, gönnte Ihnen Ihr Viertel Wein mit dem Hinweis, er persönlich mache sich nun mal nichts aus Alkohol. Erst als Sie mit ihm zusammenzogen, entpuppte er sich als süchtig. Schlimm für ihn. Sie besorgen ihm auch eine Therapie. Aber dass er vorher nichts erzählt hat, nehmen Sie ihm übel.

Frühwarn-Signal: Menschen, die Alkohol öffentlich gleichsam entrüstet ablehnen, haben ihre Gründe.

Der Tuner
Eigentlich ein netter Bursche. Hat im Kühlschrank aber nur Brot, Butter und Marmelade. Weil er alles ins Tuning seines A4 steckt: Spoiler, Breitreifen, tiefer gelegt, Motor frisiert, Bremsanlage der neuen Leistung angepasst. Macht alles selbst. Liebt seinen A4, ja Sie lesen richtig: liebt! Wenn der Wagen in die Inspektion muss, nimmt er sich frei und steht in der Werkstatt neben dem Monteur. Sehen Sie ihn am Wochenende? Nur, wenn Sie mitkommen zum Geile-Karre-Tuning-Festival im Sauerland.

Frühwarn-Signal: Er wollte Ihnen gleich an Ihrem armen Ford Fiesta mit 45 PS eine Doppelauspuffanlage installieren.

Eigentlich viel zu schade für ihn

Jetzt erfahren Sie ein männliches Geheimnis. Gar nicht so wenige Männer, und es sind nicht die schlechtesten Exemplare, denken im Angesicht der Schönheit oder der bekannten oder vermuteten charakterlichen Überlegenheit einer Frau das Gleiche, das schon vor langer Zeit der Liedermacher Hannes Wader empfand: »Ich weiß, so ein Mädchen ist eigentlich viel zu schade für mich.«

Nehmen Sie diesen Hinweis, falls Sie schön oder gut sind oder Ihnen beides unterstellt wird, nicht auf die leichte Schulter: Männer sind solcher Demut durchaus fähig. Auch wenn sie nicht darüber reden, gehören Zweifel an ihrer Moralität, an ihrer charakterlichen Gleichberechtigung, oft auch ihrer körperlichen Nichtkonkurrenzfähigkeit (Bierbauch, Stirnglatze, Tanzungeschicklichkeit) durchaus zum regelmäßigen Seelen-Repertoire. Und das sogar in Sex-Foren im Internet, in dem normalerweise wenig sensible Hinweise wie dieser kursieren: »Wenn du im Palace (das ist ein Sex-Club in Frankfurt) bist, geh mal zu Delila. Tittenmäßig das Beste, was ich in den letzten 5 Jahren zwischen die Finger bekommen habe.« Genau in diesem Forum aber beschreibt ein junger Mann zwischen all den rüden Tipps und Urteilen authentisch und nicht unsympathisch seine Zweifel an einer künftigen Existenz zwischen Drafi Deutscher und Michael Schumacher:

»Mal ein paar Fragen an die Nachdenklichen hier. Bin jetzt nicht mehr so gut aussehend und sportlich wie noch vor zwei Jahren,

weniger umtriebig, fast schon frei von Illusionen. Ist das das Ende? Habe eine nette Maus am Start, gar nicht unhübsch, aber etwas naiv und ziemlich einfach gestrickt, aus ›soliden‹ Verhältnissen – will sie aber nicht, nicht mal poppen. Eigentlich dürfte so ein Rumtreiber wie ich es bin, so ein Mädel nicht kriegen, und die arme Kleine träumt von Heirat, Eigenheim, Kiddies – leider gar nicht so meine Welt. Nun die Frage: vielleicht doch einlenken und einem Tod à la Drafi entgehen? Oder kompromisslos weiterhin der Promiskuität, dem Alk und den zu schnellen Autos frönen?«

Tja, gute Frage.

Aber sollten Sie sich mal spontan in einen Mann verlieben und auch gleich spontan mit ihm ins Bett gehen wollen, während er sich ziert oder nach Ausreden sucht, so nehmen Sie das nicht als Ablehnung. Es kann nämlich ein dickes Kompliment sein. Vielen Männern geht es so, dass sie Frauen in zwei Klassen oder Kategorien wahrnehmen: die einen, mit denen sie sofort ins Bett schlüpfen könnten, ohne dass hinterher große Abdrücke auf ihrer Seele zurückblieben. Und dann die Frauen, die ihnen so wertvoll erscheinen, dass sie nicht die schnelle Annäherung suchen. Dass sie denken, man hätte mehr davon, sich erst einmal in Ruhe richtig kennenzulernen, inklusive jener Stärken, Schwächen, inneren Verletzungen und Gemütsuntiefen, die sich nicht bei dreimal Essengehen und einmal wild rumknutschen feststellen lassen.

Ja, auch das gibt es: Mancher junge Mann empfindet mit den Jahren die flüchtigen sexuellen Annäherungen, die nicht auf personaler Begegnung gründen, immer schaler und schaler: Er will einer Frau erst einmal in die Seele blicken. Glauben Sie's einfach mal, ehe Sie sich mit seinen Untiefen im nächsten Kapitel befassen. Dort wird's schmutzig.

Was er im Internet treibt

Ein Sonntagabend irgendwo in Deutschland. Hat Ihr Partner sich soeben mit den Worten abgemeldet: »Ich verstehe diesen Tatort nicht. Ich geh mal ins Arbeitszimmer und surfe noch ein bisschen, ja«?

Dann sollten Sie ihn vielleicht ins Arbeitszimmer entlassen. Aber ihn nach einer Weile mal ein bisschen überraschen. Mag ja sein, dass er Börsenkurse abruft oder Testberichte über den neuen Geländewagen mit vierfach verschwurbelter Hinterachse. Möglicherweise folgt er aber auch seinem Trieb und hat Adressen angeklickt wie

www.lusthaus.com
www.ladies.de
www.lustgarten.com
www.bordell-fuehrer.de
www.roemer-forum.com
www.freiclub.com
www.6-relax.de
www.hobbyfreundin.de
www.ffm-forum.com

Das sind Seiten, auf denen käufliche Lust angeboten oder über sie diskutiert wird. Geordnet nach Kategorien wie »Hostessen«, »Paare«, »Transsexuelle«, »Clubs«, preisen Etablissements oder Einzelpersonen das an, was sie besonders gut können, unterstützt von Fotos und einem ausgeklügelten Abkürzungssystem.

BWP bedeutet zum Beispiel »Brustwarzen-Piercing«, GV heißt ganz einfach »Geschlechtsverkehr«, NS steht für »Natursekt« (Pipi), GFS für »Girlfriend-Sex« und AV für »Analverkehr«, aber wir wollen das nicht vertiefen. Falls es Sie wirklich interessiert, mögen Sie unter *www.traummaennlein.com* nachlesen, was AT, ZK oder mA bedeutet.

Über die allzu drastischen Äußerungen/Empfehlungen wollen wir hier nicht reden, das mag jede unter den angegebenen Internet-Adressen nachschlagen (auch *www.89.com* gibt einen feinen Überblick über die sehr ins Spezielle gehenden Variationen der Lust). Aber lassen Sie uns ein ganz klein wenig in die Seele des deutschen Johannistriebtäters blicken, die auch ihre bizarr-komischen Seiten hat. Denn es geht nicht nur um Sex, sondern auch um Sauberkeit, Schauspielkunst und Schokomäuse.

Ein ordentlicher deutscher Bürger zum Beispiel urteilt über zwei türkische Hostessen aus Rüsselsheim: »Die beiden haben eine gute Figur und sind sehr sexy angezogen und geschminkt, aber leider ist die Wohnung recht unordentlich. Das hat mich abgehalten, dort zu bleiben.«

Ein Theaterkritiker über Ying aus Ludwigshafen: »Ying macht voll mit, ich kann mir fast nicht vorstellen, dass das gespielt ist.«

Ein fleißiger Innenarchitekturexperte aus Berlin, der systematisch (er ist eben Deutscher) die Etablissements aus zwei Stadtteilen testet:

»War gestern in der Antonstr. 25 und wollte eine Liste aus diesem Forum für Wedding, Reinickendorf abarbeiten. Parterre links, klingeling, eine ältere Puffmutti öffnete. Warten in der Küche, auf ca. 3 m², Mädchen tuschelten hinter Vorhängen und bissen schnell noch mal vom Pausenbrot ab. Ab ins Kabuff, ca. 7 bis 8 m²,

Glasoberlicht zu Küche/Flur. Schäbig eingerichtet, Wolldecke auf Klappcouch. Na ja, dachte ich, werde ich wohl wieder abrücken, aber da kamen die Mädels. Alle nicht unansehnlich, 6 bis 7, ca. 20 bis 45 Jahre. Entschieden habe ich mich für eine Schokomaus Peggy, Anfang 20.«

Doch leider muss jeder Mann zugeben, dass das Vorgehen des fleißigen Berliners ziemlich aufwendig ist. Der moderne Mann investiert ein wenig Geld, wird Mitglied bei *www.frei-club.com*, einer »Interessengemeinschaft von Mit-Gliedern«, unter der einschlägige Empfehlungen abrufbar sind. Dabei werden natürlich strenge Maßstäbe angelegt:

»Eine Dame, die wir empfehlen, hat nicht allein eine attraktive Erscheinung und ein ehrliches Wesen – sie bietet zudem ein ›tabuloses Programm‹. Das allein genügt uns aber nicht. Die Dame muss das Gefühl vermitteln, mit Spaß dabei zu sein. Das heißt, was sie macht, das macht sie auch gerne. Man(n) hat eben das Gefühl, mit seinen Wünschen immer willkommen zu sein und freut sich darauf, bei ihr Stammgast zu werden.«

Der deutsche Stammgast aber gibt nicht nur Erfahrungen wieder und erteilt Rat, er denkt auch über sich selbst nach. Dann wird das Forum im Internet-Portal schon mal zum virtuellen Beichtstuhl. Wie bei diesem sonderbar zwischen Reue, Umkehr und Sparsamkeit hin und her gerissenen Herrn:

»Manchmal frage ich mich auch, was mich dazu treibt, eine Dame zu besuchen. Wobei es schon viel weniger geworden ist. Im vergangenen Jahr war es mindestens 1 bis 2 mal pro Monat. Doch dann sah ich, wie viel Geld drauf ging und ich beschloss, es drastisch zu reduzieren und frage mich, was es mir letztendlich gegeben hat.

›Erleichterung‹, Lust, Spaß? Was soll ich sagen? Der Trieb, der einen zwingt? Die Zeit ist immer schnell um und das Geld ist weg. Das werde ich ändern und auf anderem Wege ein Mädel finden. Für die Übergangszeit war es okay, aber auf Dauer ist es nichts.«

Na bravo, wir wünschen dem Herrn viel Glück bei Umkehr, Reue und Suche, manchmal spielt der Ton aber auch ins arg Kostenbewusste, Schreckliche, doch nicht völlig Unsensible. Allerdings auch ins dermaßen Ehrliche, wie es sonst nur nach dem zwölften Pils an der Theke in lupenreiner Männergesellschaft zu vernehmen ist. Oder eben im Sexperten-Forum im Internet, wo ein Mann abwägt, ob er es besser mit Professionellen oder Unprofessionellen zu tun hätte, halten Sie sich fest:

»Es fängt schon damit an, dass, wenn man eine Frau kennengelernt hat, mit ihr Essen oder Trinken war, bis dahin alles in Ordnung ist, und dann geht es in die Kiste. Und dann kommt ein völlig unprofessionelles Verhalten – das nicht, jenes nicht / liegt da wie in Marmor gemeißelt / bläst schlecht. Dann hast du die Tante erst mal an der Backe. Und wenn man nicht völlig unsensibel ist, dann sagt man ja auch nicht: Baby, du bist eine absolute Null-Nummer im Bett! Und wenn man dann noch den Fehler macht, zusammen zu ziehen oder gar zu heiraten – na, dann Mahlzeit. Die Kosten darf man gar nicht rechnen. Und eines ist sicher: Irgendwann ist einfach Ende und dann die Kosten. Es ist sicherlich nicht wirklich schön, so zu denken, aber mit 40 hat man so viele Erfahrungen gesammelt, dass es wohl bei fast jedem so ist.«

Au wei. Es kann natürlich sein, dass andere Männer nicht so desillusioniert sind. Dass sie an die ewige Liebe glauben und heiraten wollen. Abermals mit Hilfe des Internets. Da aber deutsche Frauen sich eher ungern zum Putzen und Bierholen abrichten lassen, bietet es sich an, mal bei den Frauen aus Thailand, Osteuropa oder Brasilien nachzuforschen.

Unter der sprachlich ein wenig inkonsequenten Adresse *www.brasiliendream.de* findet sich dann beispielsweise das Foto von Marilede, 22 Jahre, 50 kg, 1,60 m. Der Text zielt gleich aufs Wesentliche: »Marilede heißt diese junge Dame, die mit ihrer Traumfigur sicherlich so manchen Mann ins Schwitzen bringen kann. Sie ist ledig, hat keine Kinder.« Besonders wählerisch darf die arme Marilede offensichtlich auch nicht sein: »Sie wünscht sich einen treuen Partner zwischen 25 und 50 Jahren.«

Wer sich jetzt ekelt, hat unser Verständnis. Männer können schrecklich sein. Sind alle Männer so? Nein. Der Papst natürlich nicht. Der Dalai Lama auch nicht. Aber beide sind für Sie nicht zu haben, damit müssen Sie sich abfinden. Ihr eigenes Prachtexemplar betrachten Sie vielleicht bei Gelegenheit etwas näher, indem Sie sich die Internet-Adressenliste in seinem Computer anschauen. Seien Sie auf alles gefasst!

Was seine Schuhe über ihn verraten

In einer dieser doofen Listen, die im Internet kursieren oder dann und wann in der Knallpresse abgedruckt werden, warum es so schön ist, ein Mann zu sein (»du musst nicht in der Gruppe aufs Klo gehen, du kannst deine Marmeladengläser selbst aufdrehen«, harhar), kommt garantiert auch die Maxime »drei Paar Schuhe reichen dicke«.

Stimmt sogar. Das Kapitel »Der deutsche Mann und seine Schuhe« zählt zu den traurigsten, die über sein ohnehin klägliches äußeres Erscheinungsbild zu schreiben sind. Die Schuhe des deutschen Mannes sind am besten mit den drei Bs zu beschreiben: braun, billig, blöd. Viertens: meistens auch noch ungeputzt.

Richten Sie einfach einmal bei einem beliebigen Spaziergang durch Ihre Stadt fünf Minuten den Blick zu Boden: Sie werden ein ganzes Panoptikum an grauenhaften Herrenschuhen entdecken, vorzugsweise in erdverwandten Farbtönen, klobig, mit Gummisohlen und mit dicken Textilschnürsenkeln, nicht selten ausgelatscht und abgenutzt, designed by Daisy Duck, produced in Eastern Europe, polished by nobody.

Haben all diese Männer, die da auf dem Schuhwerk des Grauens durch die Welt schlurfen, eigentlich keine Freundinnen und Frauen? Doch, das ist ja das Schlimme. Frauen beeinflussen 70 bis 85 Prozent aller Kaufentscheidungen in Deutschland, sie reden längst bei Autos mit und stellen einen hohen

Teil der Käufer von Investment-Fonds, aber wenn ihre Partner Schuhe kaufen, scheinen sie immer krank zu sein oder sie schweigen ausnahmsweise. Dass sie denselben schlechten Geschmack haben, kann eigentlich nicht sein, denn es gibt nicht halb so viele hässliche Frauen- wie Männerschuhe.

Sie als Frau von Geschmack wissen natürlich, dass Männerschuhe wichtig sind, dass sie viel aussagen über den Mann, der sie kauft und trägt. Sie wissen, dass wirklich gute Schuhe rahmengenäht sein müssen, dass sie die Sprache unaufdringlicher Eleganz (ein Gentleman ist so gut gekleidet, dass man es erst nach zehn Minuten bemerkt) zu sprechen haben und das Paar wirklich nicht billiger sein darf als ungefähr 350 Euro, gerne aber teurer, nach oben sind keine Grenzen gesetzt. Und die Schuhe müssen geputzt sein, gepflegt, gewienert.

Aber warum ist das so wichtig? Weil Männer mit ungeputzten Schuhen auch sonst ihr Leben nicht im Griff haben. Weil gepflegtes Schuhwerk wie gepflegte Fingernägel zwar keinerlei sachliche Funktion erfüllen, beide aber beweisen, dass ein Mann auf sich hält.

Sollten Sie noch nie auf Männerschuhe sonderlich geachtet haben, was ja nix Schlimmes wäre, empfiehlt sich ein Gang in ein besseres Schuhgeschäft. Das Einfachste ist wirklich die Orientierung am Preis. Sie können auch auf Internetseiten wie *www.allenedmonds.com*, *www.budapester.de*, *www.ludwig-reiter.com* nachschauen, um ein Gefühl für das Understatement guter Männerschuhe zu entwickeln.

Und was sagt das jetzt über einen Mann aus, wenn ihm Schuhe lieb und teuer sind? Ist er dann ein besserer Mensch? Nein, natürlich nicht. Er beweist lediglich Geschmack, und zwar einen eher leisen, unaufdringlichen guten Geschmack, wahrscheinlich auch einen gewissen Ehrgeiz, sich auf anderen ästhetischen Feldern hervorzutun, nicht ohne innere Begründung sieht man die besten Herrenschuhe (und Krawatten) auf Kunstmessen.

Werden wir lebenspraktisch. Sagen wir: Sie sitzen in einem Restaurant und sind auf einen Mann am Nebentisch aufmerksam geworden, der Sie irgendwie interessiert. Sie wollen sich ein Bild von ihm machen, Sie wollen, unter anderem, auch seinen sozialen Status einschätzen. Dafür betrachten Sie sein Gesicht, seine Haltung, seine Gesten, seine Manieren, seine Kleidung, seine Uhr – aber vor allem seine Schuhe, sie sind der klarste Indikator von Geschmack und Selbstanspruch.

Anzüge senden heute keine eindeutigen Signale mehr aus. Falls sie nicht gerade speckig glänzen oder altmodisch geschnitten sind, lässt sich selten auf einen Distanzblick im Restaurant entscheiden, ob sie 299 oder 1299 Euro gekostet haben. Die Krawatte ist natürlich wichtig, falls er eine trägt. Krawatten sind immer noch die beste unausgesprochene Botschaft, ob ein Mann es spießig, billig-konventionell, einfach-konservativ, teuer-konservativ, teuer-elegant, flippig oder teuer-ambitioniert mag. Da Männer heute eher selten Krawatten tragen, werden Sie, liebe Leserinnen, auf die Qualität des Hemdes achten, auf die vermutete Qualität des Stoffes, die Modernität des Kragens und die Manschetten. Umschlag-Manschetten mit Manschettenknöpfen signalisieren natürlich eine besondere Ambition, die aber eher selten vorkommt.

Nehmen wir an, der Mann, den Sie beobachten, trägt einen nicht sonderlich teuer wirkenden blauen Anzug ohne Krawatte, er wirkt so gepflegt, dass Sie ihm ohne weiteres auch ein ordentliches Eau de Toilette zutrauen, aber das riechen Sie aus der Entfernung nicht. Sonstige Auffälligkeiten ergeben sich aus Ihrer Distanz nicht, er wirkt sympathisch, die Gesten sind eher sparsam, aber nicht unentschieden, seine Uhr ist unauffällig, jedenfalls kein teures Exemplar, muss ja auch nicht sein, seine Manieren scheinen okay zu sein, jedenfalls hat er seinem Gesprächspartner zweimal den Brotkorb gereicht.

Mit anderen Worten: Er könnte genauso gut Sachbearbeiter sein wie Buchhalter, Verleger von Kunstzeitschriften, Fonds-Manager, Galerist oder Besitzer eines auf Junggesellenreisen nach Thailand spezialisierten Reisebüros, da fällt Ihr Blick auf sein Schuhwerk: braun, länglich, mit ziemlich fetten Nähten, kosten höchstens 129 Euro. Und Sie ahnen auf der Stelle: Er kann immer noch alles Mögliche sein, aber er ist weder Verleger noch Galerist.

Als Frau wissen Sie natürlich, dass der etwas ambitioniertere Mann sich mit seiner Kleidung auch bewusst inszeniert. Die braunen Pferdelederschuhe für 690 Euro sind dann Teil dieser Inszenierung. Diese Art von Schuhen signalisiert Understatement und Selbstvertrauen, aber eben auch einen gewissen Hang zur Selbstdarstellung, zum Angeben in leiseren Tönen.

Sind Männer mit teuren Schuhen also doch bessere Menschen als andere Männer?

Nochmal: Nein.

Gebildeter? Schon.

Ehrgeiziger? Wahrscheinlich.

Wertkonservativer? Ja.

Bessere Liebhaber? Kaum.

Wie hoch ist die Wahrscheinlichkeit, dass Männer mit guten Schuhen daheim auch gute Bücher und gute Bilder haben? Absolut höher als beim Durchschnittsschuh-Träger.

Mit anderen Worten: Über den Mann, der viel Geld in gute

Schuhe steckt, lässt sich immerhin folgendes Psychogramm entwerfen:

Schönheit und Qualität sind ihm wichtig, er investiert Zeit und Geld in sich selbst, er ist höchstwahrscheinlich auch anderen schönen Dingen zugetan und wird sich in der Regel großzügig zeigen. Träger guter Schuhe hören auch nicht André Rieu oder lassen sich ein Autogramm geben von Marianne & Michael, in ihrem Badezimmer regiert nicht der Schimmel, in ihrem Kühlschrank finden sich keine Schmelzkäse-Ecken und kein Kaviarersatz. Sind solche Männer großzügiger? Vieles spricht dafür – wie denn überhaupt Männer, die es gut mit sich selbst meinen, es meist auch besser meinen mit ihren Frauen und Freundinnen. Leider manchmal mit beiden zugleich.

Zu seiner Verteidigung: Was will die Frau?

Es wird ein ewiges Rätsel bleiben, was Frauen von den Männern wollen. Da strengen die Männer sich an, charmant zu sein, machen Benimm-Kurse, sprechen als Chefs immer von den lieben »Mitarbeiterinnen und Mitarbeitern«, tragen sogar brav ihre Pour-Homme-Feuchtigkeitscreme mit revitalisierenden Energiespendern auf, sie lesen alle Ratgeber, um passable, gute oder noch bessere Liebhaber zu werden, und was stellen sie fest? Dass die Frauen die absonderlichsten Wünsche haben.

So wie Ildikó von Kürthy, die Bestseller-Autorin. Sie hat offenkundig ein ähnlich immenses Mitteilungsbedürfnis wie viele ihrer Geschlechtsgenossinnen und schwärmt in *Frau im Spiegel* von den Vorzügen ihres Gatten: »Der ist so süß: Den kann man immer beplaudern, dann grunzt er ein bisschen, als Zeichen, dass er noch wach ist.«

Überhaupt hat jeder Mann längst gelernt, dass diese Umfragen, in denen Frauen angeben, was sie an einem Mann anziehend finden, irgendwie nicht stimmen können. Angeblich nämlich legt die Damenwelt vor allem Wert auf Humor, auf eine angenehme Stimme, sicheren Blick, auf schöne Hände. Doch schon in der Tanzstunde hat jeder mit diesen Attributen ausgestattete Jüngling schmerzhaft erfahren, dass er gegen den völlig humorlosen Typen mit dem markanten Gesicht und dem Superbody keine Chancen hatte, weil der einfach klasse aussah und noch dazu diese Rehaugen hatte, deretwegen die Mädels stundenlang tuschelnd die Köpfe zusammensteckten, ehe sie in geschlossener Formation zur Toilette schritten.

Im Übrigen ist das Auswahlverfahren der Frauen inzwischen auch wissenschaftlich untersucht; ideale Voraussetzungen dafür bieten die kommerziellen Speed-Datings: Männlein und Weiblein haben zwischen drei und sieben Minuten Zeit, sich kennenzulernen, das macht zehn oder mehr potenzielle Partner an einem Abend. Wer wen noch einmal treffen will, erfahren die Kandidaten meist am nächsten Tag per E-Mail. Die Speed-Dater tun also etwas, das Linette, acht Jahre alt, einmal so umschrieben hat:

»Die Rendezvous sind da, um sich zu amüsieren, und die Leute sollten diese Gelegenheit nutzen, um sich besser kennenzulernen. Sogar die Jungs haben irgendetwas Interessantes zu sagen, wenn man ihnen lange genug zuhört.«

Von den Jungs erwartet ja jeder, dass sie auch an einem solchen Abend den Gesetzmäßigkeiten ihrer Triebe folgen, sich also von den verlockendsten Hüften, den üppigsten Brüsten, den schmollendsten Lippen leiten lassen.

Die Frauen aber hätten bei einem solchen Abend die Gelegenheit, einmal mehr ihre sittliche Überlegenheit zu beweisen, könnten durch ihre Auswahl überzeugend darlegen, dass sie die Steinzeit weit hinter sich gelassen haben, sich also nicht für den Kerl mit den breiten Schultern (stark, sportlich, guter Jäger und Ernährer) oder den Mann mit dem markanten Kinn (viel Testosteron, guter Kinderzeuger) entscheiden. Aber was tun sie? Wahrscheinlich ahnen Sie es schon.

Bei einem wissenschaftlichen Test hatten Forscher die Partnerwahl bei einem Kuppel-Abend in München unter die Lupe genommen. Die Teilnehmer und Teilnehmerinnen hatten vorab angekreuzt, was ihnen an einem Partner wichtig sei, also zum Beispiel Bildung, Einkommen, Kinderwunsch, Charaktereigenschaften.

Mitarbeiter der Dating-Agentur aber hatten vorab die Teilnehmer mit Punkten nach ihrem Äußeren bewertet und mit ihrer Wertung genau vorhergesagt, wer wie oft zum Wunschpartner auserkoren wurde. Und das Ergebnis des praktischen Tests? Auch die Frauen hatten sich bei der Frage, wen Sie wieder treffen wollten, weitgehend nach dem Äußeren gerichtet. »Die Vorlieben, die die Menschen vorher im Fragebogen angegeben hatten, haben überhaupt nichts mit ihrer tatsächlichen Auswahl später zu tun«, resümierten die Wissenschaftler. Da haben wir's. Um es mit den Worten eines Songs der Rodgau Monotones zu sagen: »Ich hab geglaubt, du stehst so mehr auf innere Werte, und jetzt auf einmal fährst du ab auf männliche Härte.«

Oder nehmen Sie den jungen Mann, der im Internet-Forum seine Erlebnisse mit einer Frau schildert. Er hat schlechte Erfahrungen damit gemacht, dass er genau das getan hat, was die Frauen von den Männern immer fordern: Gefühle zeigen, sensibel sein, zuhören können, menschliche Nähe zulassen. Hier ist der Bericht des armen Kerls in nur geringfügig veränderter Form:

»Angenommen, eine Single-Frau ist am Freitagabend auf einer Party und lernt einen attraktiven Mann kennen, mit dem sie sich auf Anhieb gut versteht. Die beiden unterhalten sich prächtig, setzen sich später draußen im Park auf eine Bank und quatschen die halbe Nacht, reden über Gott und die Welt, darunter auch über seine letzte Beziehung, und wie er zum Ende hin gelitten hat, wie er geweint hat und mit der Trennung zu kämpfen hatte. Während er davon erzählt, kullert ihm wieder eine Träne über die Wange, sie tröstet ihn. Später bringt er sie nach Hause, nimmt sie einmal

in den Arm, bedankt sich für den netten Abend und verabschiedet sich dann.
Dieselbe Single-Frau geht am nächsten Tag auf eine andere Party, wieder alleine und wieder lernt sie einen gut aussehenden, charmanten Mann kennen. Der Abend vergeht wie im Flug, die beiden amüsieren sich prächtig, tanzen und trinken etwas.
Der Mann gibt sich eher kühl und redet nicht viel von sich, dadurch weckt er Neugier und strahlt Stärke aus – wie ein Typ, bei dem man sich anlehnen kann, neben dem alle Probleme unwichtig erscheinen, wie der sprichwörtliche ›Fels in der Brandung‹.
Ein paar Tage später melden sich die beiden Herren kurz nacheinander bei der Single-Frau. Beide würden gerne wieder mit ihr ausgehen, offensichtlich haben beide Interesse an ihr. An zwei verschiedenen Tagen verbringt die Frau nun wieder zwei sehr schöne Abende mit den beiden Männern.
Nun die Preisfrage: Mit wem von den beiden fängt die Frau eine wunderbare Beziehung an, heiratet ihn und welcher armen Sau sagt sie folgende brutale Worte: ›Ich mag dich so sehr und möchte dich nicht verlieren, können wir nicht einfach Freunde bleiben?‹«

Nun wissen wir nicht, ob die Entscheidung der Frau monokausal war, dass sie nur den coolen Typen gesucht hat oder an ihm nicht ganz andere Dinge gut fand. Aber die Verunsicherung des Zurückgewiesenen kann wohl jeder nachvollziehen. Wie es denn für den Mann heute in der Tat nicht ganz leicht ist herauszufinden, welchem Vorbild er gerade gerecht werden soll: Witzbold, Softie, Supermann? Cool wie James Bond, verroht wie Dieter Bohlen, sensibel wie Eugen Drewermann?

Die Männer, die sich vielleicht nach Irrtümern und Wandlungen von ihrem alten Macho-Selbstbild allmählich befreit haben, die es jetzt zaghaft und mit manchem Rückschlag dazu gebracht haben, zärtlicher, freundlicher, wohlwollender und enthaltsamer aufzutreten, die lesen dann aber folgende Kontaktanzeige und sind leicht verstört:

»Bin eine Frau, 28 Jahre, die mehr erleben möchte. Bin vielem aufgeschlossen, aber keiner Beziehung. Suche den abwechslungsreichen Sex. Auch 2 Freunde. Treffs nur bei dir möglich, da ich entscheiden möchte, wann, wie und wie oft ich Lust habe und auf nervige Männer keinen Wert lege. Halte mich für attraktiv, und das solltest du auch sein. Da Diskretion für mich sehr wichtig (verheiratet), Kontaktaufnahme nur über E-Mail und Tel.«

Gemein ist es auch, wenn die Männer immer zu hören und zu lesen kriegen, sie sollten sich nicht so konventionell männlich geben, nicht so kraftvoll und hengstmäßig, dann aber lesen müssen, was Viktoria, die hübsche junge Frau von Heiner Lauterbach, *Bunte* über den Gatten anvertraut: »Er strahlt auch heute unglaublich viel Männlichkeit aus. Auch wenn er nicht mehr raucht, säuft und mit Frauen rummacht, ist er doch ein Macho geblieben. (Lacht.) Ich bin gern seine Dienerin.«

Sie aber, Leserinnen, können dem Mann enorm helfen, indem Sie ihm direkt oder durch die Blume zu verstehen geben, was und wen Sie wollen. Zum Beispiel folgende Kombination: Macho im Bett, Diplomat gegenüber den Kindern, im Alltag Ihr Sklave. Oder großer Bestimmer in allen Lebenslagen. Oder Ihnen die Karriere überlassen, den Haushalt führen und liebevoll die Kinder großziehen. Sagen Sie es einfach! Männer sind flexibler, als Sie denken. Männer müssen manchmal nur klare Ansagen bekommen.

Frauen und andere Trophäen

Davon machen Frauen sich wohl keine Vorstellungen: Wie wichtig es für Männer ist, eine »präsentable« Partnerin an ihrer Seite zu wissen, sie »vorführen« zu können wie eine Jagdbeute, einen Siegerpokal.

Vor-führen ist übrigens wörtlich gemeint. Werfen Sie doch einmal einen Blick auf die Farbstrecken im Schlussteil der deutschen und internationalen Society-Blätter, auf denen bei Bällen, Premierenfeiern und Galas Männer ihre Partnerinnen dem roten Teppich zuführen: Sie schieben, halten und steuern sie, als wären die Damen Trophäen, mit denen die Herren ihre Sieghaftigkeit unter Beweis stellen müssten.

Bei der deutschen Fußballmeisterschaft halten die Männer bei der Siegesfeier die »Salatschüssel« in die Kamera, bei der WM den Fifa World Cup, bei den Olympischen Spielen beißen sie vor Freude in ihre Goldmedaillen. Im wirklichen Leben zeigen sie ihre Frauen – so archaisch ist das.

Sehr genau beobachten Männer im Alltag auch jenseits roter Teppiche, wie viel Augenaufmerksamkeit die Frau an ihrer Seite auf sich zieht, mit wie vielen bewundernden Blicken sie gestreift wird. Und glauben Sie es, die Männer registrieren das sehr genau, ob ihre Partnerin beachtet wird oder nicht: Jede Person, die sich nach seiner Begleiterin umschaut, auch jede andere Frau, die ihr wohlwollend oder mit dem kritischen Blick widerwilliger Bestätigung auf die hübschen Beine schaut, ist gleichsam Gold wert. Die Zahl der Anerkennung signalisierenden Blicke ist die Währung, mit der den Männern ihre Frauenauswahl belohnt wird: Eine schöne Frau in seiner Begleitung macht den Mann automatisch ein Stück größer, sie wertet ihn auf, sie verleiht ihm ein Selbstbewusstsein, von dem er auch profitiert, wenn sie ihn mal nicht begleiten kann.

Das Gefühl, eine begehrenswerte Frau erobert zu haben, sie ernähren, edel kleiden und auf Dauer an seiner Seite halten zu können, wird zur steten Quelle seiner Daseinszufriedenheit.

Gerade der in seinen verborgensten Seelenwindungen unsichere Mann braucht diese Verstärkung und Erhöhung. Er ist vielleicht unscheinbar, hat unzählige Male erlebt, dass man ihn vergessen hatte, sich an seinen Namen nicht mehr erinnerte, dann plötzlich taucht er immer wieder mit dieser hübschen Frau neben sich auf, und plötzlich erinnert man sich an ihn – wegen dieser Frau. Die beiden heiraten, sie wird zu seiner optischen Erkennungsmelodie, seinem Schutzengel, seiner lebenslangen Goldmedaille. Lebenslang? Je vordergründiger seine Liebesmotivation auf Bestätigung aus war, umso unsicherer ist die emotionale Basis einer solchen Verbindung. Verlässt ihn die Schönheit für einen anderen (reicheren, attraktiveren?) Mann, ist der Zusammenbruch programmiert. Die Identität, das Weiterleben des seiner Trophäe Beraubten scheinen nur möglich durch den »Erwerb« einer noch glänzenderen Beute. Solchen Herren gehen Sie am besten aus dem Weg. Weiträumig.

Sein bestes Stück

Zu keinem seiner Körperteile entwickelt der Mann ein solch inniges Herzensverhältnis wie zu seinem Penis.

Deshalb berührt er ihn auch so gern. Der etwas primitivere Mann geht oft breitbeinig und fasst sich häufiger auch öffentlich ans Gemächt: Michael Jacksons Griff in den Schritt bei Konzerten war also mehr als eine unbewusste Geste. Es war vielmehr die marketingtechnisch geschickt kalkulierte Bewegung an die Adresse der Männer (Selbstvergewisserung, Macht) und der Frauen (Potenzversprechen).

Männern ist ihr Unterleib extrem wichtig. Und weil alles, was die Menschen wichtig nehmen (wie auch die Liebe oder das Geld), viele Namen findet, kennt der kleine Unterschied südlich des Bauchnabels in der deutschen Sprache sicherlich rund 300 Variationen. Als Beispiel jetzt hier eine sehr kleine Auswahl, aber in alphabetischer Reihenfolge: Aftergeige, Begeisterungsknüppel, Blutwurst, Brunzrüssel, Dampfhammer, Drittes Bein, Dödel, Elfter Finger, Eindringling, Fummelhobel, Glockenschwengel, Hochspannungsmast, Knarre, Lustquirl, Muskete, Nille, Onaniergurke, Pillermann, Pimmel, Rohrflöte, Schleckstängel, Schwanz, Taschenorgel, Vorderlader, Waldhorn, Zauberflöte.

Wer dermaßen aufmerksam und zärtlich (und dies war wirklich nur eine klitzekleine Auswahl) mit seinem Geschlechtsorgan umgeht, der begreift auch früh, dass sein Penis ein Eigenleben führt (daher kommt der Frauenausdruck, jemand sei »total schwanzgesteuert«), dass eben dieses dritte

Bein gleichsam ein Neben-Individuum darstellt. Männer akzeptieren das im Laufe ihrer sexuellen Karriere mit einer Mischung aus Verwunderung, Stolz und Scham. Vor allem der Jüngling wundert sich, was dieser in untätigem Zustand so wenig beeindruckende Körperteil so alles anstellt, wenn er sich aufstellt. Das Ding mit den drei Schwellkörpern scheint eine so eigene, selbständige Identität zu entwickeln, dass der Mann ihn gern und folgerichtig an seinen Namen anpasst – der kleine Peter, Nils, Niklas, Jonas, mein bestes Stück, mein ständiger Begleiter, mein lebenslanger Freund, mein bester Freund, dein Glückspender, unser gemeinsamer Freund: als wäre der Schwanz eine eigenständige Person mit dem grundgesetzlich gesicherten Recht auf freie Selbstentfaltung.

Fehltritte werden also »ihm« zugeschoben, als sei er autark, als habe sein Einsatz rein gar nichts damit zu tun, dass der große Peter, Nils, Niklas, Jonas das Candlelight-Dinner vereinbarte, das richtige Lokal aussuchte und die passenden Verführungsworte fand. In einer dieser Erfahrungsaustauschbörsen im Internet berichtet ein Mann, nennen wir ihn Klaus, über ein besonders attraktives Objekt seiner Begierde und über die gleichsam neben ihn tretende Persönlichkeit seines Pimmels, der nicht nur einen Namen hat, sondern auch strenge Befehle erteilt: »Wer, frage ich euch, wäre da wieder weggegangen? Zumal sich doch schon der kleine Klaus meldete und mir strengstens untersagte, die kleine Nadja ungevögelt zu verlassen.«

Der Penis ist des Mannes ständiger Begleiter, in jungen Jahren mehrfach täglich einsatzfähig, in späteren dann doch noch erstaunlich oft, selbst ohne Viagra und Cialis. Nicht unterschätzt werden darf der Penis als Trostspender auch in schwierigen Lebenslagen, etwa bei psychischen Störungen, in der Einsamkeit soldatischen Lebens oder im Knast (ein Berliner Knacki beschrieb die Selbstbefriedigung einmal als »det orijinale Einschlafmittel«). Und weil das so ist, weil der Mann sein bestes Stück wahrhaft zu schätzen weiß, zeigt er volles Verständnis, ja Stolz für die Worte Freuds über das kleine Mädchen: »Es bemerkt den auffällig sichtbaren, groß angelegten Penis eines Bruders oder Gespielen, erkennt ihn sofort als überlegenes Gegenstück seines eigenen, kleinen versteckten Organs und ist von da an dem Penisneid verfallen.«

Aber der Penisneid ist dem Mann selbst unter Männern nicht fremd. Vor allem die Größe des Dings macht ihnen Freude oder Stress. Statistisch gesehen misst bei 90 Prozent aller Deutschen der Penis zwischen 13 und 18 Zentimeter. Über einen zu groß geratenen Penis hat man noch keine (Männer-) Klagen vernommen, über einen vermeintlich zu kurzen schon viele. In einem weiteren Internet-Forum, in dem sich Leute Hilfe holen, die sie woanders offensichtlich nicht finden, und über Themen sprechen, die sonst nur nachts bei Domian im WDR-Fernsehen behandelt werden, schreibt eine junge Dame, nennen wir sie Sandra, über ihren Freund (22). Sie liebt ihn sehr, er ist nett, sieht sogar toll aus, »die Beziehung mit ihm ist wahnsinnig schön«. Und wo liegt das Problem? Genau. Südlich seines Bauchnabels: Er findet seinen Penis (13 Zentimeter) zu kurz.

Sandra fehlt überhaupt nichts. Der Sex mit ihrem Freund ist wunderbar, sie sagt ihm das auch, aber mit solchen rationalen Einlassungen kann man ihm nicht kommen: »Sein Generve ging sogar schon so weit, dass er mich nach der Penislänge meines Ex fragte.«

Saudummerweise hat Sandra ihm die Wahrheit gesagt. Superfehler! Wahnsinnsfehler! Rote Partnerschaftskarte! Das beste Stück ihres Ex war natürlich länger, die Reaktion des vermeintlich Zukurzgekommenen nach ihren Worten »unglaublich«. Sandra fragt jetzt die anderen Teilnehmer im

Forum um Rat: »Wie kann ich meinen Freund davon überzeugen, dass mit ihm alles in Ordnung ist?«

Tja, liebe Sandra: Die Sache bleibt schwierig. Das Einzige, was du tun kannst: Lobe ihn, sage ihm, wie glücklich er dich im Bett macht. Aber mache dir keine zu großen Hoffnungen. Der Minderwertigkeitskomplex sitzt bei deinem Freund so tief wie bei jenen Männern, die vom Gymnasium geflogen sind oder das Studium nicht beendet haben. Sogar, wenn sie dann trotzdem eine astrein erfolgreiche Karriere hingelegt haben und eigentlich viel stolzer sein könnten als alle Abiturienten und Doctores, sitzt der Stachel des Versagens in ihren Eingeweiden und quält sie Zeit ihres Lebens wie ein nicht entfernbarer Dorn im Fuß.

Aber sonst ist der Penis im Normalphall natürlich der Stolz des Mannes. Noch der 75 Jahre alte Thomas Mann, der sich im feinen Züricher Hotel Dolder in den Kellner Franz verliebt hatte, berichtet in seinen auch in solchen Fällen wohl gesetzten Worten über die Onanie der späten Jahre als eine »gewaltige Ermächtigung und Auslösung« und eben über einen gewissen »Stolz auf die Vitalität meiner Jahre«.

Frauen, die es mit den Männern gut meinen, sollten berücksichtigen, dass nichts zum Erhärten, zum Stabilisieren und Ermächtigen so beiträgt wie Lob. Wer dagegen eine garantiert unerfreuliche Liebesnacht verbringen will, schafft das mühelos schon mit einem kleinen Satz: »Der wird ja gar nicht hart.« Deshalb sollten Sie, Leserinnen, gerade am Anfang einer erotischen Beziehung nicht geizen mit Worten der Anerkennung. Kaum ein Kompliment hört ein Mann lieber als eines, das seinem besten Stück gilt. Ein solches Lob kann Jahre, Jahrzehnte zurückliegen. Er wird es noch heute auswendig hersagen können. Komisch. Aber wahr.

Kann man einen Mann ändern?

Die Antwort ist die gleiche, die auch für Frauen gilt. Ja und Nein.

Jedes Verhalten, das tief in der Seele gründet, bleibt in der Regel unverrückbar. Alles, was mit Verletzungen in der Kindheit zusammenhängt, mit mangelnder Liebe, ungestillter Sehnsucht nach Harmonie, mit dem aus Nichtbeachtung resultierenden Geltungsdrang – das ist meist ein Leben lang nicht wegzubekommen. Schon viele Frauen sind darüber verzweifelt, dass all ihre Liebe die inneren Wunden nicht heilen konnte, unter denen ihr Mann vor dem Kennenlernen gelitten hatte und in der Partnerschaft weiter litt. Es gehört zum Standardrepertoire der Mütter, ihre Töchter vor schwierigen möglichen Schwiegersöhnen zu warnen: »Kind, einen Mann kannst du nicht ändern.«

Was man differenziert sehen muss: Verhaltensweisen, die nicht massive innere Ursachen haben, die also für die betreffende Person nicht existenziell sind (gleichgültig, ob Mann oder Frau), sind variabel, also auch abtrainierbar. Mit anderen Worten: Wer schnell beleidigt und dauernd eingeschnappt ist, kann sich das in der Regel weder abgewöhnen noch abgewöhnen lassen, es wurzelt zu tief im Urschleim seiner Persönlichkeit. Diese Verhaltensweisen sind in Kindheit und Jugend erlernt worden und haben sich in die Seelenstruktur gleichsam eingebrannt. Auch Unordnung wird sehr früh »erlernt«, sie ist allerdings, wenn auch mühsam, abgewöhnbar. Beate und James erzählen:

Beate: »Schon in Studentenzeiten – ich hatte eine Bude in Süddeutschland, James lebte in Berlin – hat er, wenn er mich besuchte, innerhalb kürzester Zeit mein Zimmer in ein Tohubawohu verwandelt. Nach zehn Minuten rief ich dann: Hey, jetzt guck dich mal um, sieh dir das an. Und er musste zugeben, es sah tatsächlich geradezu unwirklich aus: Sein Mantel neben seiner Reisetasche auf dem Fußboden, drei Bücher, die er mir mitgebracht hatte, auf dem Bett, einer seiner Schuhe unter dem Heizkörper, der andere vor der Tür zu dem winzigen Bad. Im Bad selbst die Zahnbürste auf dem Beistelltisch, die Zahnpastatube offen, der Deckel am Boden, es war Chaos pur.«
James: »Das war damals noch lustig und irgendwie auch Ausdruck von Lebensfreude. Aber dann sind wir später in Köln zusammengezogen, und Beate fand meine Unordentlichkeit immer nerviger. Es wurde ein richtiges Problem.«
Beate: »Du hast nicht eingesehen, dass etwas so Äußerliches und Nebensächliches wie Ordnung für mich so wichtig sein konnte.«
James: »Aber du hast es mir dann ziemlich dramatisch klargemacht, nämlich mit Auszug gedroht.«
Beate: »Es hat mich wirklich zu Tode genervt. Wir haben uns dann auf ein regelrechtes Trainingsprogramm geeinigt. Damit James nicht überfordert wurde, durfte er zunächst noch überall unordentlich sein, außer im Bad.«
James: »Ich bekam feste Regeln verpasst: Zahnpastatube von unten ausdrücken. Waschbecken nach dem Benutzen kurz reinigen, Duschgel immer an derselben Stelle, Socken und Unterwäsche in den Wäschekorb und so weiter.«
Beate: »Nach dem Bad kam die Küche hinzu, danach das Wohnzimmer. Das Ganze dauerte vielleicht ein dreiviertel Jahr, danach war es geschafft.«

James: »Das Komische ist, dass mir Ordnung heute selber beinahe ein inneres Bedürfnis ist und Spaß macht.«

Pünktlichkeit, Sparsamkeit, ein Kanon der Mindesthöflichkeit im Umgang miteinander, Fernsehkonsum – all das ist in der Regel erlernbar und kann von einem Paar zum Programm erklärt werden. Bei Eifersucht, Geltungsbedürfnis, bei Suchtverhalten aller Arten obliegt es Ihrem Geschick herauszubekommen, ob diese Verhaltensweisen existenziell begründet oder bekämpfbar sind.

Aber wenn Sie sich Mut machen wollen, denken Sie an Heiner Lauterbach. Nahm er früher nicht manchmal Rauschgift zu sich? Unterhielt er nicht Frauenbekanntschaften in rauen Mengen? Schrieb er nicht in seinen Memoiren über Suff und Puff? Wurde über ihn nicht sogar der Witz erzählt: »Sagt die eine Mücke: Da vorn an der Bar sitzt Heiner Lauterbach. Sagt die andere: Stich du ihn, ich muss noch fahren.«?

Eben. Doch dann trat schön und gut Victoria Skaf in sein Leben und alles ward besser: Die beiden heirateten, bekamen ein Kindchen und noch eins, jetzt wohnen sie in einem Bauernhaus, Lauterbach trinkt keinen Alkohol mehr, ernährt sich bewusst, treibt täglich Sport und nuckelt statt an fremden Nippeln am Glas mit Victorias selbst gemachtem Gemüsesaft-Cocktail. Sehen Sie, Sie müssen sich nur Beispiele suchen.

Eifersucht: Steinzeit im Bauch

So wie es Krankheiten gibt, die peinlich sind (Hämorrhoiden, Schlaganfall) und andere, die als chic gelten (»Mein Erwin hat jetzt den sechsten Bypass«) ist die Eifersucht unter den Emotionen die unattraktivste. Wer zugibt, eifersüchtig zu sein, gesteht damit immer auch seine innere Unsicherheit ein. Eifersüchtige mögen dieses Gefühl an sich selbst nicht, weil Eifersucht niedrig, unsouverän, gleichsam archaisch ist. So ähnlich denkt auch Andreas.

Er ist ein freundlicher, friedlicher Zeitgenosse. Von Beruf Architekt, 32 Jahre alt, ziemlich erfolgreich, auch bei Frauen. Früher hat er nichts anbrennen lassen, seit sechs Monaten aber ist er dauerhaft entflammt. Über seine neue Freundin Britta (30), Informatikerin mit Körbchengröße Wahnsinn, hat er neulich einem Freund gestanden: »Sie ist die Erste, mit der ich mir Lebenslänglich nicht als Strafe vorstelle.« Neulich ist Andreas aber ausgeklinkt. Er schämt sich heute noch dafür. Vor allem wundert er sich: »Ich war über mich selbst total erstaunt. Eigentlich auch entsetzt.«

Was war passiert? Andreas hatte sich auf einer Feier von Brittas Firma vor ihrem Kollegen Heinz-Günter breitbeinig aufgebaut und allen Ernstes gesagt: »Nimm die Finger von meiner Frau oder ich hau dir in die Fresse.«

»Fresse« gehört normalerweise nicht zu Andreas' Wortschatz. Duzen tut er Fremde auch eher selten. Britta ist gar nicht seine Frau, sondern seine Freundin und geprügelt hat er sich zuletzt in der zehnten Klasse. Aber er konnte nicht anders: Heinz-Günter hatte Britta in den Arm genommen, und die hatte sich das auch noch gefallen lassen, hatte mit leicht verträumtem Gesichtsausdruck den Kopf auf die Schulter ihres Kollegen gelegt. »Ich konnte mir plötzlich keinen Reim auf Brittas Verhalten machen«, sagte Andreas später, »ich hatte Angst, dass die beiden etwas miteinander haben oder gehabt haben könnten, und da habe ich mich selbst nicht wiedererkannt. In mir regierte nur noch die Steinzeit, ich hätte den Kerl umbringen können.«

Das mit der Steinzeit hat Andreas richtig erkannt. Psychologen der Universität Bielefeld (selbst in der Ostwestfalenmetropole stellt man sich den drängenden Fragen der Zeit) haben erforscht (und das sogar in drei Experimentreihen mit je 121 bis 206 Versuchskaninchen und -kaninchinnen), wann Männer und Frauen ausrasten vor Eifersucht. Bei den Experimenten mussten die Versuchspersonen unter anderem per Tastendruck auf Bildschirmhinweise der Untreue-Varianten reagieren. Frauen erreichten bereits bei den Anzeichen für emotionale Untreue die Schwelle »unerträglich«, Männer erst bei sexueller Untreue.

Und warum? Klare Antwort: Männer ticken aus, wenn sie Anzeichen für einen Seitensprung wittern. Frauen drehen durch, wenn sie bei ihrem Partner Liebesgefühle vermuten. Und das aus gutem Grund. Der aber lange zurückliegt.

»Die Forscher«, schreibt der *Stern*, »führen dies auf die Rollenverteilung in der menschlichen Frühgeschichte zurück.« Die Argumentation geht demnach ungefähr so: Den Frauen konnten Seitensprünge des Mannes insofern relativ egal sein, als die Untreue ja den eigenen Reproduktionserfolg nicht beeinträchtigte: Gleichgültig, wie oft der Gatte in benachbarten Höhlen oder Lagern zur Seite sprang – sie bekam Kinder von ihrem Steinzeitbegatter und zog sie mit ihm groß. Gefährlich und geradezu tödlich konnte es für sie allerdings werden, wenn sie ahnte, dass ihr Mann tiefere Gefühle für eine andere aufbrachte. Das nämlich hätte ernste Konsequenzen: Der Mann würde sie vielleicht verlassen, er würde fortan nur noch die Kinder ernähren, die er mit der anderen zeugte.

Und die Männer? Warum wurde in Andreas der Steinzeitmensch wach, als Heinz-Günter den Arm um Britta und sie seinen Kopf an seine Schulter legte? Weil Brittas scheinbares Einverständnis uralte Angstmechanismen in ihm weckte: Für Herrn Steinzeit war es elementar wichtig, dass Frau Steinzeit ihm treu war, weil er andernfalls Kinder mühsam großzog, die nicht seine eigenen waren. Denn das hat sich seit der Steinzeit nicht geändert – *pater semper incertus*, will sagen: Jede Mutter kann sich weltweit hundertprozentig sicher sein, ihr eigenes Kind auszutragen. Für die Männer bleibt immer der Rest von Ungewissheit: Mama Baby, Papa Maybe. Wie hoch die Quote sogenannter Kuckuckskinder sein mag, weiß niemand. Doch bei einer geheim gehaltenen Untersuchung in Amerika in den 40er Jahren des vergangenen Jahrhunderts, als Blutproben von Neugeborenen mit denen ihrer Eltern verglichen wurden, stellte sich laut Jared Diamond heraus: Fast zehn Prozent der Babys waren das Ergebnis eines Ehebruchs.

Puh, ist ja schlimm, was so alles noch aus jener Zeit zwischen 2,4 Millionen und 3000 Jahren vor Christi Geburt in uns kreist und rumort, Britta wird es im Zweifelsfall irgendwann nett finden, dass ihr zivilisierter Andreas plötzlich die Steinzeitkeule schwang. Aber ziemlich oft ist männliche Eifersucht überhaupt nicht lustig. Im Gegenteil: Eifersucht ist die häufigste Ursache von Gewalt gegen Frauen.

Eifersucht ist natürlich immer auch Angst vor dem Vergleich und Angst vor dem Verlust der Liebe, insofern also für jeden nachvollziehbar. Die »normale« Eifersucht, die sich aus der Situation ergibt, kann sogar belebend sein. Gerade bei lange währenden, eingefahrenen Beziehungen beweisen die Aufwallungen Ihres Partners, dass in ihm mehr Liebe und Verlustangst schlummern, als er normalerweise zeigt. Wie verhalten Sie sich aber, wenn seine Eifersucht zum Dauerzustand wird, wenn Ihr neuer Freund »krankhaft« überall Nebenbuhler wittert und den Mann am Nebentisch im Restaurant zur Rede stellt, weil er Ihnen zugelächelt hat? Wenn er fortwährend misstrauisch ist, wenn er Ihr Adressbuch heimlich nach »verdächtigen« Namen durchforstet oder Ihnen auf dem Weg zur Verabredung mit Ihrer besten Freundin mit dem Auto folgt?

Klarer Fall: Machen Sie Schluss mit ihm! Sofort! Alle Erfahrung zeigt, dass krankhafte Eifersucht so gut wie gar nicht in den Griff zu kriegen ist.

In allen anderen Fällen alltäglicher Eifersucht macht eine Studie der Universität Oldenburg (in diesem Buch erfahren Sie wenigstens, wo überall in Deutschland es Universitäten gibt: Oldenburg, Bielefeld) den Paaren durchaus Hoffnung. »Ein Paar, das an dem Ideal der Exklusivität der Liebe und Sexualität festhält, kann sich kritisch fragen, welche Verhaltensweisen des anderen diese Exklusivität tatsächlich grundlegend bedrohen können.« So könne ein Paar, das mit Eifersucht zu kämpfen habe, überlegen, ob die absoluten Ansprüche ans Verhalten des Partners vielleicht ein wenig abgemildert werden könnten. Verhaltensweisen, die bisher als »Eifersuchtsanlass« bewertet worden seien (etwa die Unterhaltung des Partners mit einer dritten Person), könnten »nach einer Veränderung der absoluten Ansprüche an die Ausschließlichkeit der Liebesbeziehung gelassener, als nicht bedrohlich und tolerierbar gesehen werden«.

Gut, das klingt jetzt ein wenig schwierig. Am besten hat auch gar nicht die Wissenschaft, sondern der Schauspieler Marcello Mastroianni die Sache auf den Punkt gebracht: »Erstaunlich viele Männer wissen nicht, dass die Frauen am liebsten den Männern nachlaufen, die ihnen nicht nachlaufen.« Gilt umgekehrt übrigens genauso.

Die Lust an der Hierarchie

Mann sein bedeutet immer auch, sich selbst einzustufen, einzuschätzen, sich mit anderen zu messen. Schon der Erstklässler hat ein erstaunlich fair entwickeltes Gefühl dafür, ob er der Siebt- oder Achtstärkste in seiner Klasse ist, mancher Pubertierende legt Tabellen an, wer aus seinem Jahrgang die besten Chancen bei den Mädels hat. Und gar nicht so wenige ehrgeizige Männer fertigen vielleicht stundenlang am Wochenende Diagramme an, aus denen hervorgeht, wer in seiner Großabteilung dem Chef am nächsten steht.

Die Vergleichssucht der Männer spiegelt sich später wider in ausgetüftelten Hierarchie-Abstufungen, die natürlich auch von Männern erfunden wurden. Jedes System (schon die Familie) kennt Hierarchien, manchmal bleiben sie unausgesprochen, manchmal werden sie überdeutlich, oft brauchen sie nur sublime Symbole. Das kann der Kugelschreiber sein, den in der Fabrik nur der Ingenieur in der Brusttasche des Kittels tragen darf, in Kliniken mag es die Farbe des Namensschildchens sein (Weiß nicht so toll, Silber okay, Gold Spitze), das kann der Durchfahrtaufkleber sein, also die Erlaubnis, mit dem Auto das Firmengelände zu befahren. Bei den Frankfurter Großbanken darf sich nur der zur eigentlichen Machtelite zählen, dem ein Parkplatz in der Tiefgarage zusteht, nicht nur bei der Deutschen Bundesbank gab es früher erbitterte Gefechte um die Fensterachsen der Büros (je mehr, desto besser). Auch der Doktortitel kann ein beliebtes Statussymbol sein, in manchen Branchen wird man ohne ihn kaum ernst genommen. Und als in einem deutschen Großunternehmen einst beschlossen wurde, sich künftig nicht mehr mit »Doktor« anzureden, bestand ein zweifach promovierter Mitarbeiter auf seinem Recht als »Herr Doktor«: Wenn bei allen der Titel weggekürzt werde, bleibe bei ihm ja noch einer übrig.

Besonders fein austariert ist das Rang- und Machtgefüge naturgemäß beim Militär. Die Bundeswehr verfügt über knapp 30 Möglichkeiten, ihren Soldaten zu zeigen, wo sie stehen: Gefreiter, Gefreiter Unteroffiziersanwärter, Gefreiter Offiziersanwärter, Obergefreiter, Hauptgefreiter, Stabsgefreiter, Oberstabsgefreiter, Unteroffizier, Fahnenjunker, Stabsunteroffizier, Feldwebel, Fähnrich, Oberfeldwebel, Hauptfeldwebel, Oberfähnrich, Stabsfeldwebel, Oberstabsfeldwebel, Leutnant, Oberleutnant, Hauptmann, Stabshauptmann, Major, Oberstleutnant, Oberst, Brigadegeneral, Generalmajor, Generalleutnant, General.

Geradezu armselig nimmt sich dagegen die Dienstgrade-Hitparade der niedersächsischen Polizei aus, die es gerade mal auf 14 Karrierestufen bringt: Anwärter, Meister, Obermeister, Hauptmeister, Kommissaranwärter, Kommissar, Oberkommissar, Hauptkommissar, Erster Hauptkommissar, Rat, Oberrat, Direktor, Leitender Direktor, Landespolizeidirektor.

Die Doppelfunktion der ausgefeilten Hierarchie liegt auf der Hand: Sie motiviert und diszipliniert. Zugleich bietet sie dem Manne enorme Sicherheit. Er weiß immer, wo er steht. Und wohin er strebt.

Diese Unterscheidungsliebe, dieser Vergleichsirrsinn liegt begründet in einem seltsamen Mix aus der Abgrenzung von der Gefühlswelt (der Mutter) und der Sehnsucht nach fester Seelenstatik in einer unsicheren männlichen Architektur.

Die Feinstabstimmungen im Ranking sollten allerdings nicht darüber hinwegtäuschen, dass auch flache Hierarchien extrem autoritär und leistungsbezogen sein können. An Theatern und Opernhäusern kann es bei entsprechenden Temperamenten in der Intendanz äußerst ruppig zugehen, und selbst Systeme mit nur drei Hierarchiestufen (Redakteur, Ressortleiter, Chefredakteur) können Diktaturen gleichen.

Falls Ihr Partner aber heute Abend mit hängenden Schultern heimgekommen ist, und die heftigste Reaktion auf Ihre Fragen ein Schulterzucken war, ahnen Sie, dass in seiner Firma etwas Schlimmes passiert sein muss. Sie sagen: »Komm, mein Schatz, ich lasse dir eine Badewanne ein mit einem beruhigenden Mix aus Lavendel, Kiefernsprossen und Kamillenextrakt. Und danach mache ich uns einen 1995er Chateau Latour Premier Cru auf und gebe dir eine beruhigende Wohlfühl-Kopfmassage.« Dann wird er nach allen Ihren Anstrengungen gegen halb zwölf vielleicht sagen, was ihn so bedrückt. Er spricht dann beängstigend leise: Heute früh begegnete er dem Deutschland-Chef seines Unternehmens auf dem Flur. Und der hat ihn nicht gegrüßt.

Warum Männer spucken

Eines der letzten Rätsel über Männer lautet: Warum spucken die dauernd? Hier lernen Sie, dass Spucken heute prinzipiell sinnlos ist, es den Männern aber immer noch in den Genen steckt.

Nicht nur Majka hat im Internet eine Frage an die Männer: »Wenn ich mich in die Stadt begebe und zur Bahnhaltestelle gehe, schaue ich ab und zu, wenn auch eher unfreiwillig, auf den Boden und sehe dort etliche Rotzflecken. Diese kleinen, widerlichen Schnodder- und Spuckeflecken. Im Sommer glänzen sie in der Sonne, im Winter kleben sie festgefroren auf den Steinen. Sobald ich die Bahnhaltestelle erreiche, wimmelt es nur davon. Fast überall kleben Speichelpfützen in allen möglichen Größen und Konsistenzen. Wenn ich an so einer Bahnhaltestelle länger verweilen muss, werde ich immer Zeugin von Spuckorgien, meistens junger, pseudocooler postpubertierender Jungs, aber auch älterer – Typ tiefergelegt und ich pack mich alle drei Sekunden an den Sack – sie reden und spucken, sitzen dort rum und spucken, haben eine kleine Teeniefreundin im Arm und spucken, und knutschen und spucken, wenn auch nicht gleichzeitig.«

Und dann will Majka wissen: »Warum tut ihr Typen so was?«

Danke, Majka, gute Frage. Natürlich bekommst du im Internet-Forum nur unbefriedigende Antworten, weswegen wir hier Experten bemühen müssen.

Also *erstens:* Das Spucken in der Öffentlichkeit ist in Mitteleuropa ein Unterschichten-Phänomen. Dass Rolf-E. Breuer, Karl Lagerfeld oder Ole von Beust, sollten sie mal auf den Bus warten, wild um sich rotzen, ist schwer vorstellbar. Möglicherweise haben auch besser erzogene Männer Spuckbedürfnisse, sie geben ihnen aber (bis auf den Sonderfall Fußballer) eher selten nach.

Zweitens: Männliches Spucken fällt unter Imponiergehabe. »Da ist mir die Spucke weggeblieben« – diese Redensart weist darauf hin, dass der Mangel an Spucke in Überraschungs- und Stresssituationen auftritt. Spucke im Überfluss zu haben, deutet dagegen auf entspannte Stimmung hin: Wer spuckt, demonstriert damit seine Coolness und kampfbereite Überlegenheit.

Drittens: Natürlich gibt es auch für die Lamas auf zwei Beinen wieder urzeitliche Erklärungsmuster. Demnach war es die Aufgabe der Frau, das Revier reinzuhalten. Dem Mann oblag es dagegen, das Revier zu verteidigen und zu markieren: Speichel war »haltbarer« als Urin und zeigte dem möglichen Feind und Spurenleser durch astreinen Speichel (kein Blut, keine bakteriellen Verfärbungen), wie kräftig und verteidigungsbereit der Revierinhaber war.

Männer müssen heute zwar nicht mehr Reviere verteidigen, aber der Ur-Instinkt hat sich offenbar gehalten, kann freilich durch Erziehung gedämpft werden.

Viertens: Ein Sonderfall sind die spuckenden Fußballer. Sie produzieren – durch körperliche Anstrengung und Wasserverlust verursacht – zähen, salzigen Speichel, den herunterzuschlucken ihnen unangenehmer ist, als ihn zu veröffentlichen. Übrigens spucken auch verausgabte weibliche Fußballer – so ziemlich die einzigen Frauen, die beim öffentlichen Auswurf zu beobachten sind.

Fünftens: Selbst Film-Galas oder große Bälle sind keine speichelfreien Zonen, denn auch Smokingträger zeigen gern, was die Drüsen hergeben. Und zwar im Stehen vor dem Urinal. Ja, beim Wasserlassen fallen gesellschaftliche Grenzen: Auch der Vorstandsvorsitzende eines DAX-notierten Unternehmens, auch der promovierte Bänker holt seinen Schniedel heraus, hält ihn ins Pissbecken und spuckt vor dem Wasserfall. Und warum? Wieder dieser Ur-Instinkt. Er meint, sein Revier verteidigen zu müssen. Und zwar in einer Situation, in der er besonders hilflos ist.

Übrigens: Nicht alle Männer spucken vor dem Wasserlassen. Deshalb ein kleiner Rat: Wenn die Situation es ergibt, fragen Sie Ihren neuen Freund, wie er sich vor dem Urinal benimmt. Jede Wette: Die nicht so energisch auftretenden Männer spucken nicht oder selten. Es sind die besonders »männlichen« Männer, die nach Dominanz strebenden und erfolgreichen, die in dieser Situation spucken, weil ihnen die uralten Gesetze in ihnen befehlen, ihr Revier zu markieren. Echt interessant, was? Ja, hier lernen Sie was.

Männer-Paradies III: Auf Firmenkosten

Würde man den ganz normalen männlichen Angestellten eines ganz normalen Großkonzerns fragen, wie sein Traum vom bestmöglichen Leben aussieht, würde er vielleicht sagen: Auf Firmenkosten in der Welt herumgondeln. Dabei dann interessante Gespräche und Begegnungen. Ein bisschen extra Money für Shopping. Tolle Hotels, super Essen, massenhaft zu trinken. Und am wichtigsten: die schönsten Frauen. Natürlich kostenlos.

Nur ein Traum? Nein, der Angestellte hätte nur zu den auserlesenen Mitgliedern des VW-Betriebsrats gehören müssen. Was da seit Mitte der 90er Jahre bis zur Aufdeckung der Affäre im Sommer 2005 gelaufen ist, kommt den heftigsten Männerphantasien wunderbar nahe.

Aber lesen Sie selbst, was Klaus-Joachim Gebauer dem *Stern* über seine Auslandserfahrungen zu Protokoll gab: »In Brasilien ist es sehr einfach, an Frauen dieser Art heranzukommen. Sowohl in dieser Diskothek als auch am Strand gab es viele Mädchen von recht ordentlichem Niveau. Wenn einer der Kollegen eine haben wollte, bin ich hingegangen und hab gesagt: ›Hi, are you interested to meet my friend?‹ Wenn wir am Strand lagen, sind die Mädchen auch von sich aus gekommen. Mit Brasilien fing alles an. Später war kaum eine Reise mehr ohne Prostituierte denkbar.«

Genau. Und in Brüssel hat sich dann alles noch sozusagen verschärft: »Mit Brüssel begann eine neue Phase. Von da an galt: Egal, in welchem Land, in welcher Stadt wir waren – dem eingeweihten Kreis ging es darum, dass die Versorgung mit Mädchen garantiert war.«

Dem Männer-Traum »Money for nothing and your chicks for free« muss insbesondere der ehemalige VW-Betriebsratschef Volkert extrem nahegekommen sein. Stimmen Gebauers Erklärungen, so hat ihm der Konzern seine Lustreisen mit Freundin Adriana auch noch mit einem netten Taschengeld versüßt. Nur versiegte dann leider irgendwann die Quelle, was Volkert nicht so lustig fand und folgerichtig mit den Worten »So ein Scheiß« kommentiert haben soll.

Nur ein Nebenaspekt, aber ein interessanter, liegt in dem Umstand, dass Männer von einer gewissen Macht oder Prominenz an sich einen Frauenbeschaffer halten. Bei VW war es Herr Gebauer, in einstigen Diktaturen wie dem Irak entsprach das sozusagen der Logik des Systems: »Frauen waren ein spezielles Thema bei Udai. Frauenbeschaffer wie Ali Sahar mussten dem Saddam-Sohn jeden Tag Damen zuführen, die so auszusehen hatten, wie die, die Udai im Internet gesehen hatte. Wer seinen Geschmack nicht traf, wurde im besten Fall verstoßen – es konnte aber auch passieren, dass er ohne Zunge weiterleben musste.«

Doch auch in demokratisch verfassten Staatswesen gibt es Frauenbeschaffer und Frauen, die sich (keineswegs immer für Geld) »beschaffen« lassen. So wie Gebauer im höheren Auftrag die Mädels fragte, ob sie interessiert daran seien, seine Freunde kennenzulernen, so besorgte Günter Guillaume seinem Bundeskanzler Willy Brandt Frauen. Bei Bill Clinton, Mao Tse-tung und Konstantin Wecker soll es ähnlich gewesen sein.

Gern würden wir mehr über das Frauenbeschafferwesen in Erfahrung bringen. Wie muss ein Frauenbeschaffer auftreten? Entschieden? Wie der Überbringer eines hohen Gnadenerweises? Bescheiden? Als ein Bittender für den prominenten

Freund? Soll er selber gut aussehen oder gleichsam als grauer Mäuserich allen Glanz auf seinen Auftraggeber lenken? Wir werden es wohl nie erfahren, denn das Frauenbeschaffertum ist ein diskretes Geschäft. Eines allerdings steht fest: Nicht immer erweist es sich als lebensdienlich und erfolgreich, die Anbahnung einer Beziehung einem Dritten zu überlassen. »Die da. Die da hinten. Geh mal rüber und hol die hier hin. Die will ich heiraten.«

So soll Dieter Bohlen einst zu seinem »langjährigen Frauenbeschaffer« Helmut Engler gesprochen haben. Gemeint war Verona Feldbusch. Wie die Sache ausging, ist bekannt.

Männer lieben in Teilzeit

Willi war Ende 50, wohlbeleibt, eher gemütlich und könnte eine gutgehende Metzgerei mit angeschlossenem Gasthof in Ostwestfalen betreiben. Offensichtlich war er Stammgast in diesem FKK-Club, denn Willi wurde von den Damen des Etablissements geradezu herzlich begrüßt. Und dann entspann sich ein erstaunlicher Dialog.

Erste Dame: »Warst ja lange nicht hier, Willi. Warste im Urlaub?«
Willi: »Jau. Drei Wochen. Teneriffa.«
Erste Dame: »Schön?«
Willi: »Schön.«
Zweite Dame: »Ganz allein?«
Willi: »Nee, mit meiner lieben Frau.«

Dies sagte er nicht etwa ironisch – so, als habe er daheim einen schrecklichen Drachen, mit dem dann und wann in Urlaub zu fahren halt unvermeidlich war. Nein, Willi war ganz offensichtlich ehrlichen Herzens der Ansicht, er habe eine liebe Frau. Und ging dennoch regelmäßig in den FKK-Club?

Genau. Aber klar doch. Männer können wunderbar trennen zwischen höheren und niederen Instinkten. Ihre Frau tief drinnen lieben und in die rassige Praktikantin im Marketing verschossen sein. Und die Dame mit dem geilen Hintern aus dem FKK-Club so regelmäßig treffen, bis ihr Touristenvisum abgelaufen ist und sie wieder nach Polen zurück muss. Für einen Mann, sagt immerhin Udo Jürgens, der es wissen müsste, »ist der Seitensprung nach dem Duschen überstanden«. Und als die *Stern*-Redakteure ehrfurchtsvoll nachfassen: »Können Sie annähernd rekonstruieren, mit wie vielen Frauen Sie geschlafen haben?«, da zeigt er sich in seiner ganzen Souveränität: »Nein, keine Ahnung. Das habe ich immer für vollkommen nebensächlich gehalten. Ich kenne Männer, die sich dann immer ein Zeichen in den Kalender machen.«

Ehe Sie jetzt sofort den Kalender Ihres Partners nach seltsamen Zeichen durchforsten (oder hat er so komische kleine Kerben an seinem Gürtel?), sollten Sie zugeben: Auch Frauen sind ja nicht immer Engel. Aber bei den allermeisten ist es schon so, dass sie in einer intakten Beziehung nicht dauernd auf der Suche nach einem anderen Partner sind, dass sie auch nicht so ohne weiteres trennen können zwischen Lust und Liebe, dass sie ihr Herz nicht ausknipsen können. Männer schon. Männer sind anders. Sie haben einen An-Aus-Gefühlsschalter und somit eine seltene Begabung: Sie lieben in Teilzeit. Sie können ihr Herz abschalten für eine kurze Weile der Lust. Sie sind sogar ganz offensichtlich in der Lage, ganz regelmäßig die tiefen, lange gewachsenen Gefühle der Anerkennung, Wertschätzung und Lebensliebe für ihre Frau für einige Stunden des Tages auszuschalten und sie danach gleichsam wieder zu aktivieren. Wie Rummenigge: perfekt organisiert, wunderbar deutsch. Seine Freundin (damals 30) soll den Fußballmanager schon drei Jahre lang auf Reisen nach Lyon, Paris, London, Mailand oder zur WM nach Japan begleitet haben. Viele Menschen beim »FC Bayschlaf« (*Bunte*) müssen also mitbekommen haben, dass der Kalle so unartig war wie zuvor schon der Franz und der Olli und der Ottmar. Aber das ist jetzt auch wieder das Sympathische an der Welt der Männer: Dicht halten sie schon.

Im Moment interessiert uns aber etwas anderes: die Fähigkeit Rummenigges, seine Familien- und seine Geliebtenwelt so scharf zu trennen. Er hat Berichte nie dementiert, denen zufolge er – jenseits der gemeinsamen Reisen – dreimal pro Woche seine Geliebte um 15 Uhr besuchte, jeweils aber wieder beim Abendessen daheim war, Ordnung muss sein.

Das also ist eine gleichsam durch und durch deutsche, wenn nicht preußische Art der Daseinsführung: Pünktlichkeit und Einhaltung fester Zeiten sind erste Bürgerpflicht, zugleich lassen sich Leidenschaft und Familiensinn aufs Beste versöhnen, nachmittags praktiziert man Leidenschaft, abends ist und isst man daheim, wo man hingehört.

Der Mann, um jetzt mal den armen Rummenigge zu verlassen und ins Allgemeine zu schwenken, der Mann ist für die Gefühlstrennung besser geeignet als für die Mülltrennung, er kann die Lust (auf die Geliebte) einschalten von drei bis sieben nachmittags, sich für die Restzeit die Achtung vor der Gattin bewahren, die Kinder ermahnen und Verträge mit neuen Fußballern aushandeln, der Mann ist halt nicht so ganzheitlich. Aus dem gleichen Grund nutzt er gern das Konfiguratoren-Angebot der Escort-Agentur. Hier kann er seine Vorlieben an Aussehen und Verhalten angeben und stößt dann auf Laura, 24, Konfektionsgröße 36, die ihm »gern auch devot« begegnet. Diesen Konfigurator für seine Lust findet er wunderbar, er kennt ihn ja längst von seiner Findungsphase vor dem Autokauf. So, wie er damals die gewünschte PS-Zahl eingab, tut er es hier mit Körpermaßen und bevorzugten Praktiken. Männerlust: Völlig losgelöst.

Frauen heiraten nach oben, Männer nicht

Ist Ihnen schon mal aufgefallen, dass hübsche junge Frauen eher selten einen geschiedenen 50-jährigen Arbeitslosen mit drei Kindern heiraten? Dass sich 60-jährige Männer mit Bauch zwar gern mit einer 20-jährigen Schönheit schmücken, aber reiche 20-jährige Schönheiten so gut wie nie einen verarmten 60-Jährigen zum Partner erwählen? Oder einen Schreiner? Den nehmen Sie vielleicht fürs Bett, aber nicht zum Vorzeigen in der besseren Gesellschaft. Auch Macht mag Frauen interessant machen, aber nicht sexy. Mächtige Männer dagegen können so alt oder dick sein wie sie wollen, immer finden sie für die Zweit- oder Drittehe eine junge Schönheit.

Da muss also etwas in unseren männlichen und weiblichen Genen hausen oder in den Blutbahnen pochen, das uns bis heute programmiert: Frauen heiraten immer noch nach oben, sie suchen offensichtlich nach wie vor unbewusst vor allem den Ernährer, Versorger für sich und ihre (potenziellen) Kinder. Selbst gut ausgebildete, wohlhabende Frauen, die sich ausrechnen können, im Renteneintrittsalter aber so was von locker weiter auf eigenen Füßen durchs Leben stöckeln zu können, heiraten keinen Autoverkäufer oder Sachbearbeiter. Da muss es – wenn schon relativ mittellos – doch wenigstens ein Architekt mit Professorentitel, ein Maler oder Komponist sein.

Gottlob ist das bei den Männern anders. Männer heiraten

auch unterhalb ihrer Einkommensgürtellinie. Der Kreis der Freundinnen hat – immer noch – ein abendfüllendes Aufregerthema gefunden, wenn eine von ihnen sich gesellschaftlich vergreift, wenn also die Ärztin sich einen Malocher nimmt oder die Redakteurin einen Fliesenleger mit Migrationshintergrund, doch »die Gesellschaft« akzeptiert es ohne weiteres, wenn Minister ihre Referentin, Chefärzte ihre Operationsschwester oder Milliardäre das umwerfend natürliche Mädel von der Hotelrezeption ehelichen.

Und sollten Sie, liebe Leserinnen, Lust verspüren auf einen väterlichen, beleibten, ergrauten, aber richtig reichen Gatten, so schadet es überhaupt nicht, Rat von einer Dame anzunehmen, die sich in solchen Fragen bestens auskennt. Sie heißt Marianne Baronin von Brandstetter und hat einst in *Bunte* wunderbare Tipps für die kommende Millionärsgattinnengeneration hinterlassen. Die Dame, eine gelernte Friseuse aus Nürnberg, muss schon deshalb als Expertin gelten, weil sie sich im Laufe ihres Lebens etliche Millionäre geangelt hat. Was also empfiehlt sie?

Erstens: Seien Sie zur rechten Zeit am rechten Ort – sommers zum Beispiel in Monte Carlo, winters in Gstaad oder St. Moritz.

Zweitens: Schrauben Sie Ihre ästhetischen Erwartungen deutlich herunter: »Schöne junge Millionäre sind rar.« Und wenn der Gatte schon eine Sommerresidenz in Südfrankreich und ein Winterdomizil in Gstaad in die Ehe bringt, wenn er Sie von der Bühler Höhe für einen Tag mit dem Hubschrauber zum Skifahren fliegen lässt und Sie unter der umgedrehten Kaffeetasse beim Frühstück eine Smaragdbrosche finden – dann muss er ja nicht auch noch aussehen wie Brad Pitt.

Drittens: Gehen Sie auf die Spielplätze der großen, reichen, kleinen Jungs, also auf Golfanlagen, in Yachthäfen und Sportclubs.

Viertens: Machen Sie sich frei von Klischees. Millionäre sind meist nicht nur nicht schön, sondern auch manchmal recht zurückhaltend. Baronin Brandstetter kennt sich mal wieder aus: »Die Lautesten sind nicht immer die Reichsten. Achten Sie auf die Unscheinbaren! Viele Millionäre sind schüchtern.«

Okay, für Frauen, die sich einen Millionär angeln wollen, bestehen also gewisse Chancen. Frauen, die eine glückliche Ehe plus Kinder plus Berufstätigkeit anstreben, müssen sich sehr genau überlegen, wen sie heiraten. In diesem Fall mag der solide, freundliche, pflichtbewusste, wenig machohafte Kumpeltyp dem potenten, karrierefixierten Beau vorzuziehen sein. Ganz schwierig, nahezu unmöglich wird es, wenn die Frau so prominent ist, dass sie auf der Straße erkannt wird, ihr unbekannter Mann aber unbeachtet daneben stehen muss. Sängerin Jasmin (»Blümchen«) Wagner hat das einmal glasklar analysiert: »Viele Frauen haben kein Problem damit, an der Seite eines bekannten Mannes zu stehen und auf Partys für die Fotografen zu posieren. Aber welcher halbwegs coole Typ macht so was mit?«

Dass sie damit recht hat, zeigt die vor Empörung aus allen Poren schwitzende Einlassung des Herrn Roeffen, der mit Frauke Ludowig verheiratet ist, aber darunter schrecklich zu leiden scheint: Im Artikel »Hilfe, meine Frau ist prominent« hat *Bunte* ihn endlich zu Wort kommen lassen: »Es gibt Menschen, die sind ausschließlich auf Frauke fixiert. Da drehe ich mich um und gehe. Oder ich sage: Ich wollte mich mal vorstellen. Mein Name ist Roeffen.«

Und selbst völlig unprollige Menschen wie Christian Nürnberger, der als Journalist und Buchautor eine Karriere aus eigenem Recht gemacht hat, beklagt sich über sein Dasein als Gatte von Petra Gerster nur halbironisch: »Kanzler-, Minister- und Berühmtheiten-Gattinnen werden nie gefragt, wie sie sich so fühlen, und, noch komischer, sie selber fühlen sich auch nicht als Schattengewächse, sondern sonnen sich selbstbewusst im Glanz ihrer Männer. Während ich mir am Tisch des Bundespräsidenten vorkomme wie ein Hochstapler, der sich reingeschlichen hat, thronen die Promi-Gattinnen so selbstverständlich auf ihren Stühlen, als hätten ihre Männer es ihnen zu verdanken, dass die da sitzen dürfen.«

Sollten es in Ihrer Beziehung also Sie sein, die in der Karriere die Nase vorn hat, dann suchen Sie sich Vorbilder, deren Ehe trotz ungleicher Rollen schon lange hält. Zum Beispiel die Queen. Ihr Mann muss in der Öffentlichkeit immer ein paar Schritte hinter ihr gehen, aber dafür hat sie ihm zu Hause das Kommando überlassen. Und das scheint ja ganz gut zu klappen. Immerhin seit dem 20. November 1947.

Erbarmen! Die Herren der Erschöpfung

Selten waren die gesellschaftlichen Forderungen an einen Mann gegensätzlicher als heute. Die aufgeschlossene, moderne, berufstätige Frau erwünscht sich einen Partner, der nicht nur das Bild des Alles-Könners, sondern auch des Alles-Seiers zu erfüllen hat. Der heutige Mann ähnelt deshalb nach Ansicht der *Welt am Sonntag* auch Russland: »Sein Machtanspruch beruht nur noch darauf, dass er sich am in der Vergangenheit zusammengerafften Territorium festkrallt, und das einzige Produkt, das er auf dem Markt der Paarbeziehungen anbieten kann, sind natürliche Rohstoffe – Sperma und jene Form behaarter Körperlichkeit, auf die die meisten Frauen nicht verzichten könnten.«

Doch noch nicht einmal dieses letzte Privileg ist dem Manne geblieben. Wissenschaftlicher Fortschritt hat sogar dazu geführt, dass im Zweifelsfall eine Frau auch Kinder ohne seinen Zeugungsstolz bekommen kann – per Samenbank. Dies ist gottlob die Ausnahme, Frauen suchen auch heute noch in der Mehrzahl einen Mann, Kinder gedeihen auch heute noch besser, wenn ihre Wünsche, Bedürfnisse und Talente von Eltern beiderlei Geschlechts erfüllt und gefördert werden. Der Mann in den westlichen Zivilisationsgesellschaften aber muss in seinem Wesen und Handeln ein Spagat-Profi sein, er muss fast alles können und dabei vor allem ein Meister des Gegensätzlichen sein. Von einem zarten weiblichen Jockey erwartet niemand, dass sie auch im Gewichtheben Erfolg hat. Eine Deutsche Meisterin im Kugelstoßen soll nicht auch noch ein 34er Figürchen vorweisen können. Aber

Der Mann soll:

zärtlich sein,
niemals die Kinder anschnauzen, niemals!
sensibel sein,
den Kindern Märchen auswendig erzählen,
seiner Partnerin aufmerksamst zuhören,
sich pflegen,
sich geschmackvoll kleiden,
superzärtlich im Bett sein,
kochen können,
die Karriere seiner Frau unterstützen,
ihr beim Klamottenkaufen wertvolle Tipps geben,
im Haushalt zumindest helfen, ihn möglichst aber komplett führen,
zum Elternabend gehen,
schnell einen griechischen Salat machen, wenn die Freundinnen kommen.

Der Mann soll aber auch:

männlicher sein als Bruce Willis,
Bier- und Wasserkästen eigenverantwortlich einkaufen und schleppen,
nachgucken, ob das Knacken in der Diele von einem Einbrecher kommt,
den Müll managen,
mindestens zwei starke Schultern bieten,
Reifen wechseln,
seine Frau auf Händen tragen,
seine Familie beschützen,
viel Geld verdienen,

in der Öffentlichkeit etwas darstellen,
die 800 Kilometer in den Italienurlaub allein fahren,
die Wohnung in Eigenarbeit renovieren,
potent sein wie Rocco Siffredi,
die Spinne tot machen,
die Relativitätstheorie mindestens ansatzweise erklären können.

Der Mann steht also vor beiden Herausforderungen: Alles zu sein und alles darzustellen, das ergibt zugleich eine Sinnes- und eine Inszenierungskrise. Und was bedeutet »Inszenierungskrise« jetzt konkret?

Lebenspraktisch gesprochen: Sie sind mit Ihrem Freund, den Sie aus dem Germanistikstudium kennen, seit vier Jahren zusammen und verstehen sich immer noch gut. Ihr Freund arbeitet seit drei Jahren bei einer PR-Agentur, hat es zum »Gruppenleiter« gebracht (er ist so eine Art Chef von drei Kolleginnen). Sie sind auf Umwegen bei einer amerikanischen Beratungsfirma gelandet und haben dort, obwohl Seiteneinsteigerin, Karriere gemacht. Er verdient 3800 brutto im Monat, Sie aber bekommen 7000 plus Prämie und fahren seit zwei Monaten Ihren ersten Dienstwagen, einen Saab. Jetzt hat Ihr Chef Sie samt Freund zu einem Abendessen bei sich daheim eingeladen, insgesamt zwölf Personen, Geschäftsfreunde und ein weiterer Mitarbeiter Ihrer Firma mit Frau. Dieser Termin stürzt Ihren Freund voll in die Inszenierungskrise. Warum?

Weil er nicht weiß, wie er in diesem Kreis auftreten soll. »Das wird ganz locker«, beruhigen Sie ihn, treffen damit aber nicht seine Sorgen. Die lauten: Wie soll ich mich geben? Wie soll ich mich kleiden? Krawatte oder nicht? Hemdkragen geschlossen oder nicht? Keine Krawatte, aber Einstecktuch? Beachten die mich überhaupt? Wenn ja, was denken die von mir? Die wollen wissen, was ich mache, ich sage PR, die fragen: Geschäftsführer oder Inhaber? Die denken doch, ich bin ein Loser, die mit ihren dicken Firmenwagen und ich mit meinen 3800 brutto, die denken doch, der Typ, der bringt es nicht. Und von ihren Themen habe ich ja auch keine richtige Ahnung oder soll ich mich in die Diskussion über Lohnnebenkosten und Produktivitätswachstum in deutschen mittelständischen Betrieben im Vergleich mit japanischen einschalten? Habe ich eine Meinung zur Verlagerung der Buchführung und anderer Backoffice-Bereiche nach Tschechien? Oder soll ich versuchen, das Thema auf PR zu bringen? Oder ganz bescheiden und still dasitzen, so der verständnisvolle Partner? So nach dem Motto hinter jeder erfolgreichen Frau steht ein bescheidener Mann?

Armer Mann. Vielleicht ginge es ihm besser, wenn er den *Playboy* abonnieren würde. Eine Marketing-Studie des Rheingold-Instituts jedenfalls schreibt der Lektüre des Magazins eine wunderbar entspannende Wirkung zu:

Demnach sind erfolgreiche Marken Sinnstifter und Problemlöser im Alltag. Die Funktion und Bedeutung der Marke *Playboy* lasse sich daher am besten vor dem Hintergrund der aktuellen Männerdebatte verstehen: Die von *Brigitte* als »Herren der Erschöpfung« betitelten Männer steckten mitten in einer akuten Inszenierungskrise. Sie wüssten nicht mehr, wie sie als Mann auftreten sollten. »Einerseits sollen sie dem postmodernen Klischeebild vom neuen Mann gehorchen und verständnisvoll, aufmerksam, emanzipiert, feinfühlig und aggressionsfrei sein. Andererseits sollen die Männer aber auch dem traditionellen Männerbild genügen, das den Mann als dominantes und durchsetzungsstarkes Oberhaupt definiert. Bei allem, was der Mann tut, hat er das Gefühl, einer der beiden Rollen nicht vollauf gerecht zu werden.«

Und wie kann dem Manne jetzt geholfen werden? Klare Sache: Schenken Sie ihm ein *Playboy*-Abo. Denn er braucht ja diesen »Schonraum, in dem die Männer komplett entpflichtet werden und sich ungeniert und konsequenzlos ihren Phantasien hingeben können«.

Noch gar nicht gesprochen haben wir jetzt über die Inszenierungskrise des Mannes als Vater. Gewiss, seit '68 hat sich die Vaterrolle enorm verändert, wie selbstverständlich nehmen heute auch die Männer an Geburtsvorbereitungskursen teil und antworten auf die Frage nach dem Alter ihres Kindchens wie aus der Pistole geschossen: acht Monate und zwölf Tage. Junge Väter heute sind viel selbstverständlicher liebevoll zu ihren Kindern als noch vor zwei Generationen, sie lassen sich auch stärker in die Pflicht nehmen (mit der Ausnahme des Elternabends; den besuchen noch immer in der Mehrzahl die Frauen, und wenn Paare gemeinsam auftreten, sind sie meist geschieden oder leben getrennt).

Doch obwohl sich die Väter gewandelt haben, sind die Rollenerwartungen wiederum höchst gegensätzlich. Nicht nur die Frau fordert den vielseitigen Mann, auch die Kinder wollen einen wandelbaren, einen extrem flexiblen Papa. Nämlich einen, der kuschelt und Gutenachtgeschichten vorliest, einen, der tröstet und nicht schimpft, wenn die Mathenoten in den Keller gehen. Aber zugleich doch einen, der mit dem Zusammenfügen von Überraschungs-Ei-Figuren nicht überfordert ist, den Radreifen in fünf Minuten flicken kann, der auch beim Zusammenfügen des 10 000-Teile-Puzzles die Führerschaft übernimmt und dem ungerechten Englisch-Lehrer zeigt, wo der Hammer hängt. Den Vorbild-Papa, der vorlebt, was er fordert. Der keinen Alkohol trinkt, nicht übermäßig viel fernsieht, der nicht seine Kinder vom Computer wegscheucht, aber selbst nächtelang davor sitzt, der nicht von ihnen verlangt, sie sollen Bücher lesen, obwohl er selbst so gut wie nie zu ihnen greift. Und an dem sich der pubertierende Sohn dennoch abarbeiten kann, um seine eigene Identität zu finden.

Nicht gesprochen haben wir von den sexuellen Anforderungen, die gerade die jungen Frauen an die jungen Männer stellen (in Amerika, so ist zu lesen, nehmen schon 21-Jährige Viagra, um dem sexuellen Druck ihrer Freundinnen standzuhalten). Auch nicht erwähnt haben wir die beruflichen Beanspruchungen, die viele Männer und Väter zu bestehen haben. Es gibt Berufe (und es sind nicht nur die gut bezahlten), die enormen Einsatz fordern, mental und körperlich, und diese Belastung mag einer der Gründe für die zurückgehenden Geburtenzahlen sein. Nicht nur bei Tierpopulationen fällt die Reproduktionsrate, wenn der Stress steigt.

Maßgeblich am Entstehen ungesunden Stresses beteiligt sind ungeeignete Vorgesetzte, die allzu oft drei Regelmäßigkeiten gehorchen: Der eine Teil ist schlicht unfähig. Die beiden anderen entfallen entweder auf den egozentrischen Volldynamiker, dem Selbstreflexion fremd, aber Machtgeilheit nah ist, oder aber auf das sture, sachorientierte Arbeitstier mit emotionalem Defizit: Der Mann, der daheim den souveränen Papa geben soll, wird im Büro oft (von oben herab) behandelt wie ein Kind.

Wer dagegen aufsteigt und selber Chef wird, muss die Beförderung oft mit noch mehr Einsatz an Zeit und Energie bezahlen. Zahllose Frauen von Unternehmern, Managern und Politikern sind in Wahrheit allein erziehend, Väter und Kinder kommen sich psychisch abhanden, werden sich fremd. Das Schlagwort »money rich, time poor« kennzeichnet die Lage dieser Väter ziemlich gut: Wer Geld hat, verfügt über zu wenig freie Zeit; wer Zeit hat, dem fehlt meist Geld. Nicht wenige Väter versuchen, die Zuneigung ihrer Kinder durch maßlose Großzügigkeit zu erkaufen.

Und beim Anzeichen jeder mittelschweren häuslichen Krise hängt über dem Vater im Deutschland des beginnenden 21. Jahrhunderts wie ein Damoklesschwert die Härte des deutschen Scheidungs- und Unterhaltsrechts. Im Zweifelsfall ist er der Gekniffene, materiell sowieso, aber auch emotional. Bei entsprechend verhärteten Verhältnissen drückt sich seine Existenz als Vater nur noch in hohen Abbuchungen auf dem Kontoauszug aus, seine Besuchsrechte werden auf ein Minimum reduziert, die alltägliche Teilhabe am Leben der Kinder verwandelt sich in Ferne, Zeitdruck und Verkrampfung.

Beinahe sieht es so aus, als wäre bei Licht betrachtet der Mann der Generalverlierer unserer Zeit. Noch hält er seine Vormachtstellung in den Führungspositionen in Wirtschaft und Politik, er verdient mehr Geld und kann sich nach wie vor der Pflege des Nachwuchses entziehen. Aber es sind zugleich heftige Fakten, die gegen ihn sprechen: Er stirbt nun mal um Jahre früher, er trinkt deutlich mehr Alkohol, bringt sich häufiger um, leidet stärker unter Depressionen. Die klassischen Industrie-Männerberufe sind längst im Aussterben begriffen, die Dienstleistung ist auf dem Vormarsch (eher weiblich). Schon seit 1992 schaffen in Deutschland mehr Mädchen als Jungen das Abi, und das mit besseren Noten. Dass Mädchen – alles in allem – eher einem Kooperations- und Jungen einem Dominanz-Programm folgen, wird seine Wirkung zeigen in einer Welt, die auf Zusammenarbeit angelegt ist.

Und Sie als Frau, was können Sie tun, um dem Manne ein wenig zu helfen in solchen Krisen?

Darüber zu reden, diese Krisen überhaupt zum Thema zu

machen, ist schon mal nicht das Verkehrteste. Verständnis aufzubringen, aber auch das Recht einzuklagen auf klärende Gespräche, nicht sofort, wenn er nach Hause kommt und erst mal wie ein Raubtier durchs Haus tigert, aber auch nicht übermorgen. Es schadet auch nicht, sich als Paar ein Sensorium für die komischen Seiten des Männer-Stresses zu bewahren, Lachen hilft immer. Und Lob natürlich. Lob ist ein Wundermittel. Mehr dazu im nächsten, dem vorletzten Kapitel.

Loben Sie ihn!
Bis zur Peinlichkeit!

Die Frau eines Dirigenten wunderte sich immer darüber, wie hungrig die Kollegen ihres Mannes, aber auch die Sängerinnen und Sänger, die Chorleiter und Chorsänger, die Bühnen- und Maskenbildner, die Konzertmeister und Orchestermusiker nach Lob waren. Eines Tages wollte sie testen, wie weit sie mit Lob gehen könne. Also trieb sie ihr Lob ins (für ihren Geschmack) Uferlose, ins absurd Überzogene. Was geschah? Nahm man ihr das als ironische Attacke übel? Bemerkte man die Übertreibung? Nicht im Geringsten. Die Künstler badeten sich in der Wonne der Bestätigung, konnten gar nicht genug bekommen.

Beifall ist das Brot des Künstlers. Aber auch des heutigen Mannes. Sorry, aber es muss jetzt mal gesagt werden, dass viele Partnerschaften daran kranken, dass die Männer zu wenig gelobt werden. Die Frauen etwa nicht? Doch. Klar. Auch Frauen sollten öfter gelobt werden. Genau wie Kinder, die vor allem. Aber auch Krankenschwestern, Lehrer, Erzieherinnen, Fachberater in Baumärkten und Controller brauchen Lob.

Und warum sollen jetzt die Männer extra viel, extra oft, extra dick gelobt werden? Weil sie es ihrer Geschlechterstruktur nach brauchen. Weil sie immer weniger Chancen bekommen auf Lob und Bestätigung, weil sie es auf ihrer Arbeit kaum noch kriegen. Und weil sie oft so viel arbeiten, dass sie keinen Freizeitaktivitäten mehr nachgehen, die ihnen Lob einbringen.

Und weil Frauen sich selbst einen Gefallen tun, wenn sie

loben. Frauen, die nicht loben, machen einen Fehler wie Hillu Schröder (Sie erinnern sich vage an die dritte Frau unseres ehemaligen Bundeskanzlers Gerhard Schröder? Sie wirkte immer ziemlich streng). Hillu Schröder also hat den Frauen-Kardinalfehler einmal wunderbar kontraproduktiv formuliert: »Es tut niemandem gut, immer gelobt zu werden. Der Mensch braucht Kritik.«

Wir alle wissen ja, wohin das geführt hat, nämlich zu Doris Schröder-Köpf, die ihrem Gatten dann eine aufblickendtreue, öffentlich stets verteidigungsbereite und privatim sicherlich auch mit Lob nicht geizende Gattin wurde.

Männer, also das in Wirklichkeit schwache Geschlecht, gieren nach Lob, Anerkennung, Bestätigung. Und ausgerechnet diese innere Notwendigkeit, ausgerechnet dieses riesengroße Verlangen wird vernachlässigt wie eine ungeliebte Büropflanze. Die Frauen geben dem Mann ihren Körper und ihre Seele, sie stellen in vielen Fällen seine Verpflegung sicher, sie trösten ihn, bringen unter Umständen unter Protest sogar den Müll hinunter, nur diese drei Wörter bringen sie viel zu selten über ihre Lippen: »Gut gemacht, Schatz.«

Ihr Mann lobt Sie auch zu selten? Okay, ist das ein Grund, es ihm gleichzutun? Sie haben das Loben nicht gelernt, Ihre Eltern haben Sie auch zu selten gelobt? Gut, das ist einzusehen. Loben will geübt sein. Deswegen machen wir jetzt einen Schnellkurs. Nur eines noch rasch vorweg: Wer lobt, tut auch sich selbst einen Gefallen. Andersherum: Diejenigen Menschen (natürlich beiderlei Geschlechts), die sich mit dem Loben schwer tun, schaden sich selbst: Kritisieren macht schlechte Laune. Beim Kritisierten sowieso, aber auch beim Kritiker. Und Komplimente machen glücklich. Den, der sie empfängt. Aber auch den, der sie macht. So, jetzt der Schnellkurs. Geht ruck, zuck.

Erstens: Machen Sie sich bewusst, dass Kritik ein scharfes Schwert ist. Worte können verletzen wie Rasierklingen. Man muss dreimal loben, um die Wirkung einer einzigen Kritik aufzuheben. Beobachten Sie sich bitte einen ganzen Tag lang selbst und schreiben Sie ehrlich auf, wie oft Sie heute gelobt und wie oft sie getadelt haben.

Zweitens: Wenn Sie etwas Positives denken, können Sie es auch äußern. Wenn Ihr Partner also abends schon aus freien Stücken den Frühstücktisch deckt und Sie denken »Och, das ist aber ziemlich nett von ihm«, dann sagen Sie es auch. Zum Beispiel: »Finde ich gut, dass du den Tisch deckst, danke«.

Drittens: Ihr Partner ist es nicht gewohnt, gelobt zu werden, er reagiert vielleicht ironisch. Lassen Sie sich dadurch nicht verunsichern, loben Sie weiter.

Viertens: Nicht selten erzeugt ein Lob ein Gegenlob. Zeigen Sie Ihre Freude, wenn Sie gelobt werden, sagen Sie danke.

Fünftens: Die Kraft Ihres Lobs erfüllt Ihren Partner mit neuer Energie, die Ihrer Beziehung gut tut. Und dem Rasen.

Sechstens: Ihr Mann ist ein echter Härtefall, er nervt Sie ohne Ende. Irgendetwas wird aber auch er richtig machen. Loben Sie notfalls schon den Ansatz. Oder die erkennbare Absicht.

Siebtens: Loben Sie ihn bis zur Peinlichkeit! Auch für scheinbare Selbstverständlichkeiten. Kein Anlass ist zu banal für ein Lob.

Achtens: Machen Sie es sich auch außerhalb Ihrer Partnerschaft zur Angewohnheit, immer, wenn Sie etwas Positives denken, es auch auszusprechen. Sie werden sehen, das Leben macht mehr Spaß.

Neuntens: Als Autor dieses Buches will ich mit gutem Beispiel vorangehen: Dass Sie, liebe Leserin, es geschafft haben, in einem derartigen Werk bis auf die letzten Seiten vorzudringen, das verdient ein dickes Lob: Haben Sie echt toll gemacht! Sie sind super.

Zehntens: Oscar Wilde hat es ziemlich schön ausgedrückt: »Es ist ein großer Fehler, das Komplimente machen aufzugeben. Wenn der Mensch nichts Charmantes mehr sagt, hat er auch keine charmanten Gedanken mehr.«

Auch wenn Sie jetzt noch ein wenig skeptisch sind, probieren Sie es vielleicht doch einfach mal aus. Bekämpfen Sie die Hillu in sich und fördern Sie die Doris. Vielleicht so 14 Tage. Sie werden sehen, welch wunderbare Wirkung das Lob in Ihrer Beziehung entfaltet.

Happy End

Jane Austens Roman *Emma* handelt auch von den Gegensätzen zwischen Mann und Frau. Es geht um Gefühle – zwischen den Geschlechtern, aber auch zwischen Frauen untereinander zu Zeiten, in denen man über Gefühle sehr viel weniger sprach als heute.

Bevölkert wird der Roman von einer Reihe typischer Charaktere. Es treten auf: der Patriarch (Emmas Vater), der Feigling (Mr. Elton), der Schurke (Frank Churchill) und der edle Ritter (Mr. Knightley), die Naive (Harriet Smith), die Garstige (Mrs. Elton), die Grundgute (Miss Taylor) und die vom Leben vorübergehend Verwirrte (Emma).

Mit ähnlichen Typen möbliert ist oft auch das wirkliche Leben. Dass in den Dramen der Beziehungen Männer und Frauen anders sind, macht die Sache schwierig, aber auch spannend. Aller Anfang ist easy. Aber nach der Phase der unmittelbaren Attraktion beginnt die Arbeit am Gelingen des Zusammenseins. Es glückt vielleicht dann am besten, wenn die Gegensätze erkannt und ausgehalten werden.

Boy meets girl – so beginnt jede Liebesgeschichte. Was danach folgt, ist immer ein Abenteuer, in dessen Drehbuch Perfektion und ewiges Glück nicht vorkommen. Wohl aber eine Menge Spaß, trotz aller Kämpfe und Gegensätze. Und eine tiefe Harmonie, die der ironisch eingefärbten Herzlichkeit fähig ist. Am Ende von *Emma* sagt Mr. Knightley einen ziemlich schönen Satz: »Möglicherweise machen uns ein paar Unvollkommenheiten perfekt füreinander.«